# 미술치료 평가방법의 이론과 실제

옥 금 자 저

圖書出版 하나醫學社

# 머리말

올해로 10살이 된 늦둥이 딸아이의 성장과 함께 한 예술치료와 맺은 인연은 임상 현장에서 보다 더 성숙으로 끌어준 토대이자 통로로서 끝없는 감동을 안겨주었다. 예술치료에 대한 사랑의 결실로 문을 연 Keapa 광주전남지부가 올해로 만 5년이 되었고 그동안 임상과 교육현장에서 만난 경험들이 'Keapa 광주' 전남지부의 이름으로 몇 권의 책들로 소개되었었다. 그 중의 하나인 〈"미술심리치료사를 위한 투사그림검사의 실제"〉를 3년이 지난 지금에 수정 보완하여 소개하게 되었다.

투사적 검사는 주로 정신의학자들이 병리적 진단의 도구로 사용해 왔으나, 미술심리치료에서 투사적 검사는 평가 도구로서 뿐만 아니라 치료기법으로도 사용 가능하여 상당히 매력적인 반면에, 때로는 사용자의 관점과 태도에 따라서는 매우 편협하고 단편적인 평가로 대상자나 그들의 가족에게 오히려 모호한 문제를 안겨줄 수 있는 위험도 안고 있다. 그러한 오류와 왜곡에 대한 거부로 신난석 사용을 배세해 온 미술치료사들도 있다. 그러나 최근에 예술치료의 전문화가 요구되어지면서, 임상현장에서는 보다 전문적인 치료계획을 위한 평가가 요구되고 있고 임상심리 영역에서 바라보는 진단과 평가가 아닌 미술치료사의 시각으로 만나는 평가기법을 필요로 하고 있다. 그러한 시점에서 필자는 미술치료 평가자의 기본적인 철학을 근거로 기본이론과 올바른 평가지침 그리고 평가자의 자질에 따른 기본자세에 초점을 둔 평가기법을 전해야 하는 책임과 투사기법이 미술치료의 범위안에서 어떻게 활용될 수 있는지 밝힘으로써 미술치료사들에게 조금이나마 도움이 되고자 한다.

이 책에서는 미술치료에서 기본적으로 갖춰야 하는 평가태도와 면담방법, 인물화 검사와 집나무사람 그림검사, 가족화 검사, 발테그 검사와 별파도 그림검사, 실버 그림이야기법, 그림평가 보고서를 작성하는 방법 등을 소개하였다.

아직은 미술치료 현장에서 주로 사용되고 있는 평가방법들의 타당도와 신뢰도가 실제 사용되고 있는 유용성에 비해 부족하지만 이러한 시도로 인해 우리의 상황에 맞는 평가와 해석이 검증되고 특히 우리나라 미술치료의 전문화에 힘이 될 수 있기를 기대해 본다.

먼저 부족한 필자의 글을 소중히 여겨주시는 하나의학사의 오무근 사장님께 다시 한번 깊이 감사드리며, 아울러 편집을 맡아주신 다른 선생님들께도 진심으로 감사 드린다.

부족한 제자를 끝없이 아껴주시고 지도해 주시는 명지대학원의 김진숙 교수님과 늦은 도전을 지켜봐 주시는 박사과정의 지도교수이신 부산대학교의 문선화 교수님, 그리고 사회사업 학문에 만의 열정을 쉼으로 되돌리고 계시는 정진영 교수님께 사랑의 마음을 전한다.

특히 석사과정의 지도교수이셨던 서울여대의 이광자 총장님과 잘못 찾아간 방문의 인연으로 지금까지 끝없는 지지자로서 격려해 주시는 전 서울여대 대학원장(현재 대불대 보건 대학원장)이신 김해성 교수님, 사회사업의 첫 인연으로 끝없는 지지를 아끼지 않으시는 광주대학교의 이영철 교수님과 노치준 교수님과 모든 교수님들께도 감사를 드린다.

임상가의 첫길을 안내해 주신 전북대학교의 최옥채 교수님께 감사드린다. 특별한 인연으로 끝없이 함께해 주신 도산스님과 진명스님께 감사의 마음을 전한다.

병석에서도 큰딸을 아끼고 지지해 주시는 사랑하는 아버님과 어머님 그리고 동생들, 결혼을 앞둔 나이에 다시 공부를 시작하는 멋진 큰딸 혜진이, 4.5만점 성적표로 감동을 주는 예쁜 작은 딸 혜원이, 방학 내내 엄마 곁을 떠나지 않고 책을 쓰는 데 도움을 준 그저 의젓하기만 한 큰아들 현성이, 남은 군생활을 멋진 태어남으로 준비하고 있는 작은 아들 현준이, 집안에 웃음과 생생한 향기를 가져다주는 마냥 사랑스럽기만 한 막내 혜천이, 나의 부족함을 채워주고 지지해 주는 그저 고맙기만 한 김춘남 선생과 모두에 대한 마음은 감사와 감동일 뿐이다.

무엇보다 올해 Keapa의 사무국장에서 협회 부회장의 새로운 역할을 맡고 최선을 다해 뛰어다니시는 동료로서 언니로서 함께해 주시는 이정호 선생님의 씩씩하신 모습에 박수와 감사의 마음을 전하고, 제자들과 후배들에게도 함께 해주심에 감사드린다. 임상에서의 나의 가족이자 스승인 대상자들과 그들의 가족들, 믿고 도움을 요청하는 모든 분들에게, 그리고 이 책의 그림을 제공해 준 피검자들 모두를 위해 기도하고 한 걸음 한 걸음 자라는 나의 기쁨을 되돌리고 싶다.

2005년 8월에 광주 봉선동 연구실에서

옥 금 자 드림

# 목 차

# 목 차

# 목 차

# 목 차

# 제 1 부

## 그림 검사를 위한 이해

제1장

# 미술치료에서의 투사적 그림검사 활용

예술치료가 일반에게 알려지기 전까지는 인간의 심리를 진단하고 치료하는 주된 수단이 언어라고 생각해 왔다. 물론 언어가 개인의 의식을 전달하는데 중요한 표현 수단임에는 틀림없으나 때로는 내면의 느낌을 그대로 전달해내지 못하여 왜곡된 이해를 하게 하는 한계가 있다. 언어는 인간 내면에 깊숙이 자리잡고 있는 무의식적 차원에 대한 접근이 쉽지 않다. 따라서 심리치료 임상에서는 언어적 심리검사를 보완하기 위해 로샤검사(Rorschach Test), 주제통각검사(TAT : Thematic Apperception Test), 문장완성검사(SCT : Sentence Completion Test), 집 나무 사람 그림검사(HTP : House-Tree-Person Test) 등의 투사검사를 사용하여 내적 심리의 진단을 보완하고 있다.

투사검사란 그림 뿐 아니라 이러한 검사들을 포함하는 데, 그 중 그림검사가 보다 간편하고 경제적이며 풍부한 정보를 제공하고 있어 최근에 많이 알려지고 있는 실정이다. 투사적 그림 검사의 적절성은 그림을 그릴 때 개인은 자신의 지각 정도에 따라서 표현하게 되며 내재화된 경험을 투사하므로 그림에 투사된 것은 자기대상과 관련된 경험이 표상이라는 것이다. 특히 아동들의 그림은 아동 자신의 소망과 감정, 욕구와 행동, 인간관계를 표현하므로 그림은 내재된 무의식의 투사라고 볼 수 있으며 아이의 마음 세계를 그대로 들여다 볼 수 있는 창으로 제공된다. 이러한 그림 표현이 가지는 특성의 이유로 투사 그림 검사는 개인의 심리적 특성을 평가하고 이해하며 치료하는데 유용하게 사용되어 왔고 계속 연구되고 있다.

## I. 투사적 그림 평가의 발달 배경

사회가 발달하면서 점점 증가하고 있는 고립과 소외, 비인간화, 정서의 분열이 심화되면서 정신심리치료에 대한 욕구는 더욱 확대되고 있다. 이러한 사회적 추세와 함께 그림, 소리, 동작, 드라마와 같은 비언어적인 매체를 치료적 수단으로 활용하려는 경향이 있다. 예술매체는 수 세기 동안 자기표현의 수단으로서 이용되어 왔다. 예술의 창작과정은 신체와 심리상태의 느낌에 따라 이미지를 만들고 그 사람이 말하고 싶어 하는 언어로서 존재할 뿐 아니라 불안정한 심리의 균형과 회복의 잠재력으로서의 능력을 가지고 있다.

투사적 기법을 통해 인간의 심층을 이해하려는 노력은 심리치료 분야에서 새로운 것이 아니다. 이미 1920년대에 한스 프린존(Hans Prinzhon)은 정신장애를 가진 환자의 그림을 통해 정신병리의 진단이 가능하다는 믿음을 갖게 되고 정신장애와 그들의 그림 간의 관계를 입증하는 '정신장애 환자들의 예술성(1972)' 을 출판했다. 그는 유럽 전역의 정신병원에서 500명이 넘는 환자들로부터 5,000여 점의 그림을 수집하고 이를 바탕으로 하였으며, 그의 연구 자료는 미술 표현이 환자의 진단적 가치뿐만 아니라 재활에 있어서도 중요한 역할을 한다는 인식을 심어주게 되었다. 이를 계기로 미술에 대한 심리학적 관심은 정신장애 환자의 그림에 국한하지 않고 아동과 유명 화가들의 작품 분석으로 확산되었다.

현대심리학과 정신의학의 선구자라고 할 수 있는 Freud와 Jung 또한 미술과 상징, 성격간의 관련성에 관심을 가졌다. Freud는 개인이 갖는 어떤 이미지가 잊혀졌거나 억압된 기억을 표상하는 것이며 이러한 표상 이미지의 상징은 꿈이나 미술표현을 통해 표출된다고 하였다. 특히 환자들이 말로는 표현하기 힘든 꿈을 그림으로 표현하는 것을 자주 관찰하게 되었는데, 이는 미술 표현이 인간의 내면세계를 이해하는 데 효과적인 수단이 될 수 있다는 믿음을 확인시켜 주는 결과가 되었다. Jung(1954)은 이미지에 대한 보편적인 의미에 가치를 둠으로써 Freud와는 다른 방식으로 바라보았으나 환자들의 미술 표현에 드러나는 심리적 세계에 관심을 가졌다는 점은 유사하다. Jung(1956)은 환자들에게 꿈을 그림으로 표현하도록 격려하고 그림에 표현된 이미지와 정신과의 관계를 중요하게 인식했으며 이미지에 담겨 있는 상징적 의미를 이해하는 기초를 마련하고자 노력했다. 이처럼 20세기를 전후로 정신장애 환자들의 그림에 대한 관심이 높아지고 Freud와 Jung의 연구가 축적되어 가는 가운데 환자들의 작품 연구와 맞물리면서 아동 그림에 대한 관심에서 아동 심리 발달의 연구로 이어지게 되었다.

19세기 후반 아동 미술 표현에 대한 초기 연구는 무엇을 그리는 가와 연령별로 어떠한 방식으로 그리는 가에 초점이 맞춰져 있었다. 20세기 초기까지는 아동의 그림 발달 단계에 관한 연구가 많았고 본격적인 연구는 아동의 지능을 측정하고자 하는 시도에서 출발하였다. 즉 1921년 Burt는 인물 그림을 다른 지능검사와 함께 사용했는데 그림이 읽기, 쓰기, 산수 검사에 비해 아동의 지적능력에 대한 상관성이 낮기는 하나, 후천적으로 습득된 지식에 영향을 받지 않는다는 점에서 다른 지능검사에 비해 장점을 갖는다고 했다. Goodenough(1926)는 아동기에서 청소년기에 이르는 그림의 발달을 연구하고 그림의 성숙을 지적 발달 수준과 연관지었다. 이후 Goodenough(1926)는 그림검사가 지능 이외에 성격 특성까지 드러내 준다는 사실을 관찰하게 되었고 이러한 가정은 Buck(1948)와 Machover(1949)에 의해 지지되었다. 1940년을 전후로 그림이 개인의 정서적 측면과 성격을 나타낸다는 주장이 대두되면서 투사적 그림(projective drawing)이라는 용어가 제시되고 투사 그림검사가 개발되었다.

잘 알려진 투사 그림 중의 하나는 Buck(1966)의 HTP 그림검사로써 그 시기에 Buck에 의해 개발되었던 다른 지능검사의 보조 수단으로 만들어졌다. 집, 나무, 사람은 아동에게 친숙하여 쉽게 그려질 수 있을 뿐 아니라 의식적, 무의식적 연상을 일으키는 상징성이 풍부한 소재라는 점에서 선택된 것이다. 예를 들면 집 그림은 그 집에 사는 사람이나 집과 관련된 문제에 관한 정보를 제공하며, 나무그림은 심리적 발달과 환경에 대한 느낌을 나타낸다는 것이다. 이 당시의 HTP 평가는 주로 집, 나무, 사람의 중요한 특징들이 모두 표현되었는지, 비율과 원근 그리고 색은 어떻게 사용되었는지, 사후 질문에 대한 대답은 어떠했는지 등을 기준으로 하였다. 이 시기의 모든 투사 그림 검사 중 가장 알려진 것은 Machover(1949)의 인물화 검사(Draw-A-Person)이며 인물화 그림에서 일어나는 투사에 대한 연구는 DAP의 임상적 적용과 관련된 거의 모든 연구에 중요한 영향을 미쳤다.

Machover(1949)의 이론적 개념은 정신분석적 이론에 근거하여 직접적이고 언어적인 의사소통에서 불분명한 자기표현의 무의식적인 요소를 찾는 것에 투사적 방법인 그림검사에 대한 신체상의 가설을 제시하였다. 즉 그려진 사람은 그린 사람의 충동, 불안, 갈등, 보상 욕구와 밀접하게 관련되며 그려진 화면은 환경이 된다. 이러한 가정의 Machover 연구에서 알 수 있다는 것은 인물 그림이 그린 사람의 갈등적 측면이나 방어기제, 신경증, 정신병리를 나타내 준다는 것인데, Machover의 이론을 임상 실제에 적용하면서 불만을 가진 Koppitz (1968)는 전통적인 정신분석이론 대신에 Sullivan의 대인관계이론을 기반으로 그림을 통해 아동의 발달단계와 대인관계 능력을 측정하고자 했다. 이러한 관점은 발달적, 인간 상호 관계적, 정서적 요인에 대한 아동의 현재 상태와 감정을 파악하는 데 초점을 맞춘 것이라 할 수 있다.

Koppitz(1968)의 연구는 아동 그림에 대해 발달 수준과 정서지표를 측정할 수 있는 척도를 만들었다는 데 의미가 있다. 그녀의 초기 연구는 5~12세 아동을 대상으로 하였고 다양한 연령 수준에서 보여지는 특성을 제시한 것이다. 그 이후 연구를 확장하여 14세까지를 대상으로 하여 연구함으로서 11세 이후로는 세부 묘사가 체계적으로 발전하지 않는다는 것을 알게 되었다. 또한 Koppitz는 투사적 과제로서의 그림 표현에 대한 연구를 하여 아동이 자신의 그림에 정서적 문제를 나타낸다는 것을 발견하고 그림에 아동의 연령에 맞는 특징이 있는지, 또는 보편적 특징이 있는지, 균형, 음영, 통합 등의 질적 특징을 중심으로 어떠한 정서적 표시가 있는지에 대한 30가지 특징을 제시하였다. 그러나 Machover와는 다르게 의식적 과정과 자아심리학 이론을 사용했으며 자신과 중요한 타인을 보는 아동의 관점, 자신의 문제와 갈등에 대한 태도에 관심을 가졌다.

이 외에도 Alschuler & Hattwick(1947)은 취학 전 아동을 대상으로 그림 표현과 충동 조절, 대인관계 기술, 관심과 감정의 관련성 등 그림과 성격 발달의 측면을 강조하고 있으나 범위나 연구 대상에 한계가 있었고 방법적인 문제가 있었다. 아동의 그림을 심리적 문제의 진단도구로 사용하고자 했던 Dileo(1970)는 Machover나 Buck, Koppitz의 연구 결과보다 전문적이지는 않으나 그림을 예술이론, 인간발달, 성격이론에 연결시키려는 광범위한 시도를 하였다는 점에서 주목할만하다. Langer(1953)는 미술은 "언어의 형식적 느낌과 감정 등 '내적 경험'을 방어없이 가능케 한다. 따라서 미술의 중요한 기능은 우리가 그 사람의 마음을 충분히 이해하고 그 느낌을 객관화하는 것이다."라고 말함으로써 미술표현이 의사소통의 언어방식에 의존하지 않고 개인의 문제를 탐색할 기회를 제공한다고 했다. 유명한 미술치료사인 Naumburg (1966)가 주장했듯이 내적인 이미지를 그림이라는 구체화된 틀 속에 투사함으로서 잊혀질지도 모를 환상 속의 기억을 구체적으로 형태화하여 기억속에 남긴다는 것이다.

Knoff와 Prout(1985)에 의하면 투사 그림은 다음과 같은 목적으로 활용될 수 있다고 했다. 즉

1. 신뢰 관계와 동기화의 기술로서
2. 개인의 일상적인 지각 과정과 행동, 상호작용 반응의 반영으로서
3. 개인의 특성과 또래, 가족, 학교 등 중요한 체계들 간의 관계인식 사이에서 상호작용을 평가하는 기술로서
4. 심리적 이슈와 관심사에 대한 그림의 활동과 역동뿐만 아니라 임상적, 진단적 면담에 이어진 기술로서

치료사들은 그림이 개인의 현재 기능적 수준의 표상으로서 개인의 심리적 특성과 상태, 욕구, 대인지각 등 구조와 정신역동을 파악할 수 있다는 것을 알게 되었다. 뿐만 아니라 그림은 치료에서 최초 면담의 일부분이 된다. 수 년간에 걸쳐서 이러한 기술들은 미술치료 평가의 토대를 형성하였다. 다음에서부터 이 책의 전반에서는 투사적 평가 기법이 예술치료의 범위 안에서 어떻게 활용될 수 있는 가에 대해 살펴볼 것이다.

## II. 투사적 그림 평가의 유형

### 1. 인물화 검사 (DAP : Draw A Person Test)

인물화 검사는 Goodenough(1926)에 의해 아동의 지능검사가 소개

되면서 인물상에 신체의 심상이 투사된다는 가정을 확립했고 Machover(1949)와 Hamer(1958)에 의해 적용 범위는 더욱 확대되었다. 검사 방법은 사람을 그리도록 하고 다시 반대성의 인물을 그리게 하여 자유 이미지 연상기법을 활용하여 무의식의 환상을 표출시키고 상징을 해석 및 언어화 한다. 인물화는 자아상의 투사인 동시에 무의식 세계의 동기나 욕구를 종합적이면서 객관적으로 표현해주는 중요한 구실을 한다. 인물화를 통해 알 수 있는 것은 머리, 얼굴, 손, 발, 몸, 어깨, 목 등 신체 각 부분에 대하여 자아상의 표현 방법을 구별할 수 있고, 여러 가지 상이나, 자세, 연령, 복장으로 성격을 추리할 수 있다.

### 2. 집, 나무, 사람 그림 검사 (HTP : House-Tree-Person Test)

HTP검사는 Buck(1948)에 의해 소개되었다. 이 검사는 성격의 특징과 대인 관계에 관한 정보를 제공하기 위해 고안되었으며 연필그림뿐 아니라 색채를 사용하기도 했다(Buck, 1987). 검사 방법은 집, 나무, 사람을 각 장에 따로 그리도록 하여 각 그림에서 연상되는 무의식을 표출케 함으로써 언어화 한다. 유아와 아동에게는 자기가 생각하는 가장 멋진 집(나무, 사람)을 그려보라고 지시할 수도 있다.

Buck(1987)가 HTP검사로 알고자했던 것은 부적응을 측정하고 성격의 통합을 평가하고 특정 집단의 공통된 성격 특징을 동일시하고 상호반응을 끌어내는 도구로 사용될 것을 기대했지만, HTP검사는 진단적 목적으로 개발되었으므로 어떠한 행위나 상호반응의 임상적 가치성에는 다소 제한성이 있다. 이에 대한 보완으로 KHTP가 개발되었다.

### 3. 동적 집, 나무, 사람 그림검사 (KHTP : Kinetic House Tree Person Test)

HTP검사는 정신환자들에 대한 정신병리를 나타내는 진단적 목적에 초점을 두었으므로 일반적인 상황을 이해하는 데는 무리가 있을 수 있으며, 검사 자체가 세 가지 요소가 각각 따로 그려지기 때문에 어떠한 행위나 상호반응의 이해가 어렵다. 또한 전통적인 정신분석이론의 맥락에서 상징 해석이 되어지므로 이러한 개인 특성적 접근의 해석이 임상적 가치를 보다 좁은 범주 안으로 축소시킨다. Burns(1987)는 이러한 HTP에 역동성을 보완하여 그림을 전체적으로 보게 하여 피검자의 자아상과 환상세계를 보게 하고 환경과의 상호반응을 보게 함으로써 자기 인식과 환경 특히 가족 관계를 이해할 수 있게 했다. KHTP의 또 다른 특성은 Freud의 이론적 맥락의 축소와 병리적 해석 초점의 문제를 Maslow(1954)의 발달모델을 사용하여 미술치료의 임상적 활용범주를 확장하는 KHTP의 임상적 요소들을 설명했다는 점이다.

KHTP검사를 위한 지시 방법은 집, 나무 그리고 한 사람이 어떤 행동을 하는 그림을 그리도록 하여 언어화, 상징성, 역동성 해석을 하게 된다.

### 4. 동적 가족화 (KFD : Kientic Family Drawing Test)

Burns & Kaufman(1970)은 움직임이 없는 전통적인 가족화에 동적인 구성 요소를 추가하여 피검자의 가족관계와 이슈에 대한 바람직한 안내를 하고자 했다. KFD검사에서 볼 수 있는 것은 정서적으로 불안한지, 잘 적응하고 있는지, 가족 내 자기 인식에 대한 정보를 제공해 준다. 특히 피검자의 가족 내 학대 의심이 있을 때 학대 가능성을 평가하는데 유익한 정보를 제공해준다.

KFD검사의 지시방법은 자신을 포함하여 가족 모두가 무엇인가를 하고 있는 모습을 그리도록 하고 사후질문을 통해 해석을 더욱 풍부하게 한다. 이론적 맥락은 정신분석, 장이론, 지각의 선택성 등의 이론을 기초로 하여 가족 내에서 그 사람의 자아개념과 관련된 측면 그리고 대인관계 영역에서의 그 사람의 감정을 표출하도록 이끌게 된다. 가족 미술치료적 측면에서 볼 때 KFD는 의식적, 무의식적 투사기법으로서 진단하고 치료하는데 가치가 있다. 특히 1차성 장애를 가진 아동에게 실시할 경우 면접이나 다른 기법보다 더욱 빠르고 적절하게 많은 정보를 얻어 낼 수 있다는 점이 KFD의 장점이다.

## 5. 동적 학교화 (KSD : Kientic School Drawing Test)

Knoff & Prout(1985)에 의해 구성된 KSD는 학교생활에 대한 정보를 제공 받을 수 있다는 유익성 때문에 피검자의 자아상과 또래관계, 학교 적응에 대한 잠재적 능력을 측정하는데 사용된다. 학령기 아동, 청소년 임상에서 또는 학교 상담에서 간혹 사용되고 있다. 검사의 지시방법은 자신을 포함한 교사와 교우가 학교 내에서 무엇인가 하고 있는 모습을 그리게 한다. 인물상의 역동성 변인(우월성, 그림순서, 방향, 표정, 크기와 거리)에 따라 학교생활의 지각 특성을 평가하고 학교 상황에서의 갈등관계와 어려움의 상호장면을 알게 하여 학교 부적응에 대한 접근을 가능하게 한다.

## 6. 풍경 구성법 (LMT : Landscape Montage Technique)

中井久夫(1969) 교수에 의해 소개된 LMT는 본래는 정신분열증 환자를 대상으로 하는 모래상자 놀이치료의 적용 가능성을 결정하는 예비검사로서 고안되었으나, 최근에는 진단과 평가의 검사 차원뿐 아니라 치료적으로도 활용되고 있다. 임상에서 이 방법은 문제의 증상을 회복시키기 보다는 관계성의 다리역할로 사용될 수 있는데, 필자의 경우는 무엇보다도 미술치료 임상가들의 그림을 대하는 기본적인 자세를 준비하는데 적절하게 적용되고 있다. 풍경구성법은 로르샤흐 검사와 같이 패턴을 읽고 선택하고 해석하는 투영적 표상과는 대조적인 방법으로 4면이 테두리로 그어져 있는 구조화된 공간에 통합적 지향성을 지닌 하나의 전체를 구성하는 구성적 표상을 기초로 한 방법이다. 테두리를 하는 이유는 풍경을 보호한다는 의미가 포함되며, 검사자의 태도에 따라 보호받는다는 느낌을 가질 수도 있고, 벗어날 수 없다는 구속감을 느낄 수도 있으므로 검사자의 태도가 매우 중요하다. 검사의 지시 방법은 강, 산, 밭, 길, 집, 나무, 사람, 꽃, 동물, 돌이나 바위 등 10가지 요소를 지시에 따라 그림 그리고, 더 그리고 싶은 것을 추가해서 그리도록 한 후 채색을 통해 풍경을 완성시킨다. 완성 후에는 연상을 통해 그림의 계절, 시간, 기후, 강이 흐르는 방향, 사람의 성별, 나이, 또는 무엇을 하고 있는지 등의 몇 가지 질문을 한다. 해석 방법은 풍경 전체의 통합성, 분화성, 공간성 등을 검토하여 각각의 의미를 모래상자 치료의 해석 기준에 의해 평가한다.

### 7. 발테그 검사 (WZT : Wartegg Zeichen Test)

WZT는 1885년 정신과 의사 Ringer가 정신장애를 가진 환자들의 지능을 측정하기 위한 방법으로 시작되었으나 이후 Ehring Wartegg (1939)에 의해 발표되었다. 검사 방법은 각 칸마다 자극도가 표기된 8칸으로 형성된 검사지를 제시하고 각 칸마다 뭔가를 그리도록 지시한 후 가장 마지막에 그린 그림에 표시를 하게 한다. 이 검사에 대한 평가 측정은 8개의 자극도와 관련된 주제에 대한 반응이나 태도를 통해 바로 검사 후 즉시 상담자료로서 사용 가능하다는 점이 다른 검사도구와의 차이점이다.

### 8. 별, 파도, 그림 검사 (SWT : Star-Wave-Test)

1970년대 독일의 심리학자 Ave-Lallemant에 의해 창안 개발되었다. SWT는 1978년에 정식으로 간행되어 이후 성격진단검사로 주로 사용되었다. 이 검사는 3세부터 취학 전 아동의 경우 발달기능검사로도 사용가능하며 평가는 검사 실시 후 그림의 표현에서 나타나는 표현형태, 움직임, 공간 사용법에 의해 그 사람의 정신적인 면의 특성과, 감정, 실생활의 상태를 이해할 수 있다. 검사방법은 검사지를 제시하고 '바다의 파도 위에 별이 있는 하늘을 그리세요' 라고 지시한다. 실시 후 그림에 대한 내용과 의미, 느낌, 연상되는 것 등에 대한 질문을 한다. 해석 지침은 그림을 어떠한 착상으로 그렸는지? 형식적인 공간 구조는? 공간에서 어느 쪽이 더 강조되었는지? 상징은? 필적은 어떠한 흐름인지? 생활상황 등에 대해서 통합적으로 해석하게 된다. SWT는 WZT와 나무그림검사를 함께 적용하면 종합검사로도 사용이 가능하다.

## 9. 실버그림 검사(SDT : Silver Drawing Test)

SDT(Silver, 1990)는 세 가지 영역 즉 연속된 개념, 공간 개념, 그리고 개념 형성에 있어서 인지적 능력을 평가하기 위하여 고안되었다. SDT는 비언어적인 방법으로 인지적 발달 수준을 측정하는 창조적인 시도였다. 2002년에는 한국판 실버그림검사가 소개되었다. 이 검사는 다른 투사검사와는 다르게 예측하여 그림 그리고, 관찰하여 그리는 그림, 상상하여 그리는 그림 등 3종류의 그림을 그리게 하는 방법으로 실시된다. SDT는 다른 투사검사에 비해 현실에 보다 가깝다는 장점을 가지고 있다. Silver는 SDT가 기존의 투사법과 다른 점에 대해서 4가지 강점을 제시했다.

첫째, SDT는 인지적 능력과 정서적 특성을 잴 수 있을 뿐 아니라 그림을 사용하여 그림을 그린 사람의 심리적 문제를 치료하고 이야기 과정에서 언어적 개념의 획득과 표현능력 등 의사소통 기술을 지도하는 수단으로 사용하고자 했다. 치료기법은 미술치료에 해당하고 발달기법은 언어지도의 교육적 목적을 가진 복합적 심리도구라는 것이며

둘째, 인지와 정서를 동시에 측정할 수 있어 효율적인 도구라는 것

셋째, 예측, 관찰, 상상이라는 다양한 정신활동을 통하여 그림에 의한 지적, 정서적 상태를 측정하는 것

넷째, 상상하여 그리기를 할 때는 사람, 동물, 물건, 장소 등과 같은 50매의 자극 그림을 제시하고 그 중 2~3개를 골라 하나의 이야기로 만들어 낸다. 단편적인 생활 장면을 선택하여 상상하는 것 보다 현실에 보다 가깝다는 장점이 있어서 그림을 그린 사람의 내적 세계가 더욱 자연스럽게 투사될 가능성이 높다는 점이 SDT의 장점이다.

## 10. 콜라주에 의한 검사 (MPC : Magazine Photo Collage)

MPC는 Landgarten(1993)에 의해 피검자의 갈등과 방어기제, 문제해결 기능의 스타일을 평가하기 위해 고안되었다. 이 접근법은 MPC 이미지를 그림검사에서 나타나는 그림 스타일과는 대조적으로 평가한다. 예를 들면 MPC의 완성과정에 대한 검사자의 관찰과 피검자의 연상에 토대를 두고 사람과 무생물의 이미지만을 사용한다. 이것은 동물과 자연의 이미지들이 포함되지 않은 평가범위를 제한하기 때문에 피검자가 동일시 할 수 있는 자연과 동물이미지를 선택할 수 없다면 중요한 정보를 간과될 수 밖에 없다. 뿐만 아니라 과제가 한 회기 안에 마무리 되어야 한다는 점과 따로 따로 과제를 관찰해야 한다는 점이 MPC의 제한점이라고 볼 수 있다. MPC의 특성적 평가와 더불어 과제들 중 공통적인 주제는 고려되어야 한다. 콜라주가 전이와 역전이 문제를 어떻게 측정할 것인가에 대한 정확한 특징은 밝혀지지 않았다. 타당도와 신뢰도에 대한 증거 또한 부족하나 MPC는 피검자의 문화적 배경과 일치하는 이미지 상의 선택을 제공함으로써 문화적 편견의 가능성을 감소시켰고, 타인과의 내적 갈등과 관계에 대한 정보를 제공하여 피검자의 자기 인식을 증가시킬 수 있다는 점이 유용하다.

### 11. 자유화

Alschuler & Hattwick에 의해 소개되었으며 방법은 비지시적으로 자유연상에 의해 그리고 싶은 것을 그리도록 하여 무의식 세계의 환상을 표출하게 함으로써 상징적 해석을 하고 언어화를 시도하게 된다. 중요성은 그림의 색채, 형태, 구성 등에서 그 사람의 정서, 성격, 에너지의 양과 통제력 등을 파악할 수 있다는 점이다.

### 12. 기타

이외에도 색채화(CDT: Chromatic or Color Drawings Test), 난화법(Scribble), 가족화(DAF: Draw-a-Family), 동그라미 가족화(FCCD: Family-Centered-Circle-Drawing), 직장생활화, 집단화(DAG: Draw-A-Group), 빗속의 그림검사(DAPR: Draw-A-Person-in-the-Rain test), 동물화(DAT: Drawings of Animals Test), 자화상(SPT: Self-Portrait Test), 부가적인 인물화(APT: Additional Persons Test) 등의 방법으로 심리진단이 가능하다.

## III. 투사적 그림 평가의 활용

미술치료 평가의 특징과 목적에 관한 많은 질문이 있다. 평가과정의 목적은 개인의 동작과 완성된 창작품의 체계적인 검사를 통하여 개인의 행동을 연구하는 것이다(Oster & Gould, 1987). 미술치료 평가는 개인의 특성을 검사하는 것으로서 간주될 수도 있다. Anastasi(1988)는 개인의 특성검사를 감정의 상태(emotional states)와 대인관계, 동기, 관심과 태도와 같은 그러한 특징을 측정하는 것이라고 정의하였다. 일반적으로 세 가지 유형의 특성평가 즉 자기 보고서 목록작성과 동작 분석과 투사 기법이 있다. 미술치료 평가는 후자의 형태로 간주할 수 있다. Anastasi(1988)는 투사 기법을 피검자가 해결 가능한 범위를 넓게 하는 비교적 비구조화된 과업을 제공받는 검사라고 정의를 내렸다. 이러한 방법의 기초가 되고 있는 가설은 개인이 자기의 독자적인 응답방식을 이러한 과업에 투사하리라는 점이다. 이러한 평가는 동작 평가와 다소 유사한 목적으로 바람직한 응답을 꾸며내거나 야기시킬 가능성을 줄인다. 개인의 특성 평가에 관한 연구는 1950년 이래 상당히 발전된 균형을 이루었지만 아직은 계속 연구단계에 있다고 보아야 한다.

투사적 그림 검사는 정신분석학, 대뇌생리학, 임상심리학 등이 근거가 되고 임상실험과 관찰 결과의 분석 등의 통합적인 해석을 필요로 하고 있으나, 인상주의적이고 주관적이며 독단적인 논리로 처리하는 연구가들도 있다. 수년간의 그림을 해석하고 숨겨진 의미에 다가가려는 노력에도 불구하고 임상적인 적용과 진단에는 아직 명확한 합의가 이뤄지지 못하고 있는 만큼 신중하게 접근하는 태도가 요구된다. 더불어 임상 현장에서의 다양한 감정들을 검증해가는 노력이 계속되어야 한다. 무엇보다도 검사자의 철학이 바탕이 되어야 할 것이다. 투사검사의 진단 대상은 습득된 기술에 의한 그림이 아니라 자유롭게 표현된 그림이 진정한 분석기준이 될 수 있다. 검사자의 태도에 따라 그림의 형태는 다르게 나타날 수 있으므로 검사자의 안정감 있는 태도에 의해서 피검자와의 감정적인 교류가 가능해지고 감정의 융화 관계를 맺음으로써 피검자의 내적 세계가 순수하게 표현될 수 있다. 또한 개인에 따라 진단의 예외가 있을 수 있음을 검사자는 항상 염두에 두어야 하며 그림의 상징성 외에 개인의 특성과 환경을 고려한 통합적인 평가가 되도록 노력해야 할 것이다. 검사자는 무엇보다 개인을 이해하며 인격체에 대한 존중감을 통하여 한 개인을 개별화하여 볼 수 있는 마음의 눈을 획득함으로써 보다 신뢰성 있는 폭넓은 평가를 할 수 있게 될 것이다. 이 책의 2장에서는 평가의 오류를 줄이기 위해 검사자가 갖춰야 할 면담 방법을 제시하고 있으므로 평가자의 개별화된 전문적 개입을 더욱 가능하게 하리라 본다.

## IV. 투사적 그림 평가의 범위

투사적인 평가에 관한 논쟁의 영역은 타당성과 신뢰도에 중점을 두고 있다. 연구목적과 통계에 있어서 훈련을 받은 심리학자들은 투사그림의 신뢰도와 타당성을 증명하려고 애쓴 반면에(연구에 있어서 훈련을 받지 않은), 치료사들의 주된 관심사는 그림이 개별적인 환자를 이해하는 데 어떻게 이바지할 수 있으며, 그로인해서 치료기법을 개발하는데 어떻게 도움이 될는 지에 있었다(Wadeson, 1992). 몇몇 심리학자들이 주장한 것은 투사그림 기법이 개별성을 정당하게 지적하지 못했다는 것이다(Swenson, 1957, 1968; Klopfer & Taulbee, 1976; Chapman & Chapman, 1967, 1969, and Wanderer, 1969). 이들 연구결과에도 불구하고 연구자들은 진단과 치료를 위해 투사그림을 여전히 사용하고 있다. Groth-Marant(1990)은 투사그림에 관한 타당성과 신뢰도의 검증을 제시하고자 노력했으나 이에 대한 문제는 오늘날도 여전히 논의되고 있다.

투사기법이 개인의 특징을 드러내는 큰 잠재력을 갖고는 있지만, 연구자들은 다음의 몇 가지 문제점을 제시하고 있다.

- 그림과 색채화로부터 얻은 진단 지식이 얼마나 정확한가?
- 단점은 물론 강점도 그림에서 추구되어야 하는가?
- 그림이 병리를 평가하는데 활용될 수 있는가?
- 그림이 임상적 치료적 변화에 얼마나 영향을 미치는가?
- 그림과 색채화가 병리를 평가하고 진단하는데 이용되어야 하는가?

이러한 것들은 투사기법을 사용하는 심리학자들이 일반적으로 하는 질문이다. 미술치료 평가는 때때로 심리학자들에 의해서 창조된 투사기법과는 다르게 고안된다. Neale과 Rosal(1993)는 미술치료사들이 평가에 관해서 가지고 있는 몇 가지 관심사에 대해 언급했다. 즉

- 객관적인 그림의 특징이 그림에 대한 전체론적인 견해를 잃지 않고 동일시 될 수 있는가?
- 진단적 지표(indicator)가 동일시 될 수 있는가?
- 하나의 그림을 통해서 진단이 이뤄질 수 있는가?
- 매뉴얼(a scoring manual)은 어떻게 개발되는가?
- 제시된 그림과제는 물론 자유화(free drawings)도 진단에 활용될 수 있으며, 자유화를 어떻게 기록할 수 있는가?

이것들은 이 책에서 고려될 문제들 중 몇 가지에 불과하다. 응용할 수 있는 경우에는 이 책의 내용 어디에서나 그 타당성을 지적하겠다.

염두에 두어야 할 또 하나의 문제는 미술치료 평가의 상세한 해석적 접근법이다. 즉 그림에 나타난 각 상징의 의미를 해석하는데 있어서 그림을 그려낸 개인의 나이, 성별, 지능, 그리고 사회문화적 배경에 관계없이 준비된 진단법을 따르거나 그림이 그려졌던 환경 또한 무시된다(Koppitz, 1968)는 점이다.

이미지에는 각 개인에 대한 여러 가지의 의미를 담고 있다. 게다가 평가과정에 드러난 개인의 태도는 정서에 관한 귀중한 정보를 제공한다. 투사적 평가의 한계가 있음에도 불구하고 미술치료 평가는 클라이언트의 이슈와 역동성을 이해하기 위한 귀중한 원천이 된다. 이 책 속의 많은 평가는 양적인 정보를 가져오지 못한다 할지라도 그것들은 개인의 정보에 대한 풍부한 근원을 제공해 준다.

이러한 객관적으로 검증할 수 없는 제한성에도 불구하고 임상가들은 그림이 적절하게 사용될 때 진단적으로 그리고 치료적으로 가치 있는 실마리를 제공할 수 있는 내적 경험의 유일하고 개인적인 독특성과 풍부한 반응들이 고려될 수 있다는 확신을 갖고 있다. 그림의 가치가 임

상가가 축적한 지식과 무관하게 측정될 수 없다 하더라도 그림이 갖는 본질적인 가치를 감소시키지는 못할 것이다(Oster & Gould, 1987).

이 책은 몇 가지 기본적인 미술치료 평가로부터 시작되며, 외국 사례에 의존하지 않고 우리의 정서를 담고 있는 실제 사례를 제공하고 있다는 점에서 독자들에게 편안하게 접근될 수 있으리라 기대한다.

## V. 투사적 그림 평가의 이론적 근거

투사적 그림 검사의 해석에 대한 정신분석적 관점은 분명히 20세기 동안 임상가들에게 많은 영향을 미쳤으나, 더 많은 이론적 접근들이 개인의 정신역동을 파악하고 미술 표현을 더욱 완전하게 이해할 수 있도록 해주었다. 따라서 개인의 발달 특성에 따라 있는 그대로를 이해하고 개인에게 영향을 미칠 수 있는 요인들을 고려한 보다 포괄적이고 다차원적인 접근의 몇 가지 심리학적 근거를 살펴보도록 하겠다.

### 1. 정신분석적 근거

투사적 그림검사를 평가하는데 있어서 정신분석적 접근의 중심적인 가정은 그림을 그린 사람의 내면의 정신 역동적 요인에 의한 것이라는 Freud의 결정론적 맥락에서 이해될 수 있다. 그러한 관점에서 해석한 대표적인 학자는 Machover(1949), Levy(1958), Hammer(1958)등을 들 수 있다.

Machover(1949)의 기설은 한 개인이 갖는 자아상이란 인물 그림에 바로 투사되기 때문에 그림에 나타난 내용은 그림을 그린 그 사람이 자신을 어떻게 지각하는가에 대한 표상이라는 점이다. 그의 감정, 갈능, 욕구 등의 정서적 측면과 신체적 결함이나 불편감, 심리적 갈등, 대인관계 등의 삶의 과정에서 내사된 특성들이 그대로 그림에 투사되기 때문에 그림의 특징을 결정짓게 된다는 것이다. 집, 나무, 사람 그림을 개인의 역동적 과거력의 산물이라고 주장한 Levy(1958)에 의하면 집은 그 사람의 자아와 공상, 현실과의 관계, 가정생활과 가족관계, 어린 시절 부모와의 관계를 나타내준다. 나무는 자기의 성장과정의 상징으로서 무의식적인 감정과 갈등을 반영한다고 한다. 사람그림은 자기상이며 중요한 다른 사람에 대한 지각을 상징한다고 한다. Hammer(1958)는, 그림은 풍부한 상징성을 가지고 있으며 그 사람의 성격의 여러 면을 무의식 중에 나타낸다고 말한다.

즉 사람들은 생활 속에서 자기 나름대로의 이미지로 의인화하는 경향이 있는데 이러한 의인법적인 관점의 핵심에는 투사 기제가 존재한다고 보았다. 투사(projection)란 인간의 정신 과정으로서 정신의 밖에 있는 것과 내부에 있는 것이 상호교류 상태에 있음을 뜻한다. 내가 누구인지를 아는 것은 내 안에 내가 누구라는 또는 저 사람이 누구라는 인식이 있기 때문에 알게 된다. 저 사람은 좋다 또는 나쁘다라는 이미지가 동시에 투사되어 그 이미지가 맞으면 좋다 나쁘다를 알게 되는데, 이것은 내 안에 가지고 있는 어떤 것이 있기 때문이다. 내 안에 있는 것에 따라서 인식이 달라지는 것이다. 인간은 이 외사와 내사를 통해서 성장해 가는 데 만약에 이것을 차단하게 되면 성장은 멈춰버리게 된다. 투사란 보편적인 정신과정으로서 방어적으로 사용이 될 때 내 안에 있는 것을 인정하지 않고 밖으로만 보내게 되므로 왜곡이 일어나게 되고 이러한 방어기제가 그림에 투사된다고 보았다.

### 2. 자기 심리학적 근거

자기 심리학적 관점에서는 투사적 그림 검사에서 그림을 그린 한 개인에 의해 투사된 것은 자기대상과 관련된 경험의 표상이라고 볼 수 있다. kohut(1971,1977)에 있어서 자기란 아기의 타고난 잠재력과 부모의 기대가 만나는 지점에서 시작되며 유아의 자기란 홀로 설 수 없으므로 도와줄 타자를 필요로 한다. 자기대상(self-object)이란 개인이 성숙하면 스스로를 유지하게 될 정신구조를 유아기에 대신 맡아줄 사람으로서, 유아는 자신의 발달능력에 대해 칭찬 받고자 하는 자기애적 욕구와 이상화된 자기대상과의 융합 경험을 통해 자기대상을 만나게 된다. 이때 불가피하게 일어날 수 밖에 없는 최적의 좌절 기회를 경험하게 되므로써 긍정적인 자기감을 내면화하게 된다. 최적의 좌절이란 아이의 욕구에 대해 끝까지 공감해 주는 것으로써, 그러한 노력에도 불구하고 좌절이 주어진다는 것이며 자기대상을 만날 때 최적의 좌절이 주어질 수 있고 그 과정을 통해 재능과 재주를 발전시키는 자기로서의 변형적인 내면화 과정이 일어난다.

반면에, 부모로부터 공감적 이해를 받지 못하고 실패하게 되면 좌절되고 정신병리가 발생한다는 것이다. 이러한 자기심리학적 관점에서는 투사적 그림을 통해 개인의 성숙한 자기를 드러내고 좌절로 인한 발달적 결함, 이상화된 자기대상의 상실로 인한 자기분열, 그리고 그 이후의 인지적, 정서적, 행동적 결함 등을 반영해준다고 본다.

### 3. 현상학적 근거

현상이란 개념에는 눈에 보이는 것, 들을 수 있는 것, 만질 수 있는 것이 포함된다. 사고와 느낌, 꿈, 환상 등을 비롯하여 정신의 경험적 영역에 속하는 모든 것들이 포함이 된다. 그러한 측면에서 현상학적 관점으로 그림을 본다는 것은 선입견을 가지고 일방적인 기준으로 해석하는 것이 아니라 그림을 그린 개인의 관점에서 다양한 가능성을 갖고 있는 그대로를 바라보는 것을 말한다. 그대로를 바라본다는 것은 투사적 그림검사에 대해 매우 중요한 부분이다. 그림이란 경험을 토대로 한다. 그림을 그린 개인은 그림을 통해 자기가 투사되며 그것은 자신의 눈과 즉각적인 의식을 통해 무엇이 나타났는지 볼 수 있는 직접적인 경험을 하게 된다. 무엇을 보아야 하는가에 대한 고정화된 개념과 선입견을 버리고 열린 마음의 눈으로 의식적으로 바라보는 것이 현상학적 접근의 주된 접근 방법이다.

개인은 누구든지 선호도에 따라서 받아들이고 기대하며 원하는 형태와 양식이 있으며 나타난 그림에서 보여지는 현상 어디에 어떠한 의미를 부여한다. 특히 피검자가 무엇을 깨닫고 이해하는지 등에 대한 개인의 반응은 현상학적 관점에서는 매우 중요시할 뿐 아니라 그림을 해석하고 진단하는데 중요한 영향을 미치며 답이 된다.

### 4. 사회 문화적 근거

투사적 그림을 사회 문화적 관점에서 본다면 개인의 그림 표현은 그 사회의 문화와 가치에 따라 상징적 의미가 달라질 수 있다는 점이 강조된다. 예를 들면, 박쥐의 상징적 의미가 중국에서는 장수의 의미를 갖지만 서구문화에서는 별 의미가 없듯이 어떤 특정 지역이나 종교 문화권에서 또는 개인의 선호도와 사회 경제적 지위 등의 요인들이 그림에 대한 동기나 태도에 영향을 미칠 수 있다는 것이다. 환경과 교육, 사회 문화적 차원에서 차이가 있을 수 있음을 간과해서는 안 된다.

제 2 장

# 투사적 그림검사 평가를 위한 면담 방법

정신문제와 관련된 모든 임상에서 면담은, 도움이 필요한 개인의 심리 사회적 어려움이나 정신장애를 진단하는 기본적인 수단으로서 심리검사의 평가 내용을 보완할 뿐 아니라 결과의 타당성을 뒷받침 해주기도 하며 치료 계획의 토대가 되기도 한다. 앞장에서도 이야기했듯이 투사적 그림 검사를 평가할 때 유의해야 할 점은 그림의 평가 내용뿐 아니라 개인의 과거력, 생활력과 체계간의 관계, 다양한 이론적 접근을 통해 통합적인 평가를 해야 한다. 그러한 측면에서 보면 면담은 투사 그림 검사의 보다 풍부한 평가를 위한 기본적인 과정이다. 따라서 이 장에서는 몇 가지 이론적 입장에 근거하여 면담의 접근 방법이 어떻게 달라지는지, 면담 시 어떠한 내용들이 언급되어야 하는지에 대한 기본적인 사항들을 제시할 것이다.

## I. 면담의 정의

면담이란 서로 간에 수용한 의도적인 목적 하에 이루어지는 대화로서 면담은 여러 가지 면에서 일반적인 대화와 매우 비슷하다. 면담은 사람들 사이에 그들의 생각, 태도, 감정 등이 교환되는 동안 언어적인 의사소통과 비언어적인 의사소통으로 이루어지는 과정이라고 정의된다(Kadushin, 1983). 면담과 대화의 차이점을 요약해 보면 첫째, 면담은 의도적이고 상호간에 수용된 목적을 위한 인간 상호관계의 상호작용을 포함한다. 둘째, 면담에는 공식적이고 체계적인 구조와 역할의 할당, 상호작용의 과정을 조절하는 일련의 기준들을 설정하는 것을 포함한다. 셋째, 면담자와 피 면담자의 역할은 명확하게 구별되며 대등 관계에 있지 않고 양쪽은 합의된 목적을 위해 탐색하고, 격려하고, 동의하고, 따르는 역할을 담당하게 된다.

예술 치료에서 면담의 일반적인 목적은 정보적인 것(사회조사를 위한 것), 진단적인 것(평가목적), 치료적인 것(심리 사회적 조사를 위한 것)으로 기술할 수 있다. 진단적 면담(diagnostic interview)이란 임상적 진단을 내리기 위한 목적으로 이뤄지며 피검자의 과거력과 문제를 조사하여 적절한 기관 또는 상담자에게 연결해주기 위한 자료를 수집하기 위한 과정이기도 하다. 반면에 치료적 면담(therapeutic interview)은 사실적인 정보수집에 한정하지 않고 피검자를 이해하고 공감함으로서 치료관계를 맺는 것을 포함하여 효과적인 사회적 기능수행의 변화를 유도하게 된다.

## II. 면담의 이론적 접근

면담의 내용은 심리 사회적 문제를 보는 면담자의 이론적 · 임상적 관점에 따라 차이가 있으므로 질문의 내용 또한 그에 따라 차이가 있다. 따라서 여기에서는 정신의학적, 정신역동적, 심리학적 입장에 따라 면담자가 어떠한 내용을 다루는지에 대해 간단하게 소개하겠다.

### 1. 정신의학적 면담 (Psychiatric Interview)

정신의학적 면담은 정신과적 측면에서 검사자와 피검자에서 정신장애의 임상적 진단을 위해 이뤄지며, 진단은 거의 정신과적 면담에 의존하므로 정확한 면담 기술은 정신의학에서 가장 기본적이고 중요한 과정이다.

**공통된 면담기법**

1. 면담초기에 치료적 관계를 형성한다.
2. 주된 문제가 무엇인지 결정한다.
3. 주 문제를 중심으로 잠정적인 감별진단을 한다.
4. 구체적인 질문을 통해 다양한 진단가능성을 찾는다.
5. 환자에 따라 분명한 대답을 못하는 경우가 있으므로 애매한 답변에 대해서는 확인 질문이 필요하다.
6. 사고장애 감별을 위해 환자가 자유롭게 이야기하도록 하는 것도 필요하다.
7. 개방형 질문과 폐쇄형 질문을 적절히 혼용하여 사용한다.
8. 대답하기 난처한 질문도 배제해선 안 된다.
9. 자살사고에 대한 확인을 빠뜨려선 안 된다.
10. 면담 마지막에는 환자가 하고 싶은 말이나 질문할 기회를 준다.
11. 최초의 면담 마지막에는 환자에게 지지한다는 이유로 가능성 없는 약속을 하지 않아야 한다.

정신과적 면담은 피검자의 증상 유형과 정도와 환자의 성격에 따라 달라진다. 대부분의 정신과적 피검자들은 표면적으로는 자신의 고통을 도움 받고자 치료자를 찾아오지만 무의식적으로는 내적 갈등을 방어하고 숨기고자 하는 동기를 지니고 있다. 또한 질환 유형과 정도에 따라서 어떤 피검자들은 자신의 어려움과 도움 받고자 하는 부분을 정확히 기술할 수도 있으나 어떤 피검자들은 체계화의 논리가 결여되고 비협조적인 경우도 있어서 면담이 어렵기도 하다. 그러나 위에서 제시했듯이 정신과적 면담에서는 거의 모든 상황에 공통되는 원칙이나 면담 기법이 있으며 투사검사의 풍부하고 정확한 평가를 위해 다뤄져야 하는 면담기법이 상황과 증상에 따라 다르다.

### 1) 특수한 상황에서의 면담 기법

#### ▣ 우울증이 있는 피검자

우울증을 가진 피검자의 면담에서 어려운 점의 하나는 피검자의 절망감이다. 이때 면담자는 다 잘 될거라는 안심을 시키지 않도록 주의해야 한다. 피검자는 자신의 어려움에 대한 심각성을 면담자가 모르고 있다고 이해하기 쉽기 때문이다. 이러한 경우 절망적으로 생각하고 있는 부분이 이해된다는 설명과 그럼에도 분명히 도움을 줄 수 있다는 것을 설명할 필요가 있다.

면담시 특별히 주의하여 관심을 가져야 할 부분은 자살에 대한 가능성이다. 자살에 대한 생각이 있는지 자살에 대한 가족력이 있는지 구체적인 질문을 하여 보호책을 마련해야 한다.

#### ▣ 난폭한 피검자

난폭한 피검자의 경우도 자살 위험이 있는 환자의 경우와 비슷한 접근 방법을 취한다. 질문에는 이전의 난폭 행동에 대한 구체적인 상황과 아동기의 경험이 포함된다. 난폭한 피검자를 면담할 때 해서는 안 될 태도는 피검자가 위험해 보일 때 그 느낌을 무시하지 않아야 한다. 화가 나 있거나 안절부절 못한 피검자를 즉각 만나지 않는다. 피검자에게 화를 내거나 잘 보이려 하는 태도는 도움이 안 된다. 기질적인 요인을 간과해서는 안 된다. 1대 1로 만나는 것은 위험을 초래할 수 있으므로 삼가야 한다. 알코올이나 물질남용 또는 인지장애가 있는 경우에도 면담이 도움 되지 않는다.

▣ 망상이 있는 피검자

피검자의 망상에 대해 직접적이고 공격적인 태도는 삼가해야 한다. 망상은 불안과 낮은 자존감과 혼란에 대한 비적응적인 현상이긴 하나 피검자로서는 방어와 자기 보호적인 방법으로 이해해야 한다. 올바른 면담자의 태도는 피검자의 망상을 이해하지만 동조하지 않는다는 것을 보여주는 것이 도움이 되는 태도이다. 또한 특정한 망상이 피검자에게 어떠한 의미와 기능이 있는지를 이해하기 위해서는 망상의 밑바닥에 있는 느낌과 공포와 희망에 초점을 맞추는 것이 도움이 된다. 망상 피검자와의 면담은 증상보다는 감정적인 면에 관심을 보이는 것이 필요하며 보호자와의 면담은 환자가 있는 상황에서 하는 것이 피검자의 불안을 줄여 줄 수 있으므로 유의해야 한다.

**망상을 끌어내는 질문방법**

1. 피해망상
   사람들과 함께 살아가는데 문제가 있었습니까?
   사람들이 당신을 적대시한다는 느낌이 있습니까?
   자신을 해치거나 모략하는 사람이 있습니까?
2. 질투망상
   배우자가 바람을 피운다는 걱정을 한 적이 있습니까?
   실제적 증거가 있습니까?
3. 죄책망상
   자신이 나쁜 일을 저질렀다고 느껴본 적이 있습니까?
   자책하는 일이 있습니까?
   그 때문에 벌을 받아야 한다고 느낍니까?

4. 과대망상
자신이 특별한 능력이나 재주가 있습니까?
자신이 큰일을 이룰 거라고 보십니까?
5. 신체망상
신체기능의 어디가 잘못 되었다고 생각됩니까?
자신의 모습에 무슨 변화가 생겼습니까?
그것은 무엇 때문입니까?
6. 관계망상
사람들이 자신의 이야기를 하거나 비웃는다고 느낀 적이 있습니까?
TV에서 당신에 대한 이야기가 특별히 의미 있는 것을 본적이 있습니까?
무슨 특별한 메시지를 받은 적이 있습니까?
7. 사고이입
자신의 생각이 소리로 되어 들린 것이 있습니까?
자신의 생각이 방송이 되어 남들이 듣는다고 느낀 적이 있습니까?
누군가가 자신의 머리속에 생각을 주입시킨다고 느낀 일이 있습니까?
또는 그들이 자신의 머리에서 생각을 빼어간다고 느낀 적이 있습니까?
8. 의존적인 피검자
한계를 분명히 정하고, 그 한도 내에서 들어주는 것이 필요하다.
9. 가족면담
가족과의 면담에는 몇 가지 측면이 있다. 가장 중요한 측면중의 하나는 비밀 보장의 문제이다. 면담자는 가족으로부터 많은 정보를 얻어내는 동시에 피검자가 원하지 않는 정보에 비밀을 지키면서 가족에게 희망을 심어줘야 한다. 만약 신뢰가 깨어지게 되면 치료는 불가능해지기 때문이다. 그러나 문제가 보호를 위해서 또는 자살이나 타살의 의도 등의 심각한 문제가 있을 때는 비밀 보장이 어렵다는 것을 피검자에게 이해시켜야 한다.

### 2) 정신의학적 병력을 조사하는 방법

피검자의 병력을 얻어내는데 가장 중요한 기술은 피검자 자신이 자기 이야기를 중요한 순서대로 자유롭게 말하도록 허용해 주는 것이다. 정신과적 병력 조사는 일반적인 정보 수집에 피검자의 능력과 약점을 포함한 개인적인 성격 특성까지 알아내야 한다. 숙련된 면담자는 피검자가 자기 이야기를 하는 과정에서 어느 시점에서 적절한 질문을 해야 하는지 아는 사람이다.

| 병력 조사에 포함되어야 하는 내용 |
|---|
| 1. 인적사항 - 이름, 성별, 나이, 생년월일, 주민번호, 출생지, 종교, 결혼, 교육, 직장, 인종, 친지 이웃 관계 |
| 2. 의뢰배경 - 검사를 받으려는 이유 |
| 3. 주호소 문제 - 피검자가 말하는 주문제, 가족이 보는 문제 |
| 4. 현 병력 - 주문제, 피검자가 설명하는 그대로 기록, 시작 시기, 경과, 유발 인자, 환경적 요인, 이차적 이득, 치료경험 |
| 5. 과거력 - 병력이 있는가 |
| 6. 개인력 - 유아기, 아동기, 청소년기, 성인기 |
| 7. 정신성적 과거력 |
| 8. 가족력 - 전체 가계도 파악(누가 또는 누구에게 해가 돼나? 도움돼나?), 가족 분위기, 유전 요소, 가족 질환, 사회 경제 |
| 9. 꿈, 공상, 가치관 - 최근 또는 반복되는 꿈이나 공상 |

## 2. 정신역동적 면담

정신역동적 면담은 성격이 형성되는 유·아동기 동안 영향력 있는 주변인과의 정서적 상호작용을 이해하고 그러한 측면을 치료 과제로 연결시키고자 하는 목적을 갖는다.

**정신상태 검사(Mental Status Examination)**

정신상태 검사란 면담시에 관찰한 것과 인상의 전체를 기술하는 임상 평가부분으로서 면담 중에 관찰된 피검자의 외모, 말, 행동 및 생각을 기술하는 것이다.

1. 전반적 기술: 외양, 행동, 동작, 태도
2. 감정: 기분, 정서, 감정반응의 적절성
3. 말: 말의 양, 속도, 질
4. 지각: 환각과 착각, 이인증 depersonalization, 비현실감derealization
5. 흐름: 사고의 차단 thought blocking, 우원증 circumstantiality, 지리멸렬 inchoherencer, 연상이완 loose associaltion, 사고이탈 tangential-ity 등
6. 감각과 인지 : 각성과 의식수준, 지남력 orientation, 기억, 집중과 주의, 읽기와 쓰기 능력, 시각공간 능력, 추상적 사고, 상식과 지능
7. 충동조절: 성적, 공격적 충동의 통제력
8. 판단과 병식: 자신의 병에 대한 인식
9. 신뢰도

정신역동적 면담과 의학적 면담의 차이는 의학적 면담에서는 피검자의 주호소에서 병의 원인과 증상 발생에 이르기까지 직접적인 경로를 쫓게되나, 임상적 면담에서 이와 유사한 경로만을 쫓고자 한다면 매번 상당한 어려움을 겪게 될 것이다. 즉 피검자들은 자신의 증상에 대하여 당황해 하고 면담자에게 좋은 인상을 주기 위해 정보를 숨기는 경우도 있다. 역동적 접근은 그러한 반응을 이해함으로써 문제의 진단을 앞당기게 된다는 것이다. 의학적 면담과 정신역동적 면담의 또 다른 차이점은, 진단과 치료의 상호관계라고 볼 수 있다. 의학적 면담에서 진단이 치료에 선행한다면, 정신역동적 면담은 의학적 면담에서의 과거력 조사 그 자체가 치료적이라는 점에 이론적 바탕을 둔다. 세 번째 차이점은 의학적 면담 과정에서 피검자는 수동적인 참여자일 뿐이지만 역동

적 측면에서는 피검자를 조사 과정의 협조자로서 능동적인 참여자로 본다는 것이다. 네 번째는 관련 자료의 선택에 관한 것으로 정신의학적 면담은 진단 과정의 한 측면일 뿐이며, 역동적 면담은 피검자의 정신 내적 삶이 자료를 저장하고 있는 중요한 부분이라는 것이다. 마지막으로 정신역동적 면담의 중요한 또 다른 측면은 면담과정에서 발생할 수 있는 전이와 역전이의 역할이다. 면담자로 하여금 피검자의 내적 대상 세계의 성격을 이해하도록 힘으로써 문제를 잘 이해할 수 있게 한다는 점이다.

**정신역동적 면담에 포함해야 할 내용**

회상적 자료
1. 현재의 생활방식 및 관계
2. 습관
3. 호소된 문제들
4. 중요한 사람과의 감정적 관계
5. 신체 관련 과거병력(과거력)

의식적인 감정적 태도
1. 과거 및 현재의 타인과의 관계에서 느끼는 감정
2. 자기 자신의 고통에 대한 태도
3. 미래에 대한 생각 및 태도
4. 주된 의식적 동기

무의식적인 연상 내용들
1. 최초 또는 초기 기억
2. 꿈
3. 반복되는 공상 또는 백일몽
4. 개인의 외적 태도
5. 전이 내용
6. 환자의 표현되는 말을 연상으로 취급해 봄

정신역동적 면담의 목적은 개인의 핵심적 역동을 밝히고자 하는 것이다. 정신 역동적 면담에서 포함되어야 하는 내용에는 회상적 자료와 의식적인 감정의 태도와 무의식적 연상을 포함한다. 회상적 자료는 피검자의 의식 수준에서 회상되는 내용을 중심으로 기술된다. 의식적인 감정적 태도는 면담자가 직접 피검자에게 질문함으로써 의식적 태도와 감정에 대한 정보를 얻을 수 있으며, 무의식적인 연상 자료는 연상 과정을 통해서 수집되는 정신역동적 면담의 특유한 자료라고 볼 수 있다. 이러한 역동적 접근은 개인의 핵심적 역동의 진단이 주 과제로서 특히 초기 유·아동기 감정 양식이 핵심이 된다. 그러므로 초보자에게는 접근이 어려운 면담일 수 있다.

### 3. 심리학적 면담기법

심리학적 면담은 다른 면담기법에 비해서 임상심리학적 평가가 주된 기준이 된다. 심리학적 면담은 이론적인 배경을 가진 면담이라기보다는 일반적인 임상에서의 심리학적 입장에서 포함될 수 있는 면담형식으로서 다음의 내용을 주로 다룬다.

| 면담 내용 |
|---|
| 1. 개인적인 인적사항<br>2. 피검자가 호소하고 있는 문제<br>3. 행동관찰<br>4. 당면한 문제나 생활조건(가족, 주거조건, 직장 및 작업조건, 경제적 문제, 특정한 스트레스 요인과 사건)<br>5. 개인력(초기발달, 아동기 건강, 가족관계, 교육적 발달, 직업력, 성에 대한 반응 및 결혼, 현재 증상의 발달)<br>6. 가족력<br>7. 심리검사 결과 |

8. 전반적인 의학적 검사결과
9. 요약과 평가
10. 전문가 견해

## III. 면담기법

이 장에서 논의될 기술은 정보를 얻어내는 방법으로서 질문에 대한 기술이다. 피검자를 면담하는 과정에서 가장 중요한 요소는 면담자가 보여주어야 할 개인에 대한 관심으로서 그 관심은 면담자의 질문 유형에 따라 면담 과정의 흐름을 방해할 수도 있고 원조 기술로 효과성에 차이가 날 수도 있다. 보다 대중적인 질문의 형태는 직접 질문, 폐쇄형 질문, 개방형 질문, 시험적인 질문이다. 면담 초심자들은 효과적이고 촉진적인 면담을 위해 적절한 질문 기법을 익힘으로서 피검자의 주요한 이슈를 드러나게 하고 부드럽고 편안하게 개인으로 하여금 치료에 도전하도록 하며 보다 깊은 자아탐색을 하도록 격려할 수 있게 된다 (Kleinke, 1994).

### 1. 직접 질문

직접 질문은 검사자가 주제에 대한 특정한 정보를 질문하여 얻어내는 방법이다. 예를 들어 '언제부터 우울감을 느꼈습니까? 그림 속의 인물은 누구입니까? 왜 그 상황이 당신을 화나게 했는지 이야기해 줄 수 있나요?' 등으로 직접 질문은 특정한 주제에 대한 표적 정보를 얻어내는데 초점이 맞추어진 질문으로서 빠른 시간 내에 실제 정보를 얻어내야 하는 시간적 제한의 압력을 받고 있을 때 유용하다.

## 2. 폐쇄형 질문

폐쇄형 질문은 그 상황의 특정한 국면에 초점을 맞춤으로서 말이 없거나, 자신의 이야기를 어떻게 표현해야할지 갈피를 못 잡거나, 어떤 내용이 면담에 필요한 정보인지 잘 모르고 있을 때, 명확하게 방향을 제시해주고 면담에 적절하게 참여하도록 돕는다는 장점을 가지고 있다. 반면에 폐쇄형 질문은 일정 종류의 반응을 제한할 수도 있으며 하나만을 선택하도록 강요함으로써 한 특정 부분에 대해서만 이야기하도록 만들며 내면적인 감정의 세계로 들어가는 능력을 제한하기 때문에 피 면담자 입장에선 편치 못한 질문이 된다.

질문형태를 예로 들어보면 '그림 속의 이 사람은 지금 화가 나거나 슬퍼하고 있습니까? 또는 무엇이 그 사람을 슬프거나 화나게 만들지요?' 라고 물을 수도 있다. 두 질문 모두가 감정에 한정된 질문인데 후자가 더욱 제한적이며 다양한 반응을 하게 하여 그의 내면세계에 깊이 들어가는 것을 제한시켜버릴 것이다. 또 다른 폐쇄형 질문의 예문을 보면 '그림 속의 이 사람 지난 1년 동안 한 두 개의 직업을 가졌습니까?' 라고 질문을 한다면, 만약 면담자가 질문 내용 자체가 표적이라면 이러한 질문은 도움이 되는 질문이 될 것이다. 그러나 이 질문은 선택을 강요하는 질문으로서 특정 부분에 관해서만 이야기하게 만들 수 있으며 만약에 피검자가 자신의 직업에 대해 말하고 싶어하지 않는다면 대화를 중단시키는 결과를 초래하게 될 것이다.

이처럼 폐쇄형 질문은 한정된 시간 내에서 신중하게 질문을 선택하여 사용하게 될 경우 면접의 방향을 제시하고 내용의 조정을 명확하게 하여 유용한 결과를 주기도 한다. 그러나 충분한 자극 없이 너무 빠른 개방으로 피면담자를 난처하고 냉정하게 만들기도 하므로 충분한 감정을 읽어낼 수 있는 실마리를 잃게 만들기도 한다. 따라서 폐쇄형 질문을 사용할 때는 직접적인 질문을 적절히 사용하는 것이 좋고 그 적절성은 피 면담자에 따라 달라질 수 있다.

### 3. 개방형 질문

폐쇄형 질문과는 다르게 개방형 질문은 피검자로 하여금 가장 큰 관심 상황의 요소를 선택하게 하며 자유롭게 판단하고 통제하게 할 뿐만 아니라 예상하지 못했던 중요한 내용을 들을 수도 있다. 또한 상황에 따른 감정과 감정의 강도를 제공하는데 폐쇄형 질문보다 유익하며 면담자와의 관계양상에 긍정적인 영향을 준다. 개인의 개성과 특성을 적절하게 탐구하는 면담자의 능력은 보다 능동적이고 만족스런 면담 결과를 유도하여 피검자가 보다 넓은 범위의 반응을 하도록 기회를 주며 자신의 주관적인 기준에서 선택할 수 있는 기회를 갖게 한다. 그러므로 개방형 질문은 폐쇄형 질문에 비해 피검자 중심이라고 볼 수 있다.

반면에 면담자의 차원에서는 목적과 관련이 없는 많은 이야기에 반응하는 피검자에게서 시간의 소비 문제를 발생시킬 수도 있다. 면담 경험이 부족한 피검자에게는 위협적으로 느껴질 수 있으며 비 지시적이고 제한이 없으므로 모호하고 방향성을 잃어버릴 수도 있다. 이러한 적절성의 차이 때문에 면담자는 때때로 심도 있는 정보 수집을 위해 개방형 질문을 할 것인지 신속한 정보 수집을 위해 직접 질문이나 폐쇄형 질문을 사용할 지에 대한 딜레마에 빠지기도 한다. 이것은 축적된 경험과 연습을 통해 극복할 수 있으리라 본다.

### 4. 검증 질문

질문은 물어보는 타입에 관계없이 시험적인 방식으로 질문이 이뤄질 수 있다. 검증질문은 내용의 관련성이 불분명할 때, 모호한 내용을 명확히 해야할 때, 보다 구체적인 설명이 필요할 때, 더욱 분명한 특징성이 필요할 때 사용된다. 예를 들면 '네가 부모의 이혼에 대하여 지금 어떤 심정인지 얼마나 슬픈지 알고 싶구나. 또는 부모가 너에게 어떻게 하는지에 대해서 이야기하는 게 언짢지 않다면 이야기 해줄 수 있겠니?' 이러한 시험적인 질문은 질문의 영향력을 일깨워 주기도 할 뿐 아니라 불편감을 느끼면 반응을 철회하도록 하는 편안한 기회를 제공해 주기도 한다. 이러한 질문은 때로는 개방형 질문으로도 시험적인 질문으로도 물어볼 수도 있으며 전혀 질문이 아닌 경우도 있다. 예를 들어 '부모의 이혼에 대해서 어떻게 느끼니?' 라고 묻기보다는 '나는 네가 부모의 이혼에 대하여 어떤 느낌을 가지고 있다고 생각하는데' 라고 질문할 수 있으며, 거기에 '그것이 사실이니?' 라고 덧붙일 수도 있다. 또는 앞의 질문을 '너는 이혼에 대하여 어떤 느낌을 가지고 있는 것처럼 보이는 구나' 라고 바꿔 질문할 수도 있다.

시험적 질문은 이처럼 상대방이 듣기에 편하고 분위기를 부드럽게 만들어 주기도 하며 비심판적이고 개방된 분위기를 창출하고 보편적인 반응을 가져오므로 면담자의 능력에 따라 예리한 질문에 대한 통찰이 가능하리라 본다.

### 5. 왜? 로 시작하는 질문

왜?라는 질문은 상대방으로 하여금 매우 저항적인 느낌을 갖게 한다. 일반적으로 돕는 역할을 하는 사람들은 다른 종류의 질문이나 공감적 반응을 사용하도록 권유를 받아왔다(Benjamin, 1987). 만약 왜? 라는 질문에 상대방이 솔직하게 대답을 한다면 이 질문은 원조관계에서 가장 강력하고 유력한 질문이 될 것이다. 그러나 피 면담자들은 도움관계를 통해 왜? 라는 것에 대한 답을 찾는 것을 목적으로 한다. 만약 그들이 그 답을 안다면 치료면담과 검사면담을 해야 할 아무런 이유가 없다. 많은 면담자들은 때때로 왜? 라는 질문을 사용한다. 전문가라면 매우 주의해야 할 부분이라고 본다.

### 6. 위에서 소개된 질문유형의 비교

아래에서는 적절한 면담을 위해 서로 다른 유형의 질문을 연습해 볼 수 있도록 Neukrug(2001)의 Information Gathering에서 제시된 질문의 비교 부분을 인용하여 수정한 내용이다.

| 질문 유형 | 정 의 | 예 시<br>(쉼터에서 출산을 기다리고 있는 미혼모) |
|---|---|---|
| 직접 질문 | 이 질문은 정보를 빨리 얻기 위해 특정한 내용에 초점을 둔다. | 아이를 출산한 후에 만약 네가 그 아이를 양육하기로 결정했다면 앞으로 어떻게 양육하려고 생각했니? |
| 폐쇄형 질문<br>(내용에 한정) | 이 질문은 특정주제나 관점에 초점을 두고, 피 면담자가 제시된 질문 중에서 하나를 선택하는 것이다. | 너는 부모님과 함께 살거니? 아니면 분가하려고 생각하니? |
| 폐쇄형 질문<br>(감정에 한정) | 이 질문은 면담자에 의해 제시된 감정 중에서 선택하도록 한다. | 임신 사실을 알았을 때 행복한 느낌이 들었니? 슬픈 느낌이 들었니? |
| 개방형 질문 | 이 질문은 피 면담자가 여러 가지 반응을 하도록 허용한다. | 임신한 것에 대해 어떻게 느끼니? |
| 시험적 질문 | 부드러운 방식으로 질문이 이뤄지고, 보다 넓은 범위의 반응을 하도록 허락한다. | 임신한 것에 대하여 여러 가지 복잡한 감정을 갖고 있니? |

## 7. 언제 질문을 할 것인가

질문은 문제의 유형을 드러낸다거나 자아탐색을 유도하거나 변화에 도전하게 할 때는 때때로 유용하지만, 질문의 남용은 피검자로 하여금 경멸적인 분위기를 느끼게 하거나 의존적이고 수동적으로 만들어 버릴 수도 있다. 가장 좋은 질문은 자연스럽게 말하도록 편안하게 해주며 공감적으로 반응해주는 것이다. 이유는 스스로가 문제의 답을 발견한 것처럼 느끼게 해주기 때문이다.

질문은 뚜렷하고 분명한 말투여야 하며 초점이 맞아야 하고 상대방의 어휘 수준과 기준에 적절해야 한다. 피검자가 요구하는 질문에 겁을 먹거나 사과하듯 말하거나 하는 것은 좋은 면담자의 태도가 아니다. 질문은 짧고 간결하며 모호하지 않아야 한다. 종종 면담에서 실수하게 되는 질문 형식은, 면담자가 유도하거나 암시적으로 기대감에 근거해서 던지는 질문으로써 그것은 진정한 질문이 아니라 질문으로 위장된 답변이며 다만 확인을 하는 결과를 의도하는 것이 된다. 또한 면담자들의 많은 실수는 동시에 두 가지 질문을 하여 피검자를 혼란 속에 빠뜨리는 경우이다. 그러한 경우 두 가지 질문 중 답하기 쉬운 것을 선택하는 경우가 많고 중요한 다른 질문을 잊어버리게 되는 경우가 있어서 질문의 목적을 잃어버리는 결과를 가져올 수 있으므로 유의해야 한다.

제 3 장

# 투사적 그림검사 평가의 기본 지침

투사적 그림의 평가란 그림을 그리는 과정에서 나타나는 태도와 면접에서 얻어진 정보와 그림 후의 질문으로부터 얻어진 임상소견 등을 종합하여 그림을 그린 사람의 성격이나 심리 상태를 읽어내는 것이다.

그림 검사를 실시할 때는 검사 장면과 피검사자의 행동과 태도, 과거력, 주변 체계의 관계 등에 유의해야 한다. 예를 들면 검사지시에 대한 이해, 속도, 흥미를 갖고 하는지, 거부하는지, 종이를 다루는 태도, 지우개를 자주 사용하는지, 어느 부분을 자주 지우는지, 불안해하는지, 집중을 못하는지, 질문을 많이 하는지 등에 대한 주의 깊은 관심이 필요하다. 투사적 그림 검사를 통해 한 개인의 성격을 이해해 가는 과정에는 이처럼 다양한 정보를 고려해야 한다. 그림만 가지고 성격의 단면을 추론하는 평가는 개인을 왜곡시키는 오류를 범할 수 있으므로 주의해야 한다. 투사 검사의 그림을 해석하는데 있어서는 전체평가, 구조적 평가, 내용평가 등 3가지 접근을 통해 종합적으로 해석한다.

# I. 전체적 평가 방법

전체적인 평가란 말 그대로 그림의 전체적인 인상에 근거하여 심리적인 특성을 해석하는 것이다. 예를 들어 임상가가 그림을 처음 대했을 때 그림의 조화가 없어 보인다든지, 구조가 이상하다든지, 불안해 보인다든지 등의 인상을 받을 수 있다. 직관적인 측면에서 왠지 무서운 느낌이 든다거나, 그림 속의 사람이 쓰러질 것처럼 힘들어 보인다는 느낌이 든다거나, 인지적인 측면에서 균형이 없어 보인다는 느낌을 받을 수도 있고 공중에 떠있는 것 같다는 비유적인 인상을 받기도 한다. 이러한 인상을 민감하게 느끼기 위해서 그리고 전체적 평가에 의해 개인의 적응 상태를 잘 포착하기 위해서는 그림을 그린 사람이 그림 과정에서 어떠한 경험을 했을 지에 대한 대리체험적인 공감이 필요하다.

[ 그림 1 ]

이때 검사자가 주의해야 할 점은 그림을 잘 그리고 못 그린 것에 끌리지 말아야 하며 한 가지 측면에 초점을 두어서도 안 된다. [그림 1]을 보면 매우 잘 그려진 그림이지만 건강한 사람의 그림이라고 단순히 생각할 수 있는 건 아니다. [그림 2]는 한 눈에 보아 매우 불안전해 보이는 그림이다. 그러나 이 그림을 그린 사람은 이곳이 쉴 수 있는 유일한 곳이고 방해받지 않는 공간이라고 말한다. 그렇다면 이 사람을 단편적으로 병리적인 현상으로만 해식할 수는 없으며 그렇게 해서도 안 된다.

[ 그림 2 ]

전체적 평가에서 밝혀야 할 것은 개인의 적응정도, 성숙도, 혼란정도, 자기와 외부에 대한 인지방법 등을 전체적으로 아는 것이다.

[그림 3]에서 볼 수 있듯이 전체적으로 뿐 아니라 형식과 내용의 전반적인 구성에서 어려움을 읽을 수 있다. 그러나 이 그림을 그린 피검자

는 자신의 집을 고쳐야 하고 그 책임이 자기에게 막중하며 그게 너무 힘들다고 한다. 이렇듯 투사적 그림에 대한 전체 평가만으로는 그림을 그린 개인의 심리적 특성이나 어려움을 이해하는 데는 한계가 있다. 따라서 평가는 형식적 평가와 내용 분석이 함께 이뤄져야 하며 개인력과 환경과 현재 처한 상황에 대한 이해가 함께 되었을 때 보다 올바르고 정확한 전체적인 평가를 할 수 있게 된다는 것을 포함한다.

[ 그림 3 ]

## II. 구조적 평가 방법

구조적 평가란 그림에서 나타나는 다양한 구조적인 요소들, 예를 들면 어느 부분부터 그려갔는가 하는 순서와, 공간의 어디에 위치하는가, 크기는 어떠한가, 필압, 선의 질, 대칭성, 운동성, 원근법, 투명성, 음영, 생략, 왜곡, 지우기 등 그림을 어떻게 그렸는 가를 살펴봄으로써 성격의 단면을 이해해 가는 방법이다. 즉 이러한 구조적인 요소들의 특징이 의미하는 것이 무엇인지, 그림의 전체적인 인상과도 일치하는지, 임상적 관찰, 면담자료, 생활력, 다른 심리검사 결과들과 일관되는 지에 근거하여 가설을 세우고 해석해야 한다. 구조적 평가에 대해서는 각 검사의 해석 지침에서 구체적인 소개를 서술하겠다.

## III. 내용적 평가 방법

그림에서 내용적 해석이란 정서적 분석의 싸인을 참고로 하여 그림에서 가장 강조되어 있는 부분의 세부적인 특징을 다루는 것을 말한다. 예를 들면 나무 그림에서 상흔이나 옹이, 수관의 크기, 그루터기가 있는 지, 과일이 떨어져 썩고 있는지, 사람그림에서 눈과 입이 유난히 강조되었는지, 손가락이나 발가락이 없는지 등을 다루며 이들 그림특징과 성격적인 면을 관련시켜 평가하는 것이 내용적 평가이다. 형식적 평가와 비슷한 측면이 있으나 내용적 평가에서는 보다 더 세부적인 특징을 다루되 단순히 상징적인 의미를 나열하는 것이 아니고 보다 두드러진 특징을 먼저 다루는 것이 중요하다. 또한 그 상징에 대해 연상되는 것이 있는지 질문을 함으로써 성격을 더욱 구체적으로 밝힐 수 있다. 그러나 그림에서 표현된 상징들의 의미는 매우 복잡하고 인류 전체에 보편적인 의미를 갖는 것도 있지만 특징 문화와 개인의 가치에만 의미를 갖는 것도 있으므로 단편적인 해석에 유의해야 한다. 따라서 내용적 평가에 있어서 보다 올바른 의미를 이해하기 위해서는 어떠한 상징에 대한 보편적인 의미와 인류의 사회 문화적 의미를 정신분석학, 민속학, 신화, 옛날이야기, 화가들의 예술작품 등으로부터 간접 체험하고, 개인의 상징적 의미에 대한 나눔과, 다른 임상검사, 개인력과 일상생활 환경 등을 이해하고 있어야만 왜곡되지 않은 평가를 할 수 있게 된다.

# 제2부

## 그림에 의한 평가 기법

제 4 장

# 집, 나무, 사람 그림 검사
## (HTP : House-Tree-Person Test)

투사적 그림검사 가운데 심리검사 임상에서 가장 많이 사용해 온 투사그림 검사는 인물화 검사이다. 일반화로 측정되는 심리검사로서는 개별성을 파악하는데 한계가 있으므로 임상심리에서는 객관적 검사의 한계성을 보완하는 검사로서 몇 가지 투사검사들을 사용하고 있다는 것은 이미 앞에서 제시된 내용이다.

HTP 투사그림은 임상가들에게 가장 많이 알려져 왔다. 특히 Buck (1948)는 HTP 그림검사의 개척자로서 우리에게 내적 통찰과 이해를 가능하게 했다. 1971년에는 Hammer가 투사적 그림검사의 임상적 적용을 확장했고, 1986년에는 Koppitz의 투사적 점수화 방법과 인물화 분석이 폭넓게 사용되어져 왔다. 이러한 HTP의 발전은 Buck(1987)에 의해 무채색 그림 뿐 아니라 채색을 이용한 HTP가 사용되고 피검자의 성격특성과 대인관계에 관한 이해를 풍부하게 해주었으며 설명을 위한 지침도 소개되었다.

이 장에서는 투사적 그림 검사의 기초가 되는 전통적인 HTP 검사법을 언급할 것이다. 다만 HTP를 실시하는데 있어서 각각의 그림을 독립적으로 보면서 구체적인 세부 내용을 살펴볼 필요가 있겠지만 3장의 그림을 전체적으로 봄으로서 결과를 평가하는데 더욱 그 가치를 증대시킬 수 있다는 점을 유의해야 한다. 여기에서 소개되는 HTP의 평가방법은 Buck의 방법을 중심으로 이뤄지며, 인물화에 대한 내용은 Machover(1949)의 방법과 혼합된 형태를 제시할 것이므로 전체적인 분석 규준들을 함께 참고하면 도움이 되리라 본다.

## I. HTP 검사에서 나타날 수 있는 그림의 발달과 상징성

인간이 유아기에서부터 성장해 가는 발달과정에 따라 개인이 표현해 내는 그림의 내용과 형태가 변해간다는 것은 이미 모두가 알고 있는 사실이다. Goodenough(1926)나 Harris(1963) 등의 인물화 그림에서 피검자의 정신연령이나 지적 성숙도를 측정해 내려고 했던 것도 이러한 사실에 의한 것이다.

유아는 약 18개월이 되면 낙서를 하기 시작하는데, 3세경이 되면서 여전히 낙서 수준이기는 하지만 어느 정도 형태를 갖추기 시작한 동그라미 형태에 얼굴 모습을 표현하고 얼굴에서 팔과 다리가 나온 그림을 그린다든지, 구조가 갖춰지지 않은 그림을 그리다가 성장함에 따라서 동체가 그려지고 신체의 각 부분이 분화되어 간다. 처음에는 남녀 구분이 없는 인물을 그리다가 지적 · 사회적 성숙과 함께 성별이 구별 되는 그림을 표현하게 된다.

인물화 그림뿐만 아니라 집 그림에서도 학령기 초기에는 한 면의 벽그림만 그리다가 중학생이 되면서 서서히 사라지게 된다. 나무그림 역시 아동기까지는 남근 형태의 나무 그림을 자주 표현하나 중학생 이상이 되면 남근 형태의 나무는 거의 보이지 않게 된다. 이와 같이 아동은 신체적 발달 뿐 아니라 지적기능, 정서, 성격구조와 같은 전반적인 심리적 측면이 발달되고 성숙해 가는 과정 중에 있는 존재이다. 그러므로

HTP 그림검사에서는 아동의 연령 증가에 따라 그림이 발달하는 것을 근거로 개인의 발달적 단계와 상태를 파악할 수 있으며, 개인의 심리 정신적인 성숙도와 성격과 고착문제 등을 밝히는 일이 가능하다.

로르샤흐검사(Rorschach Test)나 주제통각 검사(TAT: Thematic Apperception Test) 등의 투사검사는 제시된 자극을 어떻게 받아들여지는가 하는 수동적인 과정에 초점을 둔 이야기를 매개로 한다. 그러나 HTP 검사는 언어를 매개로 하지 않기 때문에 언어로 표현되지 않는 성격의 단면을 파악할 수 있으므로 수동적이 아닌 적극적인 반응을 구성해가는 성격의 표출과정을 중요시 한다. 사람들은 일상에서 어떠한 사물을 대할 때 추상적인 개념을 표현하기도 한다. 이 추상적 개념을 어떤 구체적인 형태나 사물에 의해 표현하는 것은 언어가 어려운 유아나 급성 정신환자들에게서 자주 발견할 수 있다. 이러한 것은 일반인에게서도 자주 일어나는 현상이다. 이것은 그 사람이 언어로 표현하기 어려운 것 이거나 또는 표현하고 싶지 않은 어떠한 부분일 수도 있고 방어의 형태로 위장된 심적인 상태를 의미하기도 한다. 그러한 측면에서 보았을 때 HTP 검사에서 드러나는 상징성들은 그 사람의 성격을 이해해가는 이론적인 근거로서 충분하다 하겠다.

## II. HTP 그림 검사의 기본적인 해석 지침

그림검사의 해석은 피검자가 이전에 다른 심리검사를 받았다면 검사결과와 행동 관찰, 개인력, 과거 병력, 가족력, 면담 자료 등을 고려하고, 적절한 이론적인 틀에 의해 통합적으로 이뤄져야 한다. 해석은 '어떠한 정보를', '어떻게 읽어낼 것인가' 라는 두 가지 측면의 문제가 제시된다. 앞의 문제가 해석 이론과 개념적 문제라면 후자는 해석 방법이라고 할 수 있다. 그림에서 무엇을 볼 수 있는가에 대한 논의는 검사자가 이론적 틀을 어디에 갖다 놓는지 이론적 개념을 얼마나 가지고 있느냐에 달려있다.

필자의 실제 임상에서는 그림 해석에 있어서 주관적 인상과 구조적 해석 그리고 내용 분석과 일상생활, 필적 등 통합 분석으로 이뤄지며, 이론적 배경은 피검사자에 따라 자기 대상에서 부터 사회적 상황까지 다양한 심리학적 측면을 고려하게 된다. 이러한 다양한 측면으로 통합적 해석을 해야 한다는 것은 앞에서도 이미 이야기된 바 있다. 여기에서는 HTP 검사 해석의 기본 지침이 되는 구조적 해석의 구체적인 요소에 대해서 소개하도록 하겠다.

HTP의 구조적 평가란 그림을 어떻게 그렸는지 보는 것으로서, 해석적 가설은 타당성이 충분히 규명된 것은 아니며 연구자마다 견해가 다르기도 하므로 유의하여 사용해야 한다.

### ▣ 순서

HTP 각 그림의 순서에 따른 반응과 하나의 그림에서 각 부분별 그림의 순서에 대한 관찰 모두가 매우 중요하다. 피검자가 나무그림까지는 잘 그려나가다가 다음 주제로 넘어가지 못하는 경우는 우울 상태를 의심해 볼 수 있다(Hammer, 1971). 또한 하나의 그림에서 순서의 상호 연관성 없이 무계획적으로 그리는 것은 정동장애, 분열적 사고, 기질적 장애, 경솔한 행동, 결단력 결핍 등에서도 보일 수 있다. 인물화에서 얼굴 내부를 가장 나중에 그리는 것은 대인관계에 어려움이 있거나 외부로부터의 자극을 받아들이지 않거나 그림의 인물과 자신의 동일시 부분을 거부할 수 있음을 시사한다고 볼 수 있다.

### ▣ 크기

그림의 크기와 종이의 여백과의 관계는 피검자의 환경, 양친과의 관계를 나타내기도 한다. Levy(1958)에 의하면 일반적인 경우 보통 크기

(종이의 2/3정도)로 그림을 그리며 이러한 경우는 적절 수준의 자기감과 과시성일 수도 있다고 한다. 지나치게 작은 그림 [그림 4]은 환경에 부적응, 무력감, 열등감, 위축감, 강한 자기억제일 수 있다.

[ 그림 4 ]

반면에 [그림 5]와 같이 지나치게 큰 그림은 환경에 대한 적의, 과잉

활동의 조증 상태, 공격성이 강하거나 열등감에 대한 과잉 보상심리를 나타나거나, 공상적인 피검자에게서 표현될 수 있다. 크고 공허한 인상과 선이 단순하고 경직된 인물화는 정신지체, 기질장애, 통찰과 이성의 결핍을 반영한 것일 수 있다. Machover(1949)는 인물화에서 사람을중앙에 그려내고 신체가 망가졌으나 머리는 비교적 상세하고 크게 그려진 그림은 히스테리성 정신문제를 추측해 볼 수 있다고 한다.

[ 그림 5 ]

▣ 위치

일반적으로는 그림을 종이의 중앙에 그리게 되나 지나치게 중심을 고집하는 경우는 자기중심적인 경우에 흔히 나타난다. 지나치게 중심을 고집하는 피검자는 또한 불안정한 경우 스스로 통제하여 마음의 안정을 유지하려는 사람일 수도 있으며 대인관계에서 지나치게 완고하고 융통성 없는 유형의 사람일 수도 있다.

전체적으로 좌측에 치우쳐 그린 그림은 자의식이 강하고 내향적 성향, 퇴행적 상황, 또는 공상적, 여성경향, 충동적으로 만족을 구하려는 경향성과 관련될 수 있다. 우측에 치우쳐 그린 그림은 환경에 따라 방향을 결정하거나 미래강조, 남성적, 지적 만족을 선호하는 사람일 경향이 있다(Buck, 1950). 인지적으로는 감정을 지나치게 통제하고 있거나 억제적인 경향을 반영할 수 있으며(Koch, 1952), 권위적 대상에 대한 부정적 경향(wolff, 1940)일 수도 있다.

윗쪽에 치우친 경우는 높은 목표에 도달하려고 노력하며 때로는 도달하기 어려운 공상에 만족하는 경향, 자기존재에 대한 불확실한 느낌, 낙천적이거나 자신이 타인으로부터 고립된 느낌(Machove, 1949)을 지닐 수 있다. 아래쪽에 치우친 경우는 현실과 구체성, 확실성을 나타내거나 불안정으로 우울한 기분이거나 좌절을 갖고 있는 경우와 관련될 수도 있으나 안정되고 침착한 경우도 배제할 수 없다.

왼쪽 상단 구석에 그린 경우는 불안이 강하고 새로운 경험을 피하고 과거로의 퇴행을 나타낼 수도 있다[그림 4]. 오른쪽 상단 구석에 그린 경우는 미래에 대한 과도한 낙관주의 성향이거나 미래지향적 환상일 수 있다. 하단 왼쪽 구석은 과거와 관련된 우울감일 수 있으며, 하단 오른쪽 구석은 미래와 관련된 불안감일 수 있다.

지나치게 오른쪽 또는 아래 가장자리에 위치한 경우는 자신감이 없고 불안정감, 타인에게 지지 받고자 하는 욕구, 의존경향, 독립에 대한 두려움(Hammer, 1971)을 반영할 수 있으며 새로운 경험에 대한 회피경향이 있거나 환상에 머물고 싶은 욕구(Jolles, 1964)일 수도 있다. 용지전체를 사용하고 지나치게 산만한 분위기인 경우는 조증 문제가 있는지 검토해 보아야 한다.

### ▣ 필압

필압은 그림의 크기와 마찬가지로 피검자의 에너지 수준을 나타낸다. 필압이 강한 경우는 자신감, 자기 주장적, 적극적, 야심가에게서 흔히 나타난다. 반면에 필압이 약한 경우는 저 지능, 자신감 부족, 소심하고 적응문제, 불안과 관련된 신경증적 상태 또는 우울 상태, 만성정신분열, 또는 긴장성 정신분열의 경우에도 나타날 수 있다. HTP 전체에서 강한 필압을 사용한 경우는 정신질환, 급성분열, 조증, 뇌염후유증, 기질성 질환을 의심해 볼 수 있다.

어떠한 특정부분만 진한 경우는 기분변화, 불안정 또는 충동성에서도 나타날 수 있으며 정신지체 또는 긴장성 정신분열증에서도 나타낸다고 볼 수 있다. 집의 벽 또는 나무줄기가 진한 것은 현실과의 접촉을 유지하고 공상에 만족을 구하는 경향을 억압하는 경우에도 나타낸다. 지붕에만 진한 선은 불안감을 가지고 공상에 만족할 수 있으며, 지면의 선이 진한 것은 현실수준에서 생긴 불안감의 표현일 수도 있다. 인물의 윤곽만 진하고 스케치 풍으로 그린 경우는 자신을 드러내지 못하고 불확실한 사람일 가능성이 있으며 욕구는 있으나 수줍음이 많거나 자기 의식이 약한 경우에도 표현된다.

### ▣ 획이나 선

획이나 선이 길게 표현된 경우는 적절한 자기통제 또는 과도한 억제 경향을 나타내며, 주저 없이 단호한 긴 스트로크는 완고함 또는 야심가일 가능성이 있다. 지나치게 짧은 선은 흥분하기 쉽고 충동적(Alschuler &Hattwick, 1947; Hammer, 1971)인 성향을 시사할 수 있다.

직선은 자기 주장적, 공격적 표현으로 나타나기도 하며, 지나친 직선의 경우는 경직성이나 융통성 부족, 충동적 경향을 고려해 볼 수 있다. 톱니모양의 선은 적대적인 경우에 흔히 나타나며, 둥근 곡선은 의존적, 여성적, 극단적인 불확실감, 우울감, 사회적 불안 경향, 우유부단한 성향에서 표현될 수 있다. 수평적 움직임을 강조한 선은 약함, 여성다움, 공상적 두려움, 자아보호적 경향을 암시하기도 한다. 수직적 움직임이 강조된 선은 결단력이 강하고 활동적이며 자기 주장적, 남성적인 단호함이나 과잉활동성을 시사한다고 볼 수 있다.

선의 방향이 일정하고 망설임이 없는 경우는 목표가 있고 안정된 사람일 수 있다. 반면에 선이 일정치 않고 여러 방향으로 바뀐 경우는 자기 확신이 없고 불인정감, 정서적 동요, 불안감을 시사한다. 또한 지그재그 선은 적대감의 표현으로 나타낼 수 있고, 뚝뚝 끊어진 선이나 스케치풍의 선은 자신감 결여, 불확실감, 불안전감, 겁장이 때로는 정확성과 세심한 성격에도 나타날 수 있으며 새로운 환경에 대한 불안을 암시하기도 한다.

음영이 있는 선은 대인관계 불안이나 민감성을 반영하며, 심한 경우는 불안 또는 내적 갈등, 우울감, 신경증 문제를 검토해 보아야 한다. 지나치게 빽빽하게 그려진 선의 경우는 내적 긴장감이 높거나 공격 경향일 수 있다.

### ▣ 지우기

지나치게 자주 지운 경우는 불안감, 우유부단, 불확실성, 자신에 대한 불만족감을 반영할 수 있다. 특정 부분을 지워버린 경우는 그 부분이 상징하는 것에 대한 심한 갈등과 관련될 수 있다. 처음보다 나은 형태로 지우고 다시 그린 경우는 바람직한 적응 상태로 볼 수도 있으나, 지우고 수정한 모습이 지나치게 세밀하다면 문제의 가능성도 배제할 수 없다. 수정된 결과가 처음보다 나빠진 경우는 기질적 실환의 가능성을 검토해 보아야 한다. 수차례 다시 지우고 그린 그림은 그 부분에 대한 갈등을 시사한다.

### ▣ 방향

방향은 피검자의 환경에 대한 태도와 감정 및 대인관계 상황과 태도를 알려준다. HTP 모두가 지나치게 정면을 고집하여 그려진 경우는 타협이 잘 안 되는 성향이 있거나 반동형성의 방어가 있는 사람에게서 흔히 나타날 수 있다.

인물의 정면은 여성에게 많고 자신을 노출시키고자 하는 경향을 반영한다. 남성 피검자가 그린 남성상의 정면 인물은 노출증이 있는 경우에도 나타날 수 있다. 얼굴은 옆얼굴이나 몸체는 정면인 경우나 다리가 옆으로 향한 경우는 관찰력의 빈곤과 판단력이 빈약한 피검자에게서 흔히 나타날 수 있다. 남성으로서 남성상을 옆으로 표현하고 여성상을 정면으로 향한 경우는 강한 자기방어를 나타낸다.

일반적인 방향과 다른 그림은 피검자가 억압하고 있거나 승화하고 싶어하는 적대적인 심리상태를 시사할 수 있다.

집 그림에서 한 면만 그려지고 문이 없거나, 옆모습의 인물에서 한 팔과 한 다리만 보이는 경우는 환경에 직면하는 것을 두려워하고 있거나, 자폐적 사고, 익숙한 것에만 접촉하려는 성향일 수 있다.

### ▣ 세부묘사

보통 지능을 가진 사람이 필수구성 부분을 그리지 않는 경우는 지적 붕괴가 시작되고 있거나 정서적 혼란이 있는 경우를 암시한다. 필수적인 구성부분만 주의 깊게 그린 경우는 환경과 타인관계에 어느 정도 곤란이 있는 경우에 흔히 나타난다. 과도하게 상세하게 그린 경우는 강박적, 정서혼란, 신경증, 초기분열, 뇌 기질장애에서 나타날 수 있다. 적절한 상세함이 결여된 경우는 에너지가 적고 움추러드는 경향, 우울감, 습관적인 것을 무시하는 사람에게서 볼 수 있으며 지적결함이 있는 경우에도 나타날 수 있다.

■ 생략과 왜곡

왜곡이나 생략은 그 부분에 대한 갈등의 표현으로 볼 수 있다. 지나치게 극단적인 왜곡은 현실 검증력 문제를 시사하고 정신질환, 뇌손상 환자, 심한 정신지체의 경우에도 나타날 수 있다[그림 3].

■ 절단

그림이 용지의 하단에서 절단된 경우는 마음 속에 충동이 강하게 존재하며 그것을 강하게 억제하여 성격에 통합을 유지하고자 하는 것의 암시일 수 있다. 용지의 윗부분에서 절단되어 그려진 경우는 현실에서 얻을 수 없는 만족을 구하는 것으로 고착되어 있을 때 나타날 수 있으며 행동보다는 사고하는 것에 관심이 높고 지적 욕구가 강함을 나타낸다.

용지의 왼쪽에서 절단되어 그려진 경우는 미래에 대한 두려움이 있거나 과거에 고착되어 있거나 자신의 솔직한 감정표현이 어렵고 타인에게 의존적인 심리상태를 의미할 수 있다. 용지의 오른쪽에서 절단되어 그려진 경우는 과거로부터 미래로 도피하려는 욕구 또는 자신의 감정표현에 대한 두려움과 행동에 대한 강한 통제로서 나타날 수 있다.

■ 그림자의 음영

그림을 손질하듯 음영이 표현된 경우는 인간관계에서 타인에게 어느 정도 과민 경향을 나타낸다. 검게 칠한 듯한 인상을 주는 음영은 불안이나 강박 성향을 반영할 수 있으며 우울 기분을 검토해 볼 필요가 있다.

■ 투명성

유아나 아동의 경우를 제외하고는 일반적으로 병리적인 징조이며 흔히 정신분열 환자에게서 나타나기 쉽다. 정서적, 기질적 원인에 의한 성격의 통합 상실과 관련되기도 한다[그림 6].

[ 그림 6 ]

■ 원근법

멀리 떨어진 거리감을 주는 그림은 피검자가 자신이 몸담고 있는 환경에 충분히 어울리지 못하고 있는 경우와 관련될 수 있다.

밑에서 쳐다보는 그림의 형태는 환경에 접근하기 어려워하는 피검자의 감정표현일 수 있으며 가정으로부터 거부되고 있는 기분을 시사한다. 멀리 쳐다보는 집 그림은 근접할 수 없는 가정에 가까이 가고 싶어하는 욕구, 가족 내 열등감, 자기 비하적인 평가, 가정 내에서 행복을 느끼지 못하는 피검자에게서 흔히 나타난다. 조감도는 피검자가 환경에 적극적으로 개입하려 하지 않는 태도와 관련된다. 집 그림의 조감도는 피검자가 자신을 우월한 존재로 보며 가정을 벗어나 있음을 보여주는 경우에도 흔히 나타날 수 있으며 가정에 대한 가치부여를 거부하는 사람에게도 자주 나타난다. 멀리 보이는 집 그림은 집 그림에 자화상의 투사, 타인 접근이 어려운 감정, 가족에 의해 위로받을 수 없다는 감정을 가진 사람에게서 흔히 보여지는 형태이다. 가까이 보이는 집 그림은 가정에 대한 따뜻한 감정을 지닌 사람에게서 흔히 보이는 그림 표현이다.

### ▣ 운동성

집 그림에 운동성의 표현은 없으나 나무그림에서는 바람이 불어서 흔들거리는 상태를 그려내는 경우가 있고 인물상의 움직임은 흔히 있는 표현이다. 확장된 운동(뛰기, 달리기, 무용, 스포츠 등)은 기분이 밝고 활동적 경향성을 나타내기도 하나 때로는 침착성 없는 성격을 반영히기도 한다. 수축적 운동(웅크리고 있거나, 무언가에 기내어 앉거나, 짐을 지고 있는 경우)은 정신적으로 피로해 있고 에너지 수준이 낮고 의존적인 경향성을 시사한다. 기타의 운동(자발적 운동을 하고 있으나 적극적인 활동이 아니고 걷거나 앉거나 독서)은 직면한 상황에 대응하여 행동을 변화시켜 나가는 사람에게서 흔히 나타나기도 한다.

집과 나무의 운동은 무너질 것 같은 집, 벼락이 떨어진 것, 바람에 휘어진 나무, 낙엽이 떨어지고 있는 나무 등으로 표현되며 그러한 경우는 병리적인 문제가 있는지 검토해 보아야 한다. 이러한 운동성은 외부압력과 마음속에 무의식적 욕구에 의해 자기가 지배되며 그것을 자신의 힘으로 통제할 수 없다는 감정의 표현으로 나타날 수 있으며 성격의 붕괴를 느끼고 있는 정신분열 환자에게서도 보인다.

### ▣ 대칭성

대칭성이 지나치게 결여되어 있거나 대칭성이 요구되는 부분에 지나친 왜곡이 있는 경우는 정신적 장애나 뇌기능 장애, 정신지체일 가능성을 의심해 볼 수 있다. 지나친 대칭은 과도한 경직성이나 융통성 부족,

강박성향 또는 지나친 감정적 통제와 억압, 부조화에 대한 두려움의 반영으로 나타날 수 있으며 편집 또는 우울문제를 가진 경우에도 흔히 나타날 수 있다고 한다. 반면에 지나치게 대칭성을 무시한 경우는 조증과 히스테리성 문제와 관련될 수도 있다.

▣ 지면의 선

지나치게 강하고 진한 선은 불안을 시사하며 불안에 대한 안정감을 위한 틀로서 나타나기도 한다. 비탈을 이루어 양끝이 내려간 선은 자신이 고립되어 있는 감정, 어머니에 대한 의존심, 때로는 노출증의 경향을 나타낸다. 왼쪽이 올라가 있는 비탈은 미래가 불확실하여 위험을 느낄 때 표현되기도 하며, 오른쪽이 올라가 있는 비탈은 미래를 향하여 노력해 가고 있다는 감정으로 나타나기도 한다.

▣ 기타 그림상 특징

용지를 회전시켜 다른 위치로 그리는 경우는 공격 경향 또는 거부 경향이 있을 때 표현되기도 한다. 1회 이상 회전은 병리적 성향을 시사하며, 한쪽 방향으로의 계속적인 회전은 고집성으로 표현되기도 한다.

## III. 집 그림 검사

집 그림은 피검사가 성장해 온 가정상황을 나타내며 가족 관계를 어떻게 인지하고 있는지를 보여주는 경우가 많다. 개인에 따라서 현재 가정에 대한 기대 또는 과거의 가정과 원하는 가정을 나타내기도 한다. 집 그림을 구성하는 필수 부분은 지붕, 벽, 출입문, 창문 등이며 이를 통해 피검자에 대한 현실에서의 인간관계, 환경에 대한 적응, 내적 공상 등에 대한 이해가 가능해진다.

## 1. 집 그림 검사의 실시방법

집 그림 검사를 위한 준비물은 16절지 종이, 연필, 지우개가 필요하다. 연필은 보편적으로는 4B연필을 사용하나 유아나 초기 아동에게는 HB나 2B도 적절하다. 나무와 사람그림에서도 준비물은 집 그림과 동일하게 사용된다. 검사의 지시 방법은 구체적인 설명없이 종이를 가로로 제시하고 '집을 그리세요' 라고만 하면 된다. 이때 피검자가 종이를 돌려서 놓는 경우에는 의미있는 반응으로 이해할 수 있다. 시간제한은 없으나 그림의 속도를 기록해 두는 것은 해석에 도움이 된다. 그림을 다 그린 후에는 누구의 집인지, 집안의 분위기, 가족에 대한 질문, 집은 무엇으로 만들어졌는지, 튼튼한지 등의 사후 질문을 함으로서 더욱 풍부한 해석을 가능하게 한다.

## 2. 집 그림 검사 질문지

### 1) 아동용 질문지

※ 그림 속의 이 집에 대해 여러 가지 상상을 하면서, 가능한 자세하게 답해 보세요.

1. 이 집은 몇 층이니?
2. 이 집은 누구의 집이라고 생각하니?
3. 너는 저 집을 갖고 싶니?
   갖고 싶은 이유는?
4. 만약에 이 집이 너의 것이어서, 좋아하는 것을 다 할 수 있다고 생각해 보자.
   너는 어느 방을 갖고 싶니? 그 방을 갖고 싶은 이유가 있니?
   너는 누구와 이 집에서 살고 싶니? 그리고 또 같이 살고 싶은 사람이 있니?
   이 집의 각 방의 주인은 누구니?
5. 이 집이 나에게서 멀리 있는 것 같니, 가까이 있는 것 같니?

6. 이 집은 너보다 위에 있는 것 같니, 아래에 있는 것 같니? 너와 비슷한 데에 있는 것 같니?
7. 이 집을 보니까 생각나는 게 있니?
8. 이 집은 행복하고 다정스러운 집이라는 느낌이 드니?
9. 이 그림속의 날씨는 어떤 것 같니? 계절은 언제인 것 같니?
10. 이 집을 보니까 아는 사람 중에서 생각나는 사람이 있니?
11. 어떤 사람 또는 어떤 일이 저 집을 망가뜨린 적이 있니? (만일 그렇다면) 어떻게 망가뜨렸니?
12. 이 태양이 아는 사람이라면 누구일 것 같니? (태양이 없다면 있다고 상상을 하고서 답한다)
13. 만약 이것이 나무(또는 숲이나 꽃이나 집이 아닌 부분들)가 아니고 사람이라면 누구일 것 같니?
14. 이 집을 사람으로 상상해 보자. 이 집이 가장 갖고 싶어 하는 것은 무엇이니? 왜 그것을 가장 갖고 싶어 한다고 생각하니?
15. 굴뚝을 따라서 집안으로 들어가면 어디가 나올 것 같니?
16. 각 방의 주인은 누구이니? 각 방의 창문 모습은 어떻게 생겼니?

2) 성인용 질문지

1. 이 집은 동네 안에 있는 집입니까? 교외에 있는 집입니까?
2. 이 그림의 날씨는 어떻습니까?
3. 이 집은 당신에게서 멀리 있는 집입니까? 가까이 있는 집입니까?
4. 이 집에 살고 있는 가족은 몇 사람입니까? 어떤 사람들입니까?
5. 가정의 분위기는 어떻습니까? 따뜻한 가정입니까? 애정이 부족한 가정입니까?
6. 이 집을 보면 무엇을 생각하게 됩니까?
7. 이 집을 보면 누구의 일을 생각하게 됩니까?
8. 당신은 이런 집에 살고 싶습니까?
9. 당신은 이 집의 어느 방에 살고 싶습니까?

10. 당신은 누구와 이 집에 살고 싶습니까?
11. 당신의 집은 이 집보다 큽니까? 작습니까?
12. 이 집을 그릴 때 누군가의 집을 생각하였습니까?
13. 이것은 당신의 집을 그린 것입니까?
14. (특수한 집인 경우) 왜 이 집을 그렸습니까?
15. (그림에서 이해하기 곤란한 부분에 대하여) 이것은 무엇입니까? 왜 그렸습니까?
16. 이 그림에 대하여 더 첨가하여 그리고 싶은 것이 있습니까?
17. 당신이 그리려고 생각한 것처럼 잘 그려졌습니까? 어떤 부분이 그리기 어려웠고 마음에 들지 않는다고 생각합니까?

## 3. 집 그림 검사의 해석 지침

집 그림은 피검자가 성장해 온 가정 상황과 가족 관계를 어떻게 인지하고 어떠한 감정을 갖고 있는지, 가족과 관련된 감정과 이상적인 집에 대한 소망들이 투사되어 나타난다. 집의 일차적인 기능은 사람이 사는 곳이므로 집 그림은 그 사람의 자아의 표상이며 현실 관계의 양상과 정도를 보여준다. 집 그림을 구성하는 필수 부분은 지붕, 벽, 출입문, 창문이다. 집 그림의 해석은 그림을 전체적으로 평가하는 것과 함께 필수 부분을 어떻게 그리는지에 대해 주의 깊게 관찰되어야 한다.

### ▣ 주제

일반적으로는 개인 주택을 그리는 것이 보통이다. 만약에 특수한 집(절, 교회, 광, 주점, 성, 빌딩, 아파드 등)을 그려냈다면 반드시 그림 후에 질문이 필요하다. 이러한 피검자는 자기 가정에 불만이 있거나 갈등을 가지고 있는 경우일 수 있으며 그려진 특수한 집에 어떠한 관심을 갖고 있는 경우도 흔히 있다. 또한 피검자의 자화상을 나타내기도 한다.

### ▣ 지붕

지붕은 피검자의 정신생활 특히 생활의 공상영역을 상징한다. Hammer(1971)에 의하면 지나치게 큰 지붕을 그린 경우는 피검자가 공상에 몰두되어 있거나 대인관계에 문제가 있는 상황일 수 있다. 지붕이 벽을 겸하고 있는 그림 역시 공상에 몰두되어 있음을 시사하며, 극단적인 경우에는 분열성 성격이나 정신분열증을 검토해 보아야 한다고 한다[그림 7].

[ 그림 7 ]

지붕이 없거나 한 개의 선으로 된 지붕은 공상력이 없는 사람이거나 정신지체일 가능성이 있고, 보통 지능을 가지면서 지붕이 없거나 한 개의 선으로 된 지붕 그림을 그린 경우는 위축된 성격이거나 구체적인 것만 구하는 사람에게서 주로 나타날 수 있다. 윤곽만을 반복하여 그린 경우는 공상적인 경향이 자신의 통제를 벗어나는 것을 두려워하고 방어적인 성격, 불안, 신경증, 정신병 초기를 시사하며, 강한 선으로 그려진 지붕은 만족 또는 공상의 강조를 반영한다고 볼 수 있다.

허물어지고 금이 간 지붕은 자신의 통제력을 완전히 능가한 힘에 의해 압도당하게 되어 있다는 감정을 암시한다. 흐르는 듯한 약한 선으로 된 그림은 공상을 통제하는 힘이 약해져 있다는 감정을 나타내며, 기와를 면밀하게 그린 경우는 소극적 또는 강박싱을 시사하기도 한다. 지붕만 보이고 집의 몸체는 그리지 않는 경우는 피검자가 자아 붕괴를 감지하고 현실과 접촉의 어려움을 나타낸다고 볼 수 있다[그림 7].

### ▣ 벽

벽은 집을 지탱하게 해주며 외적 환경으로부터 집의 내부를 보호해주는 역할을 하게 된다. 벽의 선은 자아의 강함과 관계된다. 따라서 무너진 벽은 붕괴되어가고 있는 자아를 가진 피검자의 그림에서 주로 보여질 수 있는 그림 형태이다. 벽의 경계선을 지나치게 강조한 경우는 자아의 완전함과 통제를 유지하고자 하는 의식적인 노력을 보이는 정신병 초기에 흔히 나타날 수 있다.

안이 들여다보이는 투명성의 벽은 유아의 그림에서 자주 보이며 미성숙, 현실 검증력 부족을 나타낼 수 있다. 성인의 그림에서 투명성의 벽이 표현되었다면 비판력과 현실 검증력이 부적절한 정신지체, 정신분열증, 또는 강박적인 욕구의 표현일 수 있다[그림 6]. 두 개의 옆벽이 동시에 나타나고 벽이 좁은 것의 경우는 유아의 경우에는 있을 수 있지만 성인의 경우에는 기실상애, 성신지제 또는 퇴행된 성격을 의심해 볼 수 있다. 측면의 벽이 큰 경우는 자기 방어 경향을 중앙의 벽에 아무것도 그려지지 않은 경우는 정신 분열의 초기 증상을 이차원적으로 그려서 벽의 한 면 밖에 보이지 않게 그린 경우는 도피적 사고, 우울 경향, 반항적 경향성과 관련될 수 있다.

▣ 문

문은 집과 외부 환경과의 적극적인 상호작용을 하는 부분으로 대인 관계에 대한 태도를 나타낸다. 그러므로 지나치게 작은 문은 환경과의 접촉을 원치 않고 무력감에 노출되어 있거나 우유부단한 성향을 나타낼 때 표현된다.

가장자리에 그려진 문, 손잡이가 없는 문, 격자문 등은 도피적 성향 또는 외부에 대한 의심과 경계성으로 나타날 수 있다. 손잡이를 지나치게 강조한 경우는 성적 관심과 관련이 있다고도 한다. 자물쇠를 부착한 경우는 의심이 많고 방어적이거나 또는 지나친 감수성을 시사하기도 한다.

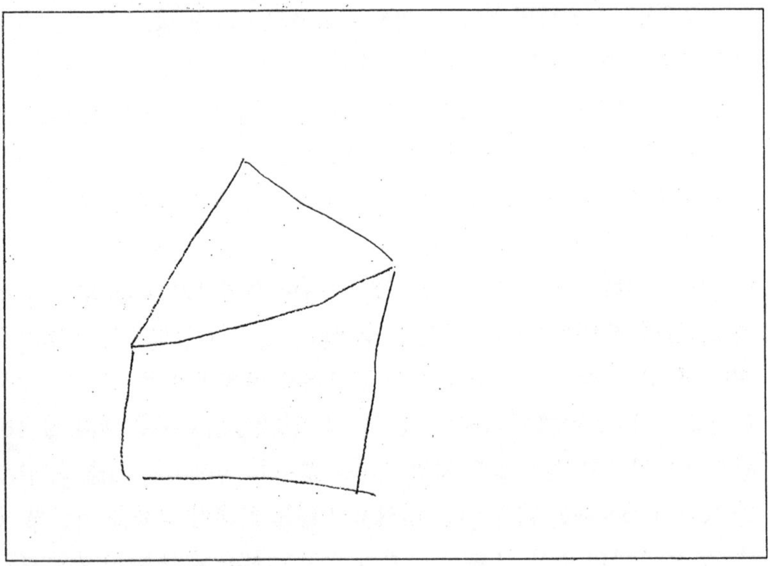

[ 그림 8 ]

반면에 문이 없는 경우는 관계를 거부하거나 지나치게 냉정한 감정으로 자기만의 세계에 고립되고 위축되어 있음과 관련되어 있을 수 있다[그림 8]. 문이 높은 곳에 그려진 경우는 자신의 성격을 가까이 하기 어렵게 하려는 경향이 있고 나름대로 타인과 접촉해 가고 있는 사람에게서도 나타날 수 있다.

큰 문 또는 폭이 넓은 문은 타인에게 의존적 이거나 지나친 사회적 접촉을 하여 타인에게 친밀한 관계를 맺고 있다는 인상을 주려는 욕구로 나타나기도 한다. 열려있는 문은 외부로부터 정서적인 따뜻함을 얻고 싶은 갈망과 반면에 노출경향을 시사한다(문이 열려 있고 내부까지 그려진 경우도 포함).

문이 주차장이나 어떤 것에 의해 가려진 경우 또는 측면이나 뒷면에 그린 경우는 신중하고 표면적인 수동적 도피적 경향성을 의미한다. 집 그림에서 문을 가장 마지막에 그린 경우 또는 보다 상세하게 그린 경우는 대인 접촉에서 소극적이고 현실로부터의 위축 경향과 관련이 있다고 볼 수 있다.

문이 없는 경우로 타인과의 관계를 원치 않으며 정서적으로 냉정한 성향일 수 있다.

**※ 집 그림에서 흔히 나타날 수 있는 문의 다양한 표현양식의 예 [그림 8~13]**

[ 그림 9 ]

손잡이가 없는 문은 타인과의 관계에서 사생활을 침해 받기를 원치 않으며 외부에 대한 경계심이 많고 경직된 성향일 수 있다.

[ 그림 10 ]

이중문은 외부 세계에 대한 불편감의 과잉보상과 관련되며, 이 그림의 경우와 같이 지나친 대칭을 느끼게 하는 경우는 완전에 대한 강박성과 관련이 있을 수 있다.

[ 그림 11 ]

눈구멍 모양의 문과 격자무늬의 문은 의심이 많고 지나치게 조심스러운 피검자에게서 흔히 나타날 수 있다.

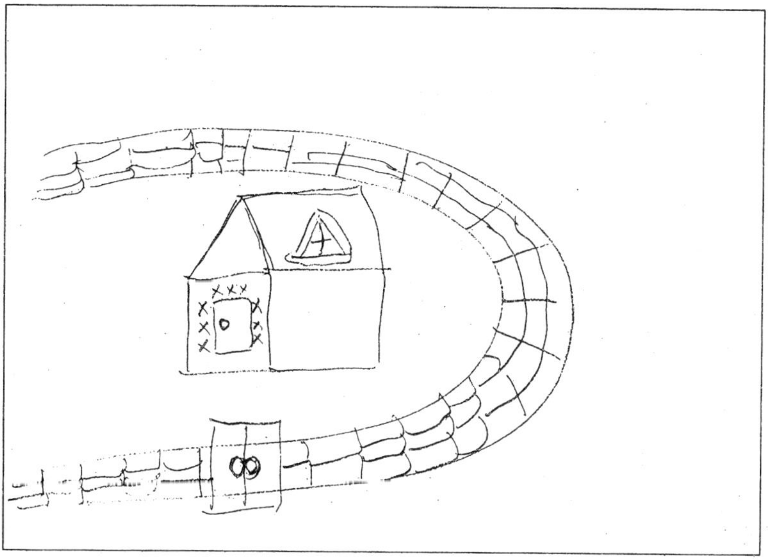

[ 그림 12 ]

문이 X로 둘러쌓여 있는 경우는 자신의 공간에 타인이 들어오는 것에 대한 양가 감정을 나타낼 수 있다.

[ 그림 13 ]

문이 어떠한 사물에 가려 있거나, 가장 마지막에 문을 그린 경우는 타인과의 관계에서 어려움이 있거나 불안 상황에 있을 가능성을 시사한다.

■ 창문

창문은 인간의 눈과 같은 것으로 문만큼 직접적인 것은 아니나 세상을 내다 볼 수도 있고, 세상과 타인이 집안을 들여다 볼 수도 있는 통로로서 환경과의 수동적인 접촉을 나타내는 것이며, 피검자의 주관적인 관계 경험과 자기 또는 자기 대상의 관계 능력과 관련된다.

2층 이상의 집으로 1층에 창문이 있는 경우는 적의와 움츠러드는 사고의 의미를 함축하고 있다고 볼 수 있으며, 상층에 창문이 없고 하층에 창문이 있는 것은 현실과 공상사이에 있음을 의미할 수 있다. 창문에 뚜렷한 격자가 많은 경우는 생활의 회의성과 외부세계를 자기로부터 멀리하려는 것과 관련이 있을 수 있다. 그러므로 창이 없다는 것은 외부관심의 결여와 적의, 폐쇄적인 사고와 관련된다.

창문에 자물쇠를 부착 했다면 외부의 위험에 대처하려는 강한 공포감과 적의, 편집증적 경향을 검토해 볼 필요가 있다. 차양이나 커튼에 의해 창문이 가려 있다면 피검자가 타인과의 교섭을 회피하고 있거나 강박, 의심, 위축된 사고의 표현을 의미한다고 볼 수 있다. 차양과 커튼이 있으나 열려있는 경우는 환경과 자신과의 관계에 불안을 가지고 있으나 자신을 통제하고 행동하고 있음을 시사한다고 볼 수 있다.

창문에 커튼이나 차양, 격자가 없이 드러난 창문은 꾸밈없이 타인관계를 하는 사람일 가능성이 있고, 장소에 분별력이 없거나 감정을 그대로 노출하는 난폭한 사람들에게서 많이 나타날 수 있다.

창문의 틀이 강조되어 있으면 구순 고착의 구순적 성격을 시사할 수 있다. 수직으로 2등분된 창문과 십각형의 창문은 여성 생식기의 고착 또는 과도한 관심을 의미할 수도 있다.

벽과 벽, 층과 층 사이에 일치성 없는 장소의 창문은 사물의 통합 능력에 대한 장애를 의심해 볼 수 있다. 창문의 크기가 다른 경우는 그 방에 거주하는 사람에 대한 과도한 관심일 수 있다.

과도하게 장식된 창문은 히스테리 성향을, 차양 등을 세밀하게 그린 경우는 강박경향성을, 창문대신 덧문을 그린 경우는 외부와의 접촉을 상실한 상태이거나 도피적 경향성과 관련될 수 있으며, 덧문이 열려져 있는 경우는 감수성이 있고 대인관계에 적응해 나가고 있다는 것을 의미한다고 볼 수 있다.

**※ 집 그림에서 흔히 나타날 수 있는 창문의 다양한 표현 양식의 예 [그림 14~19]**

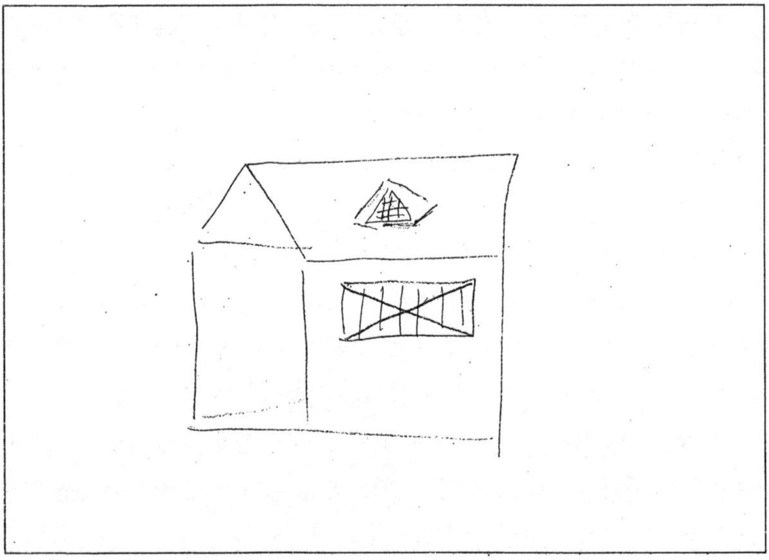

[ 그림 14 ]

창살로 그려진 창문은 가정의 안전을 원하거나 자신의 집을 폐쇄적인 감옥과 같은 느낌을 갖는 피검자에게서 나타날 수 있다.

[ 그림 15 ]

많은 창문은 타인으로부터 인정받고 싶고 관계 맺고 싶은 과도한 욕구를 반영할 수 있으며, 한 면에 4~5개 이상의 창문은 관계 맺는 것에 대한 불안의 보상 심리를 의미한다고 볼 수 있다.

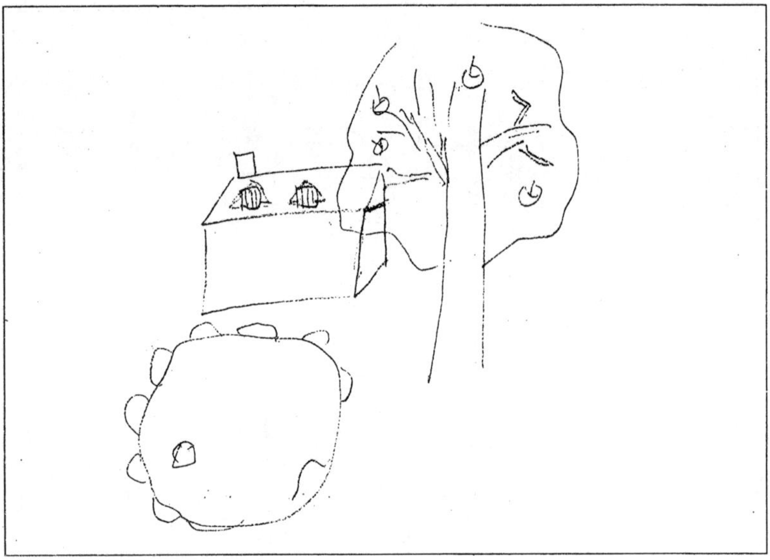

[ 그림 16 ]

창문이 지붕에 그려진 경우 피검자의 내적 고립감 또는 관계에서의 위축감과 관련될 수 있다.

[ 그림 17]

눈구멍 모양의 문과 격자무늬의 창문은 의심이 많고 지나치게 조심스러운 피검자에게서 흔히 나타날 수 있다.

[ 그림 18 ]

창문이 셔터문처럼 그려졌거나 굳게 닫혀져 있다면 우울한 심리를 반영한다고 볼 수 있다.

[ 그림 19 ]

창문에 커튼 등의 장식을 사용한 경우는 환경에 보다 적극적으로 참여하고자 하는 것을 반영한 것일 수 있으며, 그림과 같이 창살을 십자형으로 표현한 경우는 흔한 일반적인 양식으로 종교적 의미와 때로는 답답한 가정의 의미도 함축될 수 있으나 안정적인 가정을 원하는 욕구로 나타날 수도 있다.

▣ 굴뚝과 연기

집 그림에서 굴뚝을 그리지 않는 것은 특별히 문제될 것은 없다. 일반적으로 굴뚝은 집안에서 가족들이 난로를 피우고 모여 앉아 있거나 요리를 할 때 사용되어지는 것으로서, 보다 친밀한 가족관계와 애정과 관련되며 경우에 따라서는 남자 성기의 상징으로도 해석될 수 있다.

그러므로 굴뚝이 없는 경우는 가정의 따뜻함을 상실했거나 성의 상징 처리에 곤란을 느끼는 피검자에게서 흔히 나타날 수 있다. 반면에 굴뚝의 강조는 성에 대한 관심과 가정의 따뜻함을 강조할 때 표현될 수 있으며, 큰 굴뚝은 남자다움을 보이고자 하는 욕구와 노출 경향과 관련된다. 여러 개의 굴뚝은 남근의 상징에 대한 관심 외에 친밀한 인간관계를 갖고자 하는 강한 관심으로 나타날 수 있다.

투명하게 벽을 통해 보이는 굴뚝은 억압되지 않는 노출 경향과 남성 상징에 대한 관심을 타인에게 알린다는 의미가 포함되며, 굴뚝이 물건 등에 가리워져 보이지 않는 것은 거세불안과 관련되며 자극을 주는 감정을 피하고 싶은 심리를 반영할 수 있다. 집 뒤편 지붕의 굴뚝은 항문가학의 의미를 함축하기도 하며, 굴뚝의 연기를 진하게 표현한 경우는 심리적 긴장감, 가정환경내의 갈등, 정서혼란을 시사한다고 볼 수 있다.

굴뚝에서 나오는 한 가닥의 엷은 선의 연기는 가정 내에 따뜻함이 결여되어 있다고 느낄 때 나타날 수 있으며, 연기가 강풍에 의해 한쪽으로 기울어져 있는 것은 환경으로부터의 압력을 느끼고 있음을 의미한다고 볼 수 있다. 연기가 우측에서 좌측으로 흐르는 경우는 미래에 대한 염세적인 견해를 나타낼 때 표현될 수 있으며(Jolles, 1964), 연기가 좌우 동시에 흐르는 것은 현실 검증력이 결핍된 병리적 경향성과 관련될 수 있다.

▣ 방

방은 그 방에 항상 거처하는 사람과 관련된다. 그 방에서 경험하는 인간관계, 그 방이 피검자에 대해 갖는 특수한 상징성, 그 방과 관련되어 있는 일반적인 기능과 피검자가 그 방과 관련하고 있는 기능들을 반영할 수 있다.

그러므로 용지 끝에서 절단된 방은 그 방을 그리고 싶지 않은 심리상태와 그 방에 거처하는 사람에 대한 불쾌한 연상 때문에 나타나기도 한다. 거실은 현실적 사고에 대한 관심을 나타내며, 식당과 부엌은 구순단계의 성적 감정과 애정욕구와 관련이 될 수 있다.

### ▣ 울타리, 처마, 하수구, 물받이(홈통)

집 주변에 울타리를 그린 경우는 피검자의 자기방어 그리고 자신이 느끼고 있는 안전한 마음을 방해받고 싶지 않다는 것을 의미한다[그림 12]. 하수구는 강한 방어와 의심과 관련이 있으며, 물받이는 하수구와 같은 의미를 갖고 있고 남성 성기에 대한 관심을 나타내기도 한다. 처마는 가정으로부터 거부된 감정을 시사하므로 만약 피검자가 처마에 그림자를 강조했다면 시기심 또는 경계심과 관련된 어려움이 있는지 검토해 볼 필요가 있다.

### ▣ 나무와 수풀

건물에 관계없는 부속물이 집을 둘러싸고 있는 경우는 안전감의 결여와 불안의 표현일 수 있다. 산책길과 연결시켜 그린 숲은 어느 정도 불안이 있을 수 있으나 그것을 통제하려는 의식적인 시도의 의미로 표현될 수 있다. 나무가 집을 가리 듯 그려진 경우는 의존에 대한 강한 욕구와 부모에게 지배되고 있다는 감정의 표현일 수 있다. 정원에 튜울립과 국화 등을 그린 경우는 분리성 성격의 성인에게서도 보여질 수 있으며 정상 아동에게서도 자주 표현되는 상징이다. 집 그림에 산이 자세하게 그려진 경우는 어머니의 보호를 기대하며 안전에 대한 욕구로 표현되기도 한다.

### ▣ 길

길이 균형을 이루면서 출입문으로 통하고 있다면 어느 정도 통제력을 갖고 타인과 접촉을 하고 있는 상황일 수 있다. 반면에 길고 꼬불꼬불한 도로는 처음에는 대인관계가 어려우나 점차 따뜻한 인간관계를 맺고 있다는 것을 의미한다. 지나치게 긴 도로는 타인 접촉을 피하는 경향성으로 이해될 수 있으며, 넓은 길이 문쪽으로 갈수록 좁아진 도로는 타인을 멀리하고 싶은 욕구를 표면적인 우정에 의해 은폐시키려는 시도로 볼 수 있다. 길과 출입문 사이에 울타리를 그리는 경우도 같은 의미로 해석될 수 있다. 집과는 관계없는 길(출입문과 연결되지 않은)의 표현은 타인과의 관계 거부 또는 외부와 다른 세계에 살고 싶다는 소망을 시사한다.

▣ 기타의 부속물

차고, 자동차, 헛간, 안테나, 피뢰침, 풍향계, 문패, 초인종, 우편함 등의 대상이 다른 부분과 조화를 이루지 못할 때는 질문을 통해 그것의 특별한 의미를 밝혀두어야 한다. 특수한 집은 피검자의 자화상을 표현하는 경우가 많기 때문이다.

## IV. 나무 그림 검사

나무 그림은 사람 그림 보다는 덜 직접적이면서 자신의 무의식적인 현재 상황을 어떻게 느끼는지를 나타낸다. 또 다른 경우는 나무가 특정 인물을 상징하며 그 사람에 대한 감정과 욕구를 나타내기도 한다.

나무는 뿌리, 줄기, 가지, 수관으로 이뤄져있지만 나무 그림을 구성하는 필수부분은 줄기와 가지이다. 일반적으로는 한 그루의 나무를 그리지만 어려움이 있는 경우에는 여러 개의 나무를 그려낸다. 숲을 그리는 경우도 있는데 이것 역시 한 그루의 나무를 그리는 것보다는 건강하지 않다고 볼 수 있다.

## 1. 나무 그림 검사의 실시 방법

준비물을 제시한 후, 나무를 그려 보도록 지시한다. 종이는 세로로 제시하며, 시간제한은 없으나 그림을 그리는데 걸리는 시간을 기록해 둠으로써 검사 상황의 반응을 구체화 할 수 있다. 다 그린 후에는 반드시 사후 질문을 한다.

## 2. 나무 그림 검사 질문지

1) 아동용 질문지

※ 그림 속의 이 나무에 대해 여러 가지 상상을 하면서, 가능한 자세하게 답해 보세요.

1. 이 나무는 무슨 나무이니?
2. 이 나무는 어디에 있니?
3. 몇 살쯤 된 것 같니?
4. 이 나무는 살아 있니? 죽어 있니?
   1) 만일 나무가 살아있다면
      왜 나무가 살아 있다고 생각하니?
      나무가 꺾어지거나 죽어있는 부분이 있니?
      그곳은 어디니?
      어쩌다가 그렇게 됐니?
   2) 만일 나무가 죽었다면
      왜 나무가 죽었다고 생각하니?
      어떻게 해서 죽게 됐니?
      그 나무는 다시 살아날 수 있겠니?
      어떻게 하면 살아날 수 있겠니?
5. 이 나무는 남자같이 보이니, 여자같이 보이니?
6. 만약에 이 나무가 사람이라면, 어느 쪽을(왼쪽, 오른쪽) 쳐다보고 있는 것 같니?
7. 이 나무는 혼자 있니, 여럿이 있니?

8. 이 나무는 너보다 위에 있는 것 같니, 아래에 있는 것 같니, 너와 비슷한 데에 있는 것 같니?
9. 이 그림 속의 날씨는 어떤 것 같니? 계절은 언제니?
10. 네가 좋아하는 날씨는 어떤 날씨니?
11. 이 그림에서 바람이 불고 있니?
12. 바람이 불고 있다면 어떤 종류의 바람인 것 같니?
13. 바람이 부는 방향은 어디서 어디로 부니?
14. 그림 속의 태양이 아는 사람이라면 누구일 것 같니? (태양이 없다면 있다고 상상하고 답해보자)
15. 이 나무를 보니까 무슨 생각이 나니?
16. 이 나무는 병들지 않고 건강하니?
17. 이 나무는 강하고 단단한 나무니?
18. 이 나무를 보니까 생각나는 사람이 있니? 그 사람이 누구니?
19. 누군가 저 나무를 다치게 한 적이 있니?
20. 이 나무가 원하는 게 있다면 무엇을 가장 갖고 싶어하는 것 같니?
21. 이 나무를 그린 후 나무 외에 그린 것 중에서 가장 첫 번째로 그려진 것은 무엇이니?

### 2) 성인용 질문지

1. 이 나무는 어떤 나무입니까? (확실하지 않을 때에는 상록수인가 낙엽수인가를 질문한다.)
2. 이 나무는 어디에 살고 있는 나무입니까?
3. 한 그루만 있는 나무입니까? 숲 속에 있는 나무입니까?
4. 이 그림의 경우 날씨는 어떻습니까?
5. 바람이 불고 있습니까? 불고 있다면 어떤 바람이 어느 방향으로 불고 있습니까?
6. 해가 떠 있습니까? 떠 있다면 어느 쪽에 떠 있습니까?

7. 이 나무는 살아 있습니까? 말라 죽었습니까?
   말라죽었다면 언제쯤 어떻게 말라 죽었습니까?
8. 이 나무는 강한 나무입니까? 약한 나무입니까?
9. 이 나무는 남자와 여자 중 어느 쪽을 닮았다고 봅니까?
10. 이 나무는 당신에게 누구를 생각나게 합니까?
11. 이 나무는 당신에게 어떤 사람을 느끼게 합니까?
12. 이 나무는 당신으로부터 멀리 있는 나무입니까? 가까이 있는 나무입니까?
13. 이 나무에 필요한 것은 무엇입니까?
14. 이 나무는 당신보다 큽니까? 작습니까?
15 (상흔 등이 있으면) 이것은 무엇입니까? 어떻게하여 생겼습니까?
16. (특수한 나무인 경우) 왜 이 나무를 그렸습니까?
17. (그림에서 이해하기 곤란한 부분에 대하여) 이것은 무엇입니까? 왜 그렸습니까?
18. 이 그림에 대하여 더 첨가하여 그리고 싶은 것이 있습니까?
19. 당신이 그리고자 한 만큼 잘 그려졌습니까? 어떤 부분이 그리기 어려웠고, 마음에 들지 않습니까?

### 3. 나무 그림 검사의 해석 지침

HTP에서 나무와 사람 그림은 피검자의 신체상과 자기개념 등의 성격의 핵심 측면을 보여준다. 특히 나무 그림은 보다 깊은 무의식의 감정을 나타내 준다. 인물상은 의식적인 수준에서 피검자 자신과 환경과의 관계를 반영하나, 나무 그림은 좀더 심층적인 수준의 자기 개념과 관련되어 있어서 피검자는 무의식의 현 상태에서 느끼는 자신의 모습을 나무에 투사하게 된다. 그러므로 나무그림을 통해 피검자의 정신성숙노(성격말날, 성석 성숙노)의 성노들 이해할 수 있게 된다.

나무는 뿌리, 줄기, 가지, 수관으로 이뤄져 있지만 나무 그림을 구성하는 필수 부분은 줄기와 가지이다. 나무 그림의 순서는 줄기부터 시작하여 수관으로 그려지는게 일반적인 모습이나 개인에 따라서는 뿌리부터 그리는 경우가 있으므로 모든 그림에서 그러하듯 보편성을 벗어난 경우를 지나치게 해석하는 것에 유의해야 한다.

■ 주제

나무 그림에서 피검자는 특정 종류의 나무를 그려내기도 하지만 많은 경우 나무의 종류를 의식하지 않고 그려낸다. 그러므로 질문을 통해 나무의 유형을 알아두는 것이 유용하다.

[ 그림 20 ]

상록수는 자신을 활력이 넘치는 존재로 보며 그와 같은 행동을 하고 싶다는 소망으로 표현되기도 한다. 낙엽수는 자신이 외부의 힘에 의해 영향을 받고 있다는 감정을 의미할 수 있으며[그림 1], 버드나무나 아래로 처진 나무는 내향적, 자기주장의 부족, 우울감 등을 시사한다[그림 13].

고목은 열등감과 관련되며 무력감, 우울, 죄책감을 시사하기도 하지만 정신분열증, 성 범죄자에게서도 자주 나타나는 주제이다. 고목에 잎이 있는 경우는 피검자가 매우 어려운 상황에서도 아직 통제력이 남아 있음을 시사한다.

그루터기는 병적 싸인, 성적 외상, 양친에 대한 심리적 외상과 관련되며, 그루터기에 싹이 나 있는 경우는 심리적 외상에 의해 자아가 심하게 손상되었다고 느끼면서도 무의식 중에 재출발하려는 노력이 생길 수 있는 가능성과 관련된다[그림 20].

▣ 줄기

줄기는 나무를 지탱해 주는 중심이 되는 것으로 피검자의 내적 대상의 힘과 능력을 상징하며 그에 따른 피검자가 느끼는 방식을 표현한다.

지나치게 큰 줄기는 환경에 대한 적극적인 움직임을 표현하나 실재는 약한 자아에 대한 보상 심리로 표현되며 현실과 공상면에서 공격적으로 행동하려는 경향성과 관련되기도 한다. 줄기와 뿌리부분의 크기를 지나치게 강조한 것은 느리지만 성실하며 이해력이 부족한 경우에도 나타날 수 있다.

줄기가 꺾어져서 끝이 지면에 닿아 있는 경우는 마음 속 및 외부와 어떤 힘에 의해 자신이 압도되어 있다는 느낌을 가질 때 나타나기도 한다. 드물지만 벼락이 떨어지거나 윗부분이 잘려진 줄기는 심한 좌절감에 노출되었거나 또는 정신 장애를 가진 피검자에게서 있을 수 있는 표현이다. 말라죽은 줄기는 자아 통제력의 상실을 의미하며, 분리된 줄기(윗부분이 열려진 줄기)는 정신분열, 정신지체 등의 병적 징후, 감정의 균형을 상실하여 내적 충동이 밖으로 노출될 위험성을 시사한다.

불연속적인 파선으로 그려진 줄기는 약하고 엷은 선과 같은 의미를 가지며, 파형의 선이 좌측에만 있는 경우는 심리적 외상과 내적인 약함과 억제의 반영일 수 있다. 반대로 우측에만 파선이 나타난 경우는 심리적 외상뿐 아니라 발달장애와 적응곤란이 있을 때 나타날 수 있다.

**※ 나무 그림에서 흔히 나타날 수 있는 줄기의 다양한 표현양식의 예 [그림 21~30]**

[ 그림 21 ]

지나치게 큰 줄기는 환경에 대한 적극적인 움직임을 표현하니 실재는 약한 자아에 대한 보상 심리로 표현되며, 현실과 공상면에서 공격적으로 행동하려는 경향성을 시사한다.

[ 그림 22 ]

지나치게 얇은 줄기는 낮은 에너지와 관련되며, 무력감과 부적응감을 시사한다.

[ 그림 23 ]

1개의 선으로 그려진 경우는 무력감과 결단력 상실, 부적절한 만족감과 관련될 수 있다.

[ 그림 24 ]

굵기가 일정한 줄기는 융통성이 없고, 겉치레를 우선시하는 경직된 피검자일 수 있다.

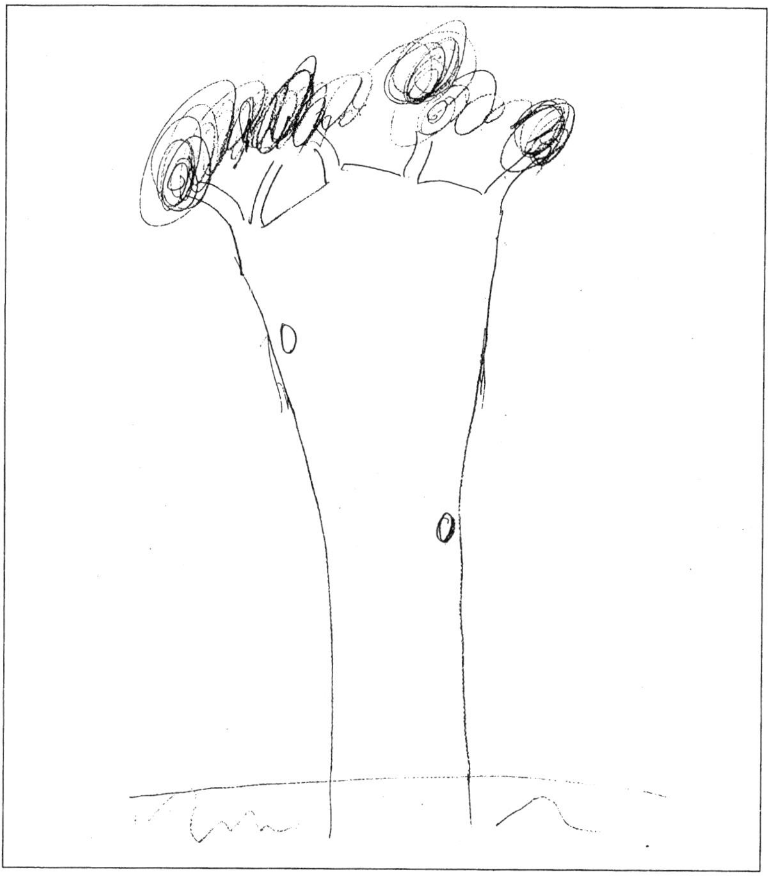

[ 그림 25 ]

줄기의 굵기가 잎쪽으로 갈수록 굵어지는 경우는 통제하기 힘든 충동성을 반영하거나, 병리적인 징후로서 자아 붕괴와 관련될 수 있으므로 검토가 필요할 수 있다.

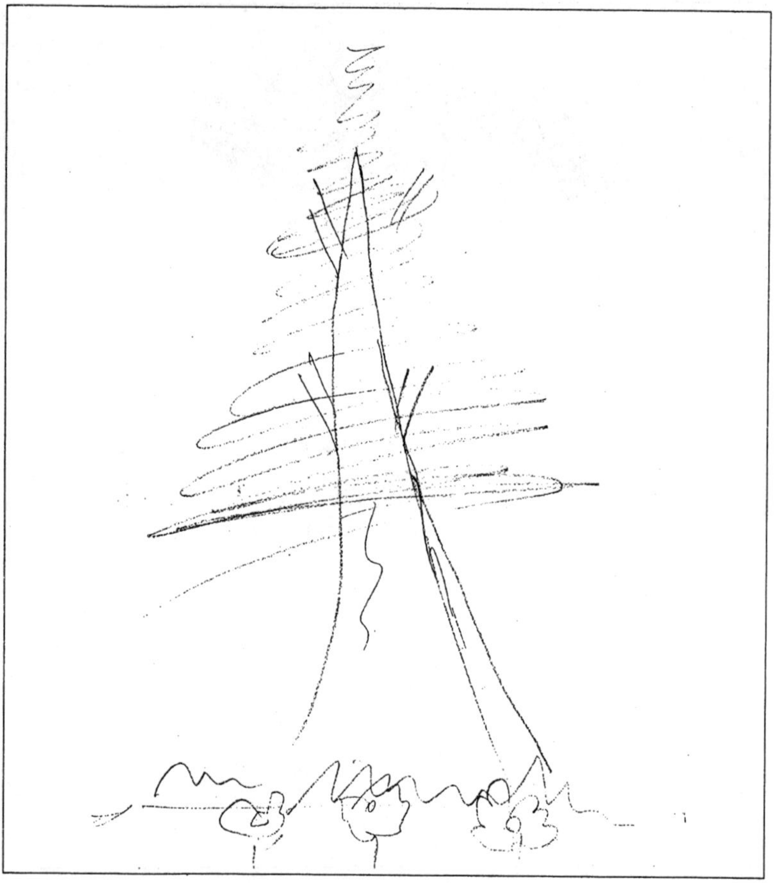

[ 그림 26 ]

줄기가 꼭대기의 한 지점에서 만나도록 좁아진 경우는 한 가지 목적만을 향해가는 피검자에게 나타날 수 있으며, 목적을 이루지 못하게 되면 우울감에 빠져 버릴 경향성이 있다. 줄기의 폭이 급격히 가늘어진 경우는 피검자의 유아기 양육과정에서 어려움이 있을 가능성도 있을 수 있다.

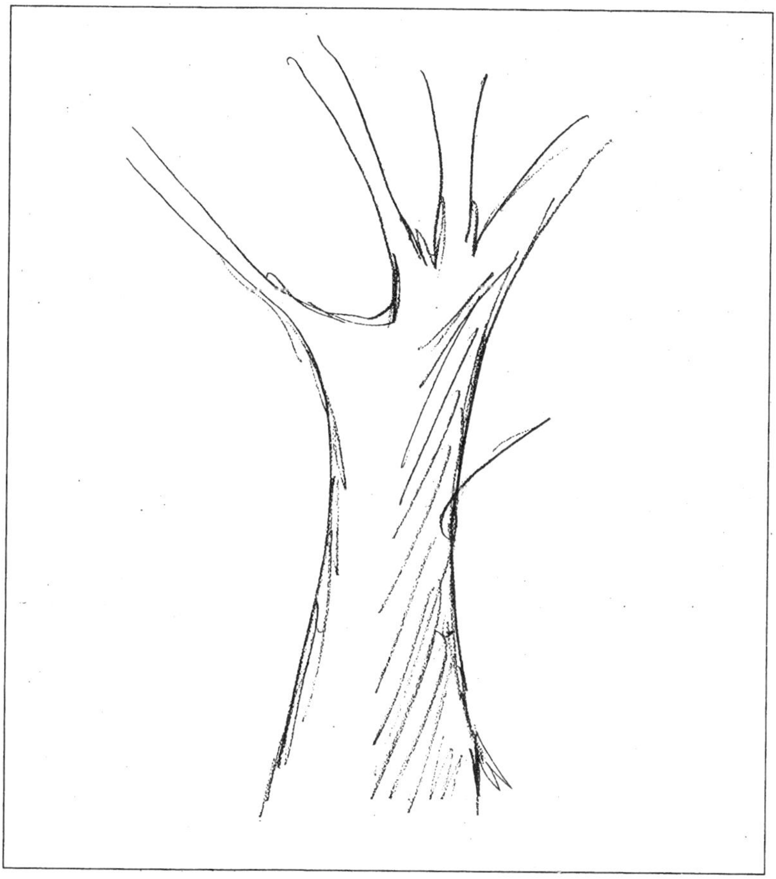

[ 그림 27 ]

줄기의 윤곽을 지나치게 강조하거나 수정하는 경우는 성격의 통합 문제와 관련될 수 있다.

[ 그림 28 ]

줄기가 양쪽으로 분리된 경우 지능과 감정의 균형 상실을 의미할 수 있으며 병리적 징후와 관련될 수 있다.

[ 그림 29 ]

풍선형의 잎속에서 튀어나온 개방된 줄기는 어떠한 태도 결정에서 미결정 상태에 있거나 성급한 성향 또는 억압되어 있는 피검자일 수 있다.

[ 그림 30 ]

기둥의 옹이구멍은 성장과정에서 경험된 상처와 관련이 된다.

▣ 나무껍질

나무껍질은 줄기의 윤곽선과 마찬가지로 자신의 외부와 타인과의 관계 부분을 나타낸다. 껍질을 상세하게 그리거나 음영을 나타낸 피검자는 환경과의 관계에서 부조화를 안고 있을 가능성이 있다. 수피를 까맣게 칠한 경우는 외부와의 사이에서 긴장감과 우울과 불안이 있거나 퇴행 경향을 고려해 보아야 한다. 줄기 좌측에만 음영을 칠한 경우는 내향적, 몽상적, 지나친 감수성으로 자신을 억제하며 그러한 자신을 타인에게 보이지 않으려는 피검자에게서 나타날 수 있으며, 반대로 줄기의 우측에 음영을 칠한 것은 환경에 적응하려는 적극적인 의욕으로 이해할 수 있다.

수피모양을 상세하게 표현하는 것은 환경과의 관계에 강한 관심을 가지고 있거나 자신을 강박적으로 통제하고 있음을 의미한다. 비늘모양, 거칠고 톱니모양의 선은 거칠고 고집스러운, 불만이 많고 화를 잘 내는 성향과 관련이 있을 수 있는 반면에, 수피의 선이 둥글고 곡선적인 선을 사용한 경우는 타인과의 접촉을 원활히 하며 외부에 적응하려는 욕구 표현으로 볼 수 있다.

### ▣ 줄기의 상흔, 더러워진 곳, 구멍

나무줄기의 상흔이나 옹이구멍, 속이 빈 구멍은 자신이 알고 있거나 기억해 낼 수 있는 경험과 관련된다. 줄기가 더러워진 것으로 표현하는 경우도 같은 의미를 가지며 동시에 불안과 갈등을 나타낼 때도 같은 표현으로 나타날 수 있다. 구멍에 동물을 그린 경우는 인격이 붕괴되고 자아통제력을 상실했을 때 표현될 수 있으며, 아동의 경우는 동물과 자기를 동일시하여 자신이 보호되었던 자궁 내를 동경하며 그 안에 틀어박히려는 자폐적인 경향을 나타내기도 한다. 상흔의 위치는 과거 외상경험의 연령과 관련이 있을 수 있다[그림 31].

[ 그림 31 ]

■ 가지

나무그림의 가지는 영양분을 받아 밖으로 뻗어나가는 부분이므로, 피검자가 환경에서 만족을 추구하고 타인과 교류하며 무엇인가 달성하고자 하는 힘을 상징할 수 있으며, 자신이 소유하고 있는 능력의 가능성을 어떻게 보고 있는가에 대한 반영일 수도 있다. 또 다른 의미는 좀

더 무의식적인 측면의 인물화의 팔과 유사한 상징적 의미를 갖는다.

학령기 이후 아동의 그림에 줄기에서부터 곧바로 단선의 가지가 나온 경우는 지능과 성격에 가벼운 지체가 있을 때도 나타날 수 있으며, 성인의 경우는 퇴행과 관련이 있을 수 있으나 잎으로 잘 꾸며져 있다면 특별한 문제는 없다고 봐야 한다. 가지가 전혀 갈라져 있지 않은 경우는 환경과의 적응이 어렵다고 느끼며 그 때문에 경직되어 있음을 의미할 수 있다. 반면에 가지 끝이 닫혀있지 않은 경우는 개방된 줄기와 같은 의미로 개방적이고 여러 분야에 지나친 관심을 갖고 충동 조절이 잘 안되는 성격의 피검자에게 나타날 수 있는 표현이다.

창끝처럼 예리한 인상을 주는 가지는 비판적이고 적의와 공격적인 성향으로 행동화의 가능성을 시사하며, 분노를 표출하지 못하고 억제하려 노력하고 있는 상황에서 오는 내적 긴장감과도 관련이 있을 수 있다. 남근형태의 가지는 남성다움을 나타내고자 할 때 또는 무분별하고 성급한 성향과도 관련된다. 가지를 대칭으로 그린 경우는 외부에 대한 양가감정을 시사한다고 볼 수 있으며, 과도한 대칭은 강박경향으로 나타날 수 있다. 흔한 표현은 아니지만 비현실적 대칭의 가지는 정신분열증의 가능성을 검토해 보아야 한다. 줄기에 비해 큰 가지는 환경에서 만족을 얻으려는 욕구는 크지만 무력감이 공존하고 있음을 반영할 수도 있다. 전면으로 돌출된 가지는 비지시적이고 제멋대로의 성격을 시사하는 반면 독창적이고 지능이 높은 피검자에게서 표현될 수 있는 형태이다. 앞으로 돌출한 가지가 잘라져 있는 경우는 충동에 대한 억제를 의미할 수 있다.

가지가 잘려진 경우는 자신감이 없고 외상 경험이 있음을 시사한다. 또한 자기 발전과 활동이 억제되어 있다고 느끼고 있는 피검사일 가능성이 있다.

적당한 음영은 타인과의 적절한 관계 능력으로 이해할 수 있으며, 오히려 전혀 음영이 없는 경우는 타인에게 굴종하지 않는 감정의 표현일 수 있다. 전혀 가지를 그리지 않는 경우는 환경에서의 만족이나 타인과의 관계에서 오는 어려움의 반영이라고 볼 수 있다.

**※ 나무 그림에서 흔히 나타날 수 있는 나뭇가지의 표현양식**

[ 그림 32 ]

같은 굵기의 가지는 단도직입적이고 충동적으로 본능을 외부로 표출할 수 있는 성향을 반영한다.

[ 그림 33 ]

그물과 같은 가지는 감수성이 풍부하며 외부 환경의 자극에 민감한 피검자에게서 나타날 수 있는 양식이다.

[ 그림 34 ]

창끝처럼 예리한 인상을 주는 가지는 비판적이고 적대감과 공격적인 성향으로 행동화의 가능성을 시사하며, 분노를 표출하지 못하고 억제하려 노력하고 있는 상황에서 오는 내적 긴장감과도 관련이 있을 수 있다. 가지를 대칭으로 그린 경우는 외부에 대한 양가감정을 시사한다고 볼 수 있으며, 과도한 대칭은 강박경향으로 나타낼 수 있다. 흔한 표현은 아니지만 비현실적 대칭의 가지는 정신분열증의 가능성을 검토해 보아야 한다.

[ 그림 35 ]

가지가 수평적 표현양식인 경우는 양육적인 피검자에게서 흔히 나타날 수 있다.

[ 그림 36 ]

가지가 위로 바깥쪽으로 향한 경우는 가능성을 향해 성장해 가며 대체로 한번 시작하면 끝을 마치는 피검자와 연관이 되는 반면, 지나치게 위로 뻗은 경우는 억제력 부족과 현실을 무시할 만큼 활동적인 상황도 배제할 수 없다.

[ 그림 37 ]

가지를 이어서 그리지 못하고 뚝뚝 끊어지듯 그려낸 경우로 어떠한 일을 완성할 수 없는 상황의 반영일 수 있다.

■ 수관

수관을 보기 위해서는 먼저 줄기의 길이와 수관의 크기의 비율을 검토해 보아야 한다. 줄기가 길고 수관이 작은 것은 흔히 아동과 노인에게서 많이 보이는데, 만약 성인에게서 이러한 그림이 표현된다면 발달지체나 퇴행에 대해 고려해 보아야 한다. 줄기가 짧고 수관이 큰 경우는 자신감, 야망, 자부심을 갖고 정열적으로 일상에 몰두하는 사람일 가능성이 높다. 반면에 줄기가 가늘고 수관이 크다면, 지나친 성취욕구 때문에 심리적 안정을 상실한 것의 의미일 수도 있다.

수관의 좌측을 크게 그리고 음영으로 강조된 경우는 내향적이거나 지나치게 타인을 배려하거나 사소한 일에 몰두하는 심리와 연관이 있을 수 있으며, 수관의 상부가 평평하게 표현된 경우는 외부압력에 의해 자신의 발전이 방해받고 있다는 감정을 반영한다고 볼 수 있다.

**※ 나무그림에서 흔히 나타날 수 있는 수관의 표현양식**

[ 그림 38 ]

구름 또는 목화송이 형태의 수관은 타인에 잘 동조하고 적응하며 평범하고 형식적인 성향의 피검자에게서 나타날 수 있다.

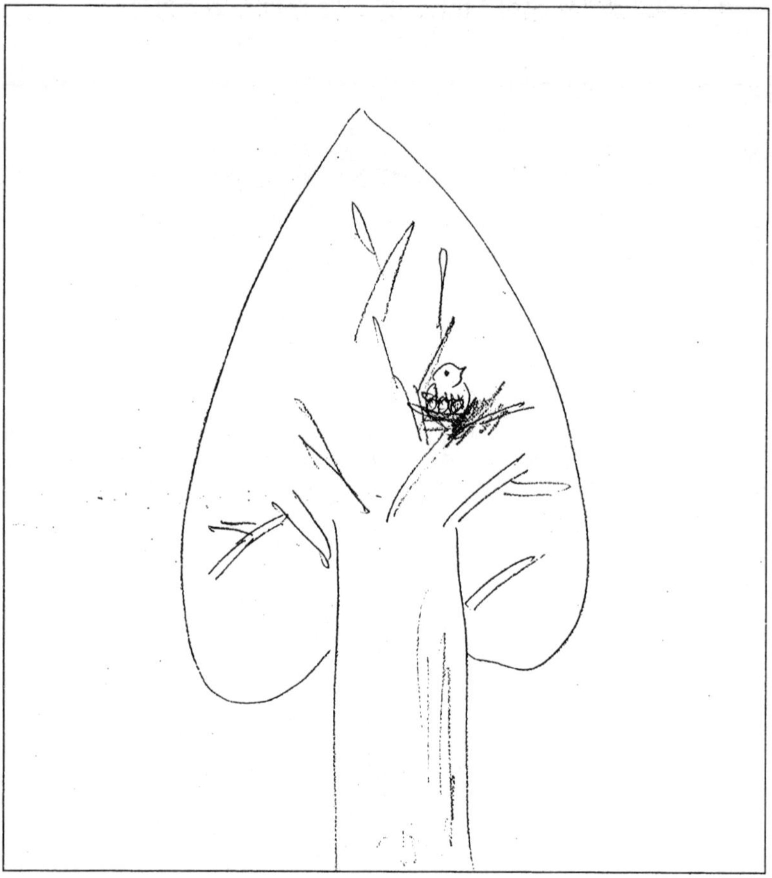

[ 그림 39 ]

수관이 자루 형태로 양 끝이 처져 있는 경우는 의지가 약하고 결단력이 부족하여 우유부단한 성향을 반영한다고 볼 수 있다.

[ 그림 40 ]

가지가 수관 속에서 뼈대처럼 그려지고 윤곽선으로 둘러진 나무는 타인과의 관계에서 지나치게 주심성이 많으며, 반면에 자신에 대해서는 불충실할 가능성을 시사할 수 있다.

[ 그림 41 ]

줄기의 낮은 곳에 가지와 수관이 나온 경우는 아동에게서 간혹 나타나는 표현이나, 성인의 경우는 퇴행과 관련되며 상황에 맞지 않은 엉뚱한 일을 성급하게 처리할 가능성이 있는 피검자에게서 나타날 수 있는 표현이다.

### ▣ 뿌리

뿌리는 나무가 땅에 튼튼하게 서있을 수 있게 해주는 부분으로서, 그려진 뿌리는 피검자와 현실과의 관계를 나타내며 피검자가 현실을 지배하는 자신의 능력을 어떻게 인지하고 있는지와 관련이 된다.

따라서 손톱처럼 길고 큰 뿌리를 강조하여 음영을 표현했다면 피검자가 자신과 현실접촉에 대해 과도하게 마음을 쓰며 현실접촉의 상실을 두려워하는 과도한 보상심리를 반영한다고 볼 수 있다. 갈쿠리 모양의 뿌리를 강조한 경우는 외부환경에 대한 공격적 태도와 관련이 있다고 볼 수 있다. 말라 죽었다고 표현한 경우는 초기 애착 또는 상실경험과 관련된 우울 감정이 시사 된다고 볼 수 있다. 밑둥의 뿌리가 지면의 선에 연속된 그림은 사물을 객관적으로 다루지 못하고 자아의식에 결함을 느끼는 피검자에게서 주로 나타나기도 한다.

### ▣ 나무에 있는 사람

간혹 나무그림에서 가지에 앉아 있는 사람을 그리는 경우가 있는데 이것의 의미는 피검자가 생활을 잘 해 나가려고 노력은 하나 집과 관련된 기대나 문제로부터 거리를 두고 있는 경우일 수도 있다. 그네를 타고 있는 사람이 표현된 것은 생활에 대한 긴장감과 고립의 의미일 수 있다[그림 42].

[ 그림 42 ]

■ 지면의 선

나무 그림에서 지면의 선 표현은 흔히 나타나는 것으로서, 지면의 선을 과도하게 강조한 경우는 불안과 강한 의존 욕구를 반영한다고 볼 수 있다. 지면의 선을 그리지 않은 경우는 특히 문제라 할 수는 없으나, 다른 사인과 관련하여 발이 땅에 닿지 않는다는 불안의 표현과 관련이 있을 수 있다.

언덕처럼 그린 지면이 표현된 경우는 피검자의 구순적 욕구와 관련이 되기도 하며, 언덕처럼 그려진 지면 위에 선 나무가 너무 작은 경우는 고립감과 무력감, 모성적인 것에 의존하려는 심리를 반영할 수 있다. 반면에 언덕 위에 나무가 너무 큰 경우는 타인을 지배하고자 하는 욕구와 자기노출의 경향성으로 나타날 수 있다.

지면의 선이 왼쪽으로 내려간 경우는 미래를 향해 노력하고 있다는 감정과 관련되며, 우측으로 내려간 경우는 미래에 대한 위기감과 관련될 수 있다. 많은 경우는 용지의 하단을 지면으로 생각하고 그린 경우도 있는데 이러한 경우는 피검자가 현재의 불안한 심리를 해소하고자 할 때 주로 표현되며 퇴행적 의존적 성향을 반영할 수 있다[그림 42]. 우울 감정을 가진 피검자들은 지면을 종이의 하단으로 사용하면서 약한 선으로 나무를 그리는 경우가 흔히 있다.

### ▣ 잎, 꽃, 열매를 그린 나무

나무의 잎은 나무그림의 마지막에 많이 그려지는 부분으로 피검자의 의견과 장식, 활력을 상징한다. 수관에 잎을 그린 경우는 인정받고 싶은 욕구와 관련되며 자신의 의견을 꾸미고 싶다는 욕구를 시사한다. 강박성향이 있는 피검자는 잎을 주의 깊게 그리거나[그림 43] 큰 잎을 그리기도 한다. 또한 무력감을 안고 있으면서도 표면적으로는 적응해 가고 있는 피검자는 가지에 비해 지나치게 큰 잎을 그려내기도 한다.

잎이 떨어지고 있는 나무그림은 감수성이 강하고 자기 존재를 과시하려는 경향이 있거나 외부압력에 의해 통제력을 상실하고 있는 상황과 관련이 있을 수 있다. 간혹 나무에 꽃을 그린 경우도 있는데 이러한 피검자는 체면을 중시하며 겉치레를 잘하려는 것 뿐 아니라 통찰력이 없거나 자기를 과장되게 드러내는 성향을 반영할 수도 있다.

[ 그림 43 ]

과일이나 열매가 있는 나무는 아동그림에서 흔히 나타나는 표현 양식이며 강한 의존욕구와 지속성의 결여를 의미하기도 한다. 성인의 그림에서 열매가 있는 나무 그림[그림 44]은 유아기에의 고착, 미성숙 또는 자기 능력을 과시하려는 피검자에게서 흔히 나타나기도 한다. 열매가 떨어지고 있는 그림은 자기가 거부되고 있다는 감정과 무엇인가 체

념하여 포기해버렸다는 감정을 의미하기도 한다.

[ 그림 44 ]

■ 해, 달, 바람 등 자연과의 관계

일반적으로 부성 상의 권위를 나타내며 피검자가 권위 상과의 관계를 강하게 의식하고 있음을 반영할 수 있다. 태양이 강조되었다면 정신적 발달의 미성숙과 관련된 의미로 볼 수 있다. 나무와 태양 사이에 구름의 표현은 그 환경과 의미 있는 어떤 사람 사이에 불만족감을 가지고 있음을 시사할 수 있다. 태양에 닿을 듯 그려진 나뭇가지는 애정욕구가 채워지지 않으므로 권위 상에 대한 인정과 강한 애정 욕구를 반영한다고 볼 수 있다. 낮은 곳에 있는 큰 태양에 굴복하고 있는 것 같은 인상으로 그려진 나무그림은 부모의 권위에 두려움을 가지고 있는 사람에게서 흔히 표현되는 상징이다. 태양의 빛이 나무에 집중되어 있는 것과 같은 표현은 피검자가 권위 상에 지배되고 있다고 느끼거나 지배되고 싶어하는 것을 반영한다고 볼 수 있다.

나무가 바람과 비 등 외부의 힘에 흔들리는 형태의 그림은 피검자가 환경으로부터 압력을 느끼고 있다는 의미와 관련이 된다. 바람이 나무 위로 불고 있다면 현재 피검자의 심리상태가 현실로부터 도피하고자 하는 심리를 반영하고 있다고 볼 수 있으며, 바람이 지면으로 불고 있는 것은 공상에서 벗어나 현실로 돌아오려는 강박적인 경향성으로 볼 수 있다. 여러가지 풍경 속에 나무를 그린 것은 공상력이 높고 풍부한 감정을 가진 피검자라는 것을 시사할 수 있으나 현실 검증력이 결여된 직관적으로 사고하는 사람일 가능성이 높다.

▣ 특수한 나무

나무에 새집, 새, 다람쥐, 뱀, 매미 등 곤충, 도롱이 벌레 등 작은 동물들을 그린 경우는 아동에게서 자주 나타날 수 있는 주제이나 성인의 나무 그림에서 이와 같은 표현양식이 강조되었다면 그 사람의 미성숙과 관련이 있다고 볼 수 있다. 이때 피검자는 나무에 자신을 동일시한다기 보다는 새집이나 작은 동물에 자신을 동일시하는 수도 있으므로 충분한 검토가 필요하다. 둥지 안에 있는 새 그림[그림 44]은 보호받기 원하는 의존적 욕구를 반영하며, 둥지밖에 있는 새[그림 31]는 자유에 대한 갈망과 관련이 된다.

열쇠 구멍 같은 나무는 반항기 아동에게서 자주 보이는 표현으로 성격이 경직되고 강한 적의를 갖고 있거나 폭발적인 행동을 하거나 반항적인 피검자에게서 보여 질 수 있는 상징이다.

남근 모양의 나무는 흔히 저학년의 아동에게서 나타나기도 하나 성인의 그림에서는 성적 부적응의 반영으로도 나타나며 정신적 혼란과 연관되기도 한다.

줄기의 일부분만 그리거나 새목을 그리는 것은 통찰력이 부족한 피검자에게서 나타날 수 있으며 정신병의 징후로도 나타날 수 있다. 나무그림에 받침을 그리거나 화분목, 분재를 그린 경우는 자주성의 결여, 불안정감, 안정을 위해 지지와 보호에 대한 기대를 반영할 수도 있다.

▣ 나무의 크기와 기울기

큰 나무는 자기 확대의 욕구를 보이며 공상보다는 현실적인 활동에 만족을 얻으려는 것의 반영일 수 있다. 지나치게 커서 용지 밖으로 나가거나 절단된 느낌이라면 통찰력이 부족한 사람일 수도 있고 생활공간으로부터 일탈하고 싶어하고 회피하고 있거나 적대적인 관계에 있다고 볼 수 있다. 반대로 너무 작은 나무는 열등감과 무력감에 빠져있을 때 주로 표현되는 양식이다.

좌측으로 기울어진 나무는 자기 방어가 강하고 내향적이고 강한 자기애, 감정억제, 미래에 대한 두려움, 과거에의 집착, 게으르고 타성적인 성향과 관련이 있을 수 있다. 반면에 우측으로 기울어진 나무는 외향적 성향을 시사하며, 적극적인 태도로 미래를 향해 있으나 때로는 침착성이 없고 외부자극에 의해 쉽게 움직일 수 있는 피검자의 그림에서도 흔히 볼 수 있다.

## V. 인물화 검사 (DAP : Draw A Person Test)

한 개인이 인물화를 그린다는 것은 무엇이든지 자유로이 그릴 때와는 다르게 어느 정도 제약이 주어지는 것은 당연하나 대개는 자기에 대한 다른 사람의 이미지를 떠올린다. 특히 아동의 경우 무엇인가를 그리도록 하면 대개는 사람 그림을 그리고 자기 이미지를 먼저 떠올린다. 이러한 측면은 인물화를 그리라는 것이 하나의 제약으로 느껴지지만 사실은 제약을 받지 않는 주제라는 것이다. 또한 그림에 대한 기교상의 우열이 있으므로 균형상의 문제들이 있을 수 있지만 일반적으로 개인은 그림을 그릴 때 자기가 볼 수 있는 것과 알고 있는 것을 그리게 된다. Machover는 인물화는 자아 또는 몸의 표현이라고 했으며 인물의 각 부분에 따라서 자아 이미지의 양상이 달라지므로 각 부분의 균형상태나 표현, 모습, 연령, 복장에서도 개인의 마음 상태를 추리해 나갈 수 있다는 것이다.

인물화의 장점은 우선 쉽고 연령과 지능의 정도와 미술 소질에 무관하게 누구에게나 사용 가능하며, 그림이라는 작업 자체가 모호하므로 그림을 그리는 사람이 속이려 하지 않으며 속이려 해도 속이기가 어려운게 장점이다. 뿐만 아니라 다양한 개별화된 표현과 역동적 형태의 표현이 허용되므로 투사 검사로서의 가능성을 충분히 가지고 있으며, 환상에 사로잡혀있는 개인에게 그 환상을 풀어주는 안전한 기회가 되기도 하여 치료적인 효과를 가져오기도 한다. 투사 검사로서의 인물 그림은 지난 40여 년간 임상 현장에서 적용되어 왔으나 아직은 심리학적 분석 도구로서 그 타당성이 완전하게 자리잡지는 못하고 있다. 그럼에도 불구하고 투사검사는 객관적 검사에 비해 앞에서 제시한 유용성 때문에 꾸준히 사용되어오고 발전되고 있다. 체계적이고 통합적인 신뢰받는 진단 도구로서의 발전은 앞으로의 연구에 기대해 봐야 할 것 같다.

아래에서는 Goodenough(1926)의 지능 측정을 위해 사용했던 인물화 검사에서 성격진단의 기법으로 발전시킨 Machover(1949)의 인물화 검사와 Goodenough의 인지척도, 그리고 자신의 경험과 전문가와의 검토를 거쳐 인물화의 17가지 부위를 통해 성격을 진단한 오오도모의 분석을 살펴보도록 하겠고, 인물화 검사를 통해 충동성, 뇌손상, 부적응, 정서장애 등을 판별해보려고 노력한 몇몇 학자들의 지표를 소개하겠다.

## 1. 인물화 검사의 실시방법

검사 지시 방법은 구체적인 설명 없이 종이를 세로로 제시하고 '사람 한 사람을 그리라고 지시하되 몸 전체를 그리라고 한다.' 이 때 아동의 경우 이해를 잘 못하면 '아는 사람 중 누군가를 그리도록' 할 수도 있다. 만약 뼈대만 있는 만화 그림을 그리면, 다시 그리도록 하고 어떠한 질문을 해오든 구체적인 제시보다는 마음대로 그리고 싶은 대로 그리라고 한다. 그림 솜씨에 대해 걱정을 하기도 하는데, 그러한 경우에는 그림을 잘 그리는 것은 전혀 중요하지 않고 그릴 수 있는 대로 그리면 된다고 안심시켜 줘야 한다. 그림을 다 그리고 나면 다시 종이 한 장을 제시하고 이번에는 '반대의 성을 가진 사람을 그리라' 고 지시한다.

인물화 검사의 시행 과정은 간단하지만 그림을 그리는 과정에서 그 사람은 여러 가지 의미 있는 행동을 나타내기도 한다. 따라서 검사자는 피검자의 그림과정에 대해 기록하여 기술적, 해석적 의미를 종합해야 한다. 그림 속의 사람에 대한 연상을 하게 하고 연령, 학교배경, 직업, 희망, 가족사항, 부모 애정관계, 친구에 대한 기대나 태도, 학교, 가족, 성, 결혼 등에 대한 질문을 한다. 이러한 질문은 인물검사에서 평가의 본질적인 부분은 아니지만 개인에 대한 보다 가치 있고 직접적인 임상정보를 제공받게 되므로 중요하다.

## 2. 인물화 검사 질문지

### 1) 아동용 질문지 (Machover)

※ 그림 속의 이 사람이 연극이나 동화속의 주인공이라고 상상을 하면서, 가능한 자세하게 답해 보세요.

1. 이 사람은 어른이니? 아이이니?
2. 만약 이 사람이 아이라면 무엇을 하고 있니?
   1) 나이는 몇 살이니?
   2) 남자 아이니? 여자 아이니?
   3) 학교는 다니니? 몇 학년이니? 친구는 있니? 너보다 나이 많은 친구니? 어린 친구니? 너와 동갑이니?
   4) 이 아이의 소원은 무엇인지 3가지만 말해 보겠니?
   5) 이 아이의 좋은 점은 무엇이니?
   6) 건강하니?
   7) 아프다면 어디가 아프니?
   8) 어떻게 해서 아프게 됐니?
   9) 이 아이에게 걱정이 있니?
   10) 얼마나 행복하니?
   11) 이 아이에게 어떤 습관이 있다면 무엇이니?
   12) 이 아이의 좋은 점은 무엇이니?
   13) 이 아이의 나쁜 습관을 3가지만 말해 보겠니?
   14) 어떤 때가 가장 즐거웠다고 기억하니?
   15) 이 아이의 기분은 어떤거 같니?
   16) 이 아이를 다치게 한 사람이 있었니?
   다친 경험이 있다면 어떻게 해서 다치게 했니?
   몇 살 때 였니?
   어디서 였니?
   17) 이 아이처럼 되고 싶은 부분이 있니?
   그게 어떤거니?
   18) 이 외에 하고 싶은 이야기가 있으면 말해 보겠니?

3. 만약 이 사람이 어른이라면?
   1) 지금 이 사람은 무엇을 하고 있니?
   2) 남자니? 여자니?
   3) 나이는 몇 살이니?
   4) 이 사람은 결혼을 했니?
      결혼을 안했다면 앞으로 할거니?
   5) 이 사람은 건강하니?
      아프다면 어디가 아프니?
   6) 이 사람의 몸에서 가장 좋은 곳은 어디니?
      나쁜 곳은 어디니?
   7) 이 사람은 소원이 있니?
   8) 이 사람은 행복하니?
      언제가 가장 행복하니?
   9) 이 사람에게 걱정이 있니? 무슨 걱정인지 말해보겠니?
   10) 어떤 때 화를 내니?
   11) 신경질적인 습관이 있니?
   12) 이 사람이 가진 나쁜 습관을 3가지 이상 말해 보겠니?
   13) 이 사람이 가진 좋은 점이 있니?
       그건 무엇이니?
   14) 사람들은 이 사람에 대해서 뭐라고 말하니?
   15) 친구는 많이 있니?
   16) 가족과 행복하게 지내니?
   17) 이 사람은 자신이 아는 누구와 비슷하다고 생각되니?
   18) 이 사람을 힘들게 하는 게 있니?
       있다면 그게 무엇이니?
   19) 앞으로 이 사람처럼 되고 싶니?
       어떤 이유 때문이니?
   20) 이 외에 하고 싶은 이야기가 있으면 말해 보겠니?
4. 다음은 자기 자신에 대한 질문입니다. 가능한 모든 질문에 빠짐없이 답해 보세요.

1) 너 자신의 몸에서 가장 싫거나 나쁜 부분은 어디라고 생각하니?
2) 자신의 몸에서 가장 좋은 부분은 어디라고 생각하니?
3) 너의 장점(좋은점)은 무엇이니?
4) 너의 단점(나쁜점)은 무엇이니?

### 2) 성인용 질문지(Machover)

(1) 그 사람은 지금 무엇을 하고 있나요?
(2) 나이는 몇 살입니까?
(3) 결혼은 했나요?
(4) 자녀는 몇 명입니까?
(5) 누구와 함께 살고 있습니까?
(6) 그 사람은 아버지를 좋아합니까? 어머니를 좋아합니까?
(7) 형제, 자매는 있습니까?
(8) 직업은 무엇입니까?
(9) 학력은 어느 정도입니까?
(10) 소원은 무엇입니까?
(11) 그는 어떠한 면에서 뛰어납니까?
(12) 어떤 면에서 강합니까?
(13) 어느 정도로 건강합니까?
(14) 그 사람은 얼마나 잘 생겼습니까?
(15) 그 사람의 신체 중 가장 좋은 부분은?
(16) 신체 중 가장 나쁜 부분은?
(17) 그 사람은 신경질적인 사람입니까?
(18) 항상 마음속으로 생각하고 있는 것은 무엇입니까?
(19) 그 사람이 무서워하는 것은 무엇입니까?
(20) 그 사람이 슬퍼하는 것은 무엇입니까?
(21) 무엇이 그 사람을 화나게 만듭니까?
(22) 그 사람의 세 가지 소원은 무엇입니까?

(23) 그 사람의 장점은 무엇입니까?
(24) 그 사람의 단점은 무엇입니까?
(25) 그 사람은 혼자 있기를 좋아합니까?
(26) 다른 사람들이 그 사람에 대해서 어떤 이야기를 합니까?
(27) 그 사람은 의심이 많은 사람입니까?
(28) 그 사람은 배우자와 어떻게 지내고 있습니까? (미혼이라면 부모)
(29) 별거를 하거나, 이혼한 적이 있습니까?
(30) 그 사람은 외도를 한 적이 있습니까?
(31) 그 사람의 배우자는 외도를 한 적이 있습니까?
(32) 그 사람은 배우자와의 성생활을 어떻게 느끼고 있습니까?
(33) 최초의 성 경험은 어떻게 생각합니까?
(34) (만약 미혼이라면) 지속적으로 사귀는 사람이 있습니까?
(35) 그는 결혼을 원합니까?
(36) 어떤 사람을 원합니까?
(37) 동성애를 경험한 적이 있습니까?
(38) 자위행위는 얼마나 자주 합니까?
(39) 자위행위에 대해 어떻게 생각합니까?
(40) 그 사람은 당신에게 누구를 생각나게 합니까?
(41) 당신도 그 사람처럼 되고 싶습니까?

※ 그림을 그린 피검자에게 직접 질문을 해야 하는 내용

1. 당신의 신체 중에서 가장 싫은 부분이 어디입니까?
2. 당신의 신체 중에서 가장 좋은 부분은 어디입니까?
3. 당신의 좋은 점은 무엇입니까?
4. 당신의 단점은 무엇입니까?

※ 유의사항

1. 임상적 가치가 있는 대답은 다시 확인하고 정확하게 파악해야 한

다.

2. 모호한 표현과 의심나는 부분은 반드시 질문을 통해서 확인해야 한다.
3. 인물화의 주인공의 어떤 특징에서 자기와 유사한 부분이 있는지 확인한다.

### 3. 인물화 검사의 해석지침

■ 처음에 그리는 성

일반적으로는 인물화를 그릴 때에 자신과 동일한 인물을 먼저 그린다. 이성 상을 먼저 그리는 경우 이성에 대한 성적 관심이 강하거나 의미있는 사람으로서 심리적으로 밀착된 경우 또는 성 정체성의 문제 등으로 나타나기도 한다.

필자의 실례에서 청소년 후기와 청년기에 있는 대상에게서 간혹 이성 상이 먼저 나타나는 경우를 볼 수 있었는데, 면담을 한 결과 드러난 사실은 피검자가 이성관계의 대상에게 의존되어 있거나 동일시되어 있는 경우 또는 이성에 관심이 집중되어 있을 때 이성 상을 먼저 그리는 경우를 흔히 만날 수 있었다. 아동의 경우는 여아보다 남아에게서 다소 높은 비율로 이성 상이 먼저 표현되는 것을 볼 수 있다. 이것은 피검자가 멀리 떨어져 있는 부모에 대한 그리움과 관련하여 이성 상을 먼저 그려낼 수 있으며 이성의 부모가 가정에서의 역할이 중심이 되었을 때도 같은 현상을 보일 수 있으므로 지나친 해석을 하지 않도록 유의해야 한다.

이처럼 환경과 상황을 배제할 수 없음에도 불구하고 이성 상을 먼저 그리는 피검자에 대한 연구에 의하면 성범죄자, 동성애자, 알콜중독자, 약물중독자, 정신장애인 등이 그렇지 않은 사람보다 이성상을 먼저 그린다는 연구 결과가 상당히 많이 보고되고 있는 것을 볼 수 있다.

### ▣ 인물화의 크기

인물화의 크기는 피검자의 자존감과 활동성을 의미한다. 임상 실례에서 보면 성별에 무관하게 50% 이상이 남성상과 여성상을 비슷한 크기로 그려내고, 나머지는 남성상을 더 크게 그리는 경향이 있다.

남여의 인물상이 지나치게 크거나 작은 경우는 성 역할에 혼돈이 있을 수 있다. 여성상이 현저하게 큰 경우는 남성 지배욕과 관련이 있으며 어머니의 역할이 가정에서 중심적일 경우도 있다. 이성상을 더 크게 그린 경우는 성 정체성에 대한 불안과 이상화 또는 열등감과 자기 대상에 대한 부정을 반영할 수도 있고, 동성상을 더 크게 그린 경우는 자기 대상에 대한 우월감과 성 정체성의 불확신감에 대한 불안의 보상심리를 반영할 수도 있다.

### ▣ 만화 또는 추상적인 인물

아동, 청소년 그림에서 만화 인물이나 추상적인 인물화가 자주 등장하는 것을 볼 수 있다. [그림 45]는 학교 부적응 문제를 보이는 청소년의 그림이며, [그림 46]은 과잉행동을 보이는 아동의 그림이다. 이러한 그림 형태는 검사에 대한 방어일 수도 있고 인간관계가 부적절한 경우 또는 그에 대한 불안을 반영하기도 한다.

[ 그림 45 ]

[ 그림 46 ]

▣ 주제

인물의 주제는 피검자와 같은 연령이나 환경으로 표현되는 것이 일반적이다. 특히 다른 상징성이나 병리적인 인상을 주는 것에 대해서는 특별히 관심을 갖고 질문을 해야 한다. [그림 47]은 정신분열증으로 진단 받은 30대 여성이 그린 인물화이다. 그림의 인물을 자기라고 했지만 표현된 인물상은 어린 소녀의 느낌이며 십자가 상징의 독특성이 특별한 메시지로 다가온다. 일반적인 주제는 아니지만 주제가 일반화되지 않았다고 해서 모두가 병리적인 것이라고 볼 수는 없다. 예를 들어 성인이 아동화를 그렸다고 해서 무조건 퇴행이나 고착현상으로 해석해서는 안 된다. 아동화를 그린 피검자가 유치원 교사이거나 아이들에 대한 관심이 많은 사람일 경우도 있기 때문이다. 특수한 경우 나체의 인물을 그려내는 경우도 있다. 필자의 사례에서 어느 미대생이 그려낸 인물화를 통해 간과할 수 없는 메시지를 발견할 수 있었다. 그녀는 자신이 그린 인물화에 대해 최근에 만나고 있는 모델이라고 설명했다. 이러한 경우 화가이기 때문인지 성적 갈등으로 오는 반응인지 평가되지 않은 상태에서 무조건 배제해 버리거나 병리적으로 해석할 수만은 없지만 적응을 잘하는 피검자가 나체의 인물상을 그린다는 것은 또한 흔한 경우가 아니다. 이 미대생은 상담결과 분열성 정신증이 평가되어 치료를 받게 되었다. [그림 47]을 그린 여성 또한 자아가 손상되었기 때문에 일차과정적 사고에서 이미지를 현실로 해석하고 있다.

### ▣ 투명성

투명성이란 인물의 신체부분이 옷 위로 그려지는 경우이다. 그림에서 투명성이 나타나면 일반적으로 병리적인 현상으로 보며 정서적, 기질적 원인에 의한 성격의 통합 상실이거나 정신 분열 환자에게서 흔히 나타나는 경우가 있다. 아동의 경우는 정신병적 요소가 없어도 부적절한 환경에 노출된 경우와 관련되기도 한다.

[ 그림 47 ]

▣ 생략과 왜곡

인물화가 실제에 비해 왜곡되게 그려졌거나 생략이 되어 있으면 그 부분이 피검자에게 어떠한 갈등이 있다는 것을 나타내거나 부정적인 자아상이 반영된 경우일 수 있다. 신체의 어느 부분의 생략과 왜곡은 신체 기능의 어려움을 암시하는 메시지일 수 있다. [그림 48]은 집에서도 학교에서도 말이 없고 자신감이 없고 또래관계도 안 되는 등 부적응 문제를 보이는 초기 청소년의 인물화이다.

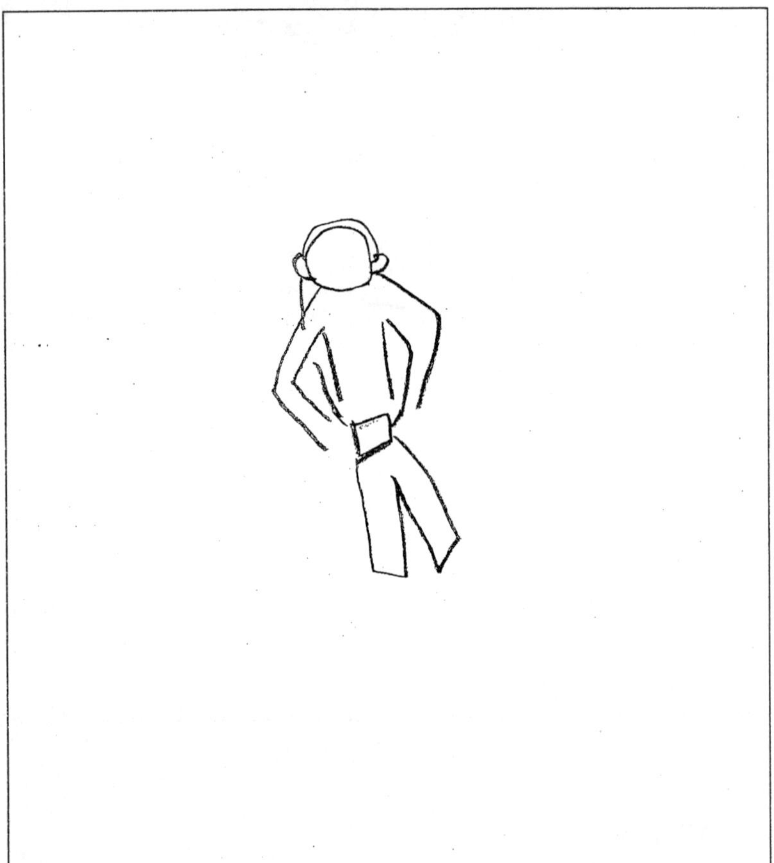

[ 그림 48 ]

### ▣ 머리

인물화에서 머리는 상징적으로 지적능력의 원천으로서 충동과 정서적 통제이며 자아의 근원이며 공상과 사회적 관심을 나타낸다.

흔한 표현은 아니나 머리를 생략한 경우는 사고 장애나 신경증, 우울장애, 자폐장애 등을 예측해 볼 수 있다. 모자를 쓰거나 하여 머리를 가리는 경우에는 자신감 부족 또는 현실세계에 대한 회피를 반영하고 있다고 볼 수 있다.

머리를 지나치게 크게 강조한 경우[그림 49]는 과도한 지적 욕구에 대한 불안과 보상심리를 의미할 수 있다. 6세 이하의 아동이 머리를 크게 그리는 것은 문제의 현상이 아니며 인지적 정서적 성숙의 수준을 반영하므로 지나친 해석에 유의해야 한다. 지나치게 작게 그린 경우는 강박 성향이 있거나, 죄책감에 대한 부정, 수동성, 열등감, 약한 자아의 반영일 수 있다.

머리의 윤곽선을 강조한 경우는 강박관념, 공상 등을 암시하며, 인물화의 가장 마지막에 머리가 그려진 경우는 대인 관계의 장애를 예측할 수 있다. 필자에게서 치료받았던 한 아동은 모든 인물 그림에서 머리를 가장 마지막에 그렸었는데 그 아동은 또래 관계가 전혀 안 되고 심각한 열등감과 의존적 성향을 포함하고 있었다.

머리카락이 없는 경우는 거세공포, 성역할에 대한 갈등, 분열성향을 추측해 볼 수 있으며, 머리를 일반적인 형태가 아닌 도형처럼 그리는 경우는 사고 장애를 검토해 보아야 한다.

### ▣ 얼굴

얼굴은 신체 중에서 가장 두드러진 타인과의 소통의 중심 부분으로서 얼굴은 피검사의 현실세계와의 접촉을 상징한다. 그러므로 얼굴에서 표정을 생략한다는 것은 대인 관계의 문제를 예측해 볼 수 있다. 반면에 지나치게 얼굴 부분을 강조하거나 주의 깊게 그린 경우는 인간관계나 자신의 의견에 과도한 관심을 갖는 피검자에게서 나타날 수 있다. 지나치게 공격적이거나 열등감 또는 사회적 무능감에 대한 보상을 반영하기도 한다.

[ 그림 49 ]

## ▣ 눈

눈은 내면생활을 나타내며 외부 세계와 정보를 교환하는 중요한 기관이다. 눈의 생략은 지나친 자기애와 극심한 불안, 회피, 사고장애 등의 암시일 수 있다. 눈이 너무 큰 경우는 상호작용의 위축과 회피를 의미하며, 눈을 까맣게 강조한 경우는 상호 관계에서 불안과 긴장감을 느끼고 있거나 어려움이 있거나 방어적이거나 편집적 사고를 의심해 볼 수 있다. 눈의 윤곽만 그리는 것은 자신의 감정을 나타내고 싶지 않을 경우일 수 있다. [그림 49]와 같이 점으로만 표현하거나 한 줄로 선만 표시하는 경우는 상호 교류의 제한성을 느낄 때 나타날 수 있다. 안경이나 모자로 눈을 가린 경우는 외부 자극을 피하거나 시기심과 관련될 수 있다.

눈썹의 의미는 많이 알려져 있지는 않으나 숱이 많은 눈썹은 미숙한 성격을 의미하며, 치켜 올라간 눈썹은 비판적인 태도와 높은 자존심과 관련될 수 있다. 속눈썹은 타인의 관심 욕구의 의미를 담고 있으며, 남성상에 속눈썹을 그린 경우는 동성애의 경향성도 살펴볼 필요가 있다.

## ▣ 코

코는 남근의 상징으로도 해석되나 후각이라는 통로를 통해 외부 세계를 받아들인다는 의미를 상징한다.

코의 생략은 사회적 상황에서 위축감과 회피적인 성향을 나타내기도 한다. 코를 지나치게 크게 강조한 경우는 성적 열등감과 거세불안과 약한 성에 대한 보상의 의미로 표현될 수 있으며, 콧구멍의 강조는 대인관계의 미숙함과 공격 성향을 나타내기도 한다. 반대로 너무 작은 코는 외모와 관련하여 낮은 자신감, 관계의 수동성 또는 위축감을 의미할 수 있다. 단추 모양 또는 삼각형의 코는 미성숙과 퇴행, 불안을 예측해 볼 수 있다.

■ 입, 입술, 이

입은 음식물을 받아들이고 세상과 의사소통을 하는 기관으로서 수동성과 적극성, 공격성 또는 성적인 것의 상징적 의미를 가지며 그 사람의 가치감과 존재감의 상징을 함축하고 있다.

그러므로 입의 생략은 애착관계에서의 심한 좌절감과 갈등 또는 결핍을 시사하며, 너무 큰 입은 구순적 공격 충동, 불안에 대한 보상 심리로 나타나기도 한다. [그림 50]은 반응성 애착 장애로 진단을 받은 청소년이 그린 그림이다.

[ 그림 50 ]

▣ 턱

턱은 힘과 결단력의 상징을 나타낸다. 그러므로 턱의 생략은 대인관계의 수동성과 자신의 무력감, 책임감에 대한 두려움을 시사한다. 반면에 턱의 강조는 지배욕과 공격성향을 예측해 볼 수 있다.

▣ 목

목은 머리와 몸을 연결하는 통로로서 머리의 지적 영역 또는 통제력의 영역과 몸의 감정적, 충동적 영역을 결부시키는 기관이다.

그러므로 목의 생략은 자기애적인 충동과 미성숙과 관련되며, 지나치게 작은 목은 억제와 위축을 의미할 수 있고, 하나의 선으로 목을 표현한 경우는 스스로의 충동성 조절에 대한 부적절감을 시사한다고 볼 수 있다.

긴 목은 과도한 도덕의식을 갖고 있거나 자신의 충동조절에 자신감이 부족하다고 느낄 때 등의 억제된 욕구를 공상 속에 몰두함으로서 해결하고 싶은 심리를 시사한다. 고집이 세고 심인성 소화불량이 있는 경우에도 긴 목을 그리는 경향이 있다. 따라서 지나치게 목이 길고 가는 경우는 상실된 통제력에 위축되고 억제된 심리의 반영일 수 있으며 정신병적 요소를 살펴볼 필요가 있다. 반대로 길고 너무 굵은 목은 자신의 통제에 너무 집착되어 경직되고 융통성이 없는 성향을 나타낼 수 있으며, 짧고 굵은 목은 지성보다는 충동에 좌우되어 있고 충동적인 감정표출과 행동화의 가능성이 있음을 예측해 볼 수 있다.

▣ 어깨

어깨는 체격과 체력을 나타내며 힘과 능력, 책임, 자아성취 욕구의 상징과 관련되므로, 어깨의 생략은 책임에 대한 회피 또는 책임지는 것에 대한 무력감을 시사한다고 볼 수 있으며 사고 장애의 암시이기도 하다. 어깨를 반복해서 지우고 고치는 경우는 자신의 힘에 대한 관심과 좋은 체격과 힘에 대한 욕구와 소망을 반영할 수도 있다.

남성상의 어깨를 너무 크게 그려 강조한 경우는 외부에 대한 방어적 태도와 책임에 대한 과도한 권위, 성역할에 대한 양가감정을 나타내기도 한다. 여성상의 어깨를 크게 강조한 경우는 남성 지향적 사고와 성역할에 부정적 사고를 가지고 있을 수 있다.

날카롭고 각진 어깨는 경직되고 확고한 태도, 행동화의 경향성을 의미할 수 있다. 반면에 어깨가 너무 축 쳐진 경우는 맡은 역할과 관련하여 자신감이 없고 부담스러워 우울 상태에 있음을 반영한다고 볼 수 있다.

### ▣ 몸통

몸통은 기본적인 욕구를 상징하며 피검자의 정신적 발달과 욕구를 대변한다. 그러므로 유아의 경우를 제외하고는 몸통이 없는 인물화는 흔한 경우가 아니므로 이후의 피검자가 몸이 없이 얼굴에서 직접 팔과 다리를 그렸다면 정신 지체를 검토해 볼 필요가 있다.

5세 정도까지의 유아나 아동들에게서 삼각형, 사각형, 타원형의 몸통이 그려지는 경우는 흔히 있는 일이나, 5세 이후에는 옷을 입히려는 욕구가 일어나므로 청소년 상에서 기하학적인 도형적 몸통을 그리거나 투명성의 몸통을 그린 경우는 정신장애를 의심해 볼 수 있다.

너무 길고 가는 몸통의 경우는 내적 힘의 부족감에 대한 보상심리일 수 있으며, 너무 작은 경우는 신체적 에너지의 결핍과 부적절감을 느끼거나 열등감을 갖고 있는 경우가 많다. 지나치게 짧고 굵은 몸통은 화 조절이 어렵고 행동화의 가능성을 시사한다. 너무 큰 몸통은 충족되지 못한 욕구의 반영일 수 있으며, 몸통에 진한 음영이 있거나 지운 경우는 그 신체 부분에 대한 갈등과 불안의 상징이라고 볼 수도 있다.

### ▣ 가슴

피검자의 성별에 따라서 인물화의 대상이 자기인지 자기대상인지에 따라서 해석이 달라진다. 즉 피검자가 남자인 경우에 가슴은 자기 자신의 능력과 힘에 대한 반영일 수 있으며, 여자의 경우는 성적 매력과 의존욕구 또는 애정욕구와 관련될 수 있다.

피검자가 남자인 경우 큰 가슴은 권위적 태도를 통해 자신의 무능감을 과시하고자 하는 보상심리로 나타날 수 있으며, 너무 좁은 경우는 수동성을, 윗 옷을 벗은 경우는 무능감에 대한 보상심리를 의미할 수 있다. 남자 피검자가 여성상에 지나치게 유방을 강조하여 그렸다면 정서적 미성숙과 해결되지 않은 외디푸스적 갈등, 모성의존, 구강기적 의존 욕구를 반영한다고 볼 수 있다.

피검자가 여성인 경우 가슴 그림의 형태는 자기대상의 충족과 관련되며 성숙도의 지표로서 제공된다. 가슴의 생략은 의존 욕구의 좌절감을 시사한다고 볼 수 있는데, 청년기의 여성이 유방의 표현을 무시했다는 것은 독립에 대한 거부일 수도 있다. 너무 큰 가슴은 성적 매력의 강조 또는 의존 욕구에 대한 불안심리에 대한 보상을 반영하기도 한다. 반면에 너무 작은 경우는 자기에 대한 부적절감을 의미한다고 볼 수도 있다. 처진 가슴의 표현은 그 인물이 모성상을 나타낸 것일 수 있다.

아동이 여성상에 유방을 그린 경우는 의존 욕구를 반영하기도 하나 성적 조숙과 호기심의 암시이기도 하다.

### ▣ 허리

허리는 몸의 상부와 하부를 연결하는 부분으로서, 남성의 허리는 신체적인 힘과 성적 기능과 관련된 중추적인 역할을 하게 되므로 허리선의 표현은 피검자의 성적 욕구의 통제 능력과 관련이 된다. 반면에 여성의 허리선은 양육기능의 영역과 생식기능 그리고 성적영역과 관련되는 경계로서 표현된다고 볼 수 있다.

그러므로 허리선을 허리띠로 졸라매거나 허리띠에 음영처리 등으로 지나치게 강조되거나 약한 선 또는 파형으로 그려졌다면 성적 충동과 갈등, 긴장에 대한 반영일 수 있다.

■ 팔

팔은 자신이 원하는 일과 타인과의 관계에 대한 욕구와 환경과의 직접적인 접촉을 하는 신체 부분이므로, 팔은 피검자의 자아 발달과 인간관계에서의 발달에 관련이 있으며 자기 보호와 타인과의 협조 또는 공격의 상징으로 이해할 수 있다.

[ 그림 51 ]

[ 그림 52 ]

이러한 상징적 의미 때문에 팔의 생략은 피검자의 외부 환경에 대한 내적 갈등이나 양가감정으로 인한 억압, 충동의 통제 또는 죄책감에 대한 경향성과도 관련이 되며, 정신적 퇴행 또는 지각에 대한 왜곡으로 나타날 수도 있다. 몸에 밀착하여 꽉 붙은 팔을 그린 경우는 수동적, 적대적, 경직된 심리 상태를 반영한다고 볼 수 있다. 몸 앞으로 두 팔을 겹쳐지게 그린 경우 또는 팔짱을 낀 모습은 누군가에 대한 의심과 적대감이 있을 때 나타날 수 있으며, 뒤로 숨겨진 팔은 공격 충동의 통제 욕구와 죄책감의 반영일 수 있다.

[ 그림 53 ]

단선으로 가늘고 약하게 그려진 팔은 신체적, 정신적 결함이 있거나 대처능력이나 상호작용에 대한 부적절감과 관련될 수 있으며[그림 51], 지나치게 짧은 팔은 무력감의 의미로 나타날 수도 있다.

팔이 몸통에서 분리되어 있거나 [그림 52], [그림 53]처럼 어깨가 아닌 몸 중간에서 그려지는 경우도 있다. 이러한 그림은 유아나 아동에서 흔히 표현될 수 있으나 청소년기나 성인에게서 그려진다면 퇴행현상이거나, 정신지체, 사고장애를 동반한 정신장애 상태의 암시일 수 있으므로 검토해 보아야 한다.

▣ 손과 손가락

손은 타인과의 교류로서 팔과 유사한 내용을 상징하며, 손가락은 환경에 직접 접촉하며 대처하고 조작하는 기관이다. 그러므로 손 그림을 통해 피검자의 환경에 대한 통제능력과 방식에 대한 이해를 구체화 할 수 있다.

인물화에서 손을 가장 마지막에 그린 경우는 타인과의 관계를 회피하거나 자신의 무력함을 숨기고자 하는 심리를 반영한다고 볼 수 있다. [그림 48]과 같이 손을 생략한 경우는 심한 무력감과 불안을 의미한다. 손을 그렸으나 분명치 않고 흐리게 그렸다면 자신의 활동 능력과 적응력에 대해 자신감이 없는 것으로 이해할 수 있으며, 음영을 표현한 손은 공격성, 도벽, 자위행위에 대한 죄책감을 시사할 수 있다. 호주머니에 넣거나 뒤로 감춘 손도 외부환경에 대한 회피와 자기 통제로 나타난다.

주먹을 쥔 손은 공격성과 분노의 통제를 반영한다. [그림 52], [그림 53]과 같이 지나치게 큰 손은 과잉행동과 관련되며 자신을 강하게 나타내고 싶은 심리와 관련되기도 한다. 아동기 이후의 큰 손은 타인과의 관계에 어려움이 있거나 자신의 무력감에의 극복 욕구를 의미하기도 한다.

손가락을 그리지 않고 공 모양으로 그린 경우는 대처 능력에 대한 부적절감과 무력감을 시사하며, 강한 필압의 공 모양의 손은 분노와 공격성과 관련이 된다. 뾰족한 손가락은 적대적 행동의 가능성을 반영하며, 너무 긴 손가락은 퇴행 성향으로서 역할 수행의 어려움을 나타낸다고 볼 수 있다. 5개 이상의 손가락은 유아에게서 흔히 볼 수 있으나 성인의 경우는 주의력 결핍 또는 야심가, 공격성, 정신지체의 의미를 담고 있다. 반대로 5개 이하의 경우[그림 53]는 스스로의 통제에 대한 부적절감을 느낄 때 간혹 나타나기도 한다. 손가락을 하나하나 정성스럽게 떼어 그리거나 손톱 또는 손가락의 관절을 세밀하게 그린다면, 통제와 관련된 불안 심리가 반영되었다고 볼 수 있으며 정신분열증의 초기 반응을 검토해 보아야 할 필요가 있다.

▣ 다리, 발

다리와 발은 신체를 지지하는 기관으로서 정서에 대한 상징적인 부분이다. 다리는 자신을 원하는 곳으로 옮겨주고 어려움에 대처하게 해주며 현상을 지탱하도록 해주는 역할을 하며, 발은 다리가 하는 직접적인 역할을 하는 부분이다. 다리와 발의 그림은 욕구에 대한 자율성과 관련되며 대상 경험의 측면에서 피검자의 의존과 독립의 위치를 가늠할 수 있게 해 준다.

그러므로 발의 생략은 외부 환경에 대처하고 현실에 뿌리내리는 데에 대한 자신감 부족과 무력감, 우울감, 또는 그에 대한 양가감정을 시사한다고 볼 수 있다. 그러나 질병으로 누워 지내는 사람인 경우는 다리나 발을 그리지 않거나 보이지 않게 그릴 수 있다. 노인의 경우에는 가늘고 약한 불안정한 형태의 다리를 그릴 수 있으므로 피검자의 상황을 배제한 지나친 해석이 되지 않도록 유의해야 한다. [그림 53]은 부모 이혼과 관련하여 불안 상태에 있는 초기 청소년기의 남아가 그린 인물화이다. 이와 같이 긴 다리는 심리적 안정 욕구와 자립 욕구가 강한 경우에 나타날 수 있으며 현실 대처에 대한 부적절감에 대한 보상 심리의 욕구를 반영한다고 볼 수 있다.

[ 그림 54 ]

반대로 지나치게 짧은 다리는 대처 능력에 대한 부적절감, 억제, 수동적 태도를 의미한다고 볼 수 있다. 양쪽 다리가 꽉 붙여지게 그리거나 교차되게 그린 것은 성적 부적응의 경향성과 관련이 있으며 융통성이 부족하여 심리적 긴장이 있을 때 표현될 수 있다. [그림 54]와 같이 치마 끝부분에서 나온 다리는 미성숙과 강한 자기애를 암시할 수 있다.

한 선으로 다리를 그린 경우는 현실 대처에 대한 수동성과 관련될 수 있다. [그림 53]과 같이 길이와 크기가 다른 다리는 현실 상황에 대한 불안정감의 반영일 수 있으며 공상세계로 도피하고 싶은 감정과 자립하고 싶은 것에 대한 양가감정을 의미하기도 한다. 지나치게 크기가 다른 경우는 정신증적 또는 정신지체의 시사점도 배제해서는 안 된다.

[그림 48]과 같이 발이 생략된 경우는 독립에 대한 부정적 의미를 시사하며 때로는 현실 지각의 왜곡 가능성도 검토해 보아야 한다. 지나치게 큰 발은 자신의 독립성에 대한 강조를 통해 부적절감을 보상하고자 하는 심리적 반영이라고 볼 수 있다. 반대로 너무 작은 경우는 부적절감에 대한 두려움을 예측해 볼 수 있다. 발의 자세가 반대방향으로 표현된 경우는 성격의 우유부단함을 의미하기도 한다.

발가락을 그리는 경우는 흔한 일은 아니지만 발가락을 지나치게 세밀하게 그린 경우는 병리적인 징표로 나타나기도 하며 때로는 사회적 일탈과 관련된 강한 공격성과 강박성향을 함축하고 있을 수 있다. 발바닥 형태가 없이 닭발처럼 선 하나로 그려내거나 뾰족하게 그린 경우는 현실 지각의 문제와 관련될 수 있으며, 발을 둥글게 그린 경우에는 자율성의 미숙함을 고려해 볼 수 있다.

### ▣ 자세

인물화의 자세는 자기개념과 관련이 있다. 난폭한 움직임은 공격적이고 자기 주장적인 자기개념과 관련된다. 난폭한 움직임이라 하더라도 사회로부터 수용된 행위로 표현이 되었다면 피검자가 자신의 내적 적대감에 대한 통제능력을 시사한다고 볼 수 있다.

인물화의 옆모습은 회피성향과 관계의 유보 그리고 편집적인 경향성의 의미일 수 있다. 몸은 정면을 향하고 있고 얼굴은 옆모습이라면 자기 정체성에 대한 양가감정이라고 볼 수 있으며, 나무나 벽 등에 기대어 있거나 누워 있는 인물상은 자기 불확실성에 대한 불안정과 우울감 및 대인관계의 수동적 태도와 관련될 수 있다.

▣ 옷

인물상이 입은 옷은 피검자의 사회적 역할과 본질, 성격과 관심을 상징한다. 옷을 지나치게 화려하게 꾸미거나 옷을 입지 않은 경우 모두가 유아적 성향과 자기중심적이고 성적 부적응을 야기시키기 쉬운 피검자에게서 나타날 수 있다.

단추는 배꼽이나 어머니의 젖꼭지를 상징하며 모성의존을 나타낸다. 진한 음영을 표현한 단추와 일반적이지 않은 위치에 그려진 단추는 의존적, 유아적, 열등감, 무력감의 의미를 시사한다고 볼 수 있다. 즉 가슴부분의 강조와 단추의 강조는 구순적 고착과 박탈 경험, 퇴행을 의미하며, 남성상에서의 강조된 단추는 의존성과 부성상의 권위에 대한 순응과 의존을 의미한다고 볼 수 있다. 신체의 중심을 강조하듯 그려진 단추는 자기중심성과 건강 염려증을 시사한다고 볼 수 있다. 소매부리 등 눈에 띄지 않는 곳에 그려진 단추는 의존성과 강박성을 예측해 볼 수 있다.

단추와 마찬가지로 특히 가슴 부분 주머니의 강조는 유아적이고 의존적인 성향에서 많이 나타난다. 성인 남성에게서 악세사리가 많은 큰 주미니가 표현되있다면 이는 피검자가 모성에 대한 의존과 자립하고 싶다는 갈등 또는 자아 확장의 상징과 관련이 있다고 볼 수도 있다.

넥타이는 청소년기 후기와 성인기에 흔히 나타나는 상징으로서 남성적인 것을 의미하며 때로는 남근을 상징하기도 한다. 넥타이에 음영을 칠하거나 문양 등으로 지나치게 강조를 하는 경우는 동성애 또는 여성

성향을 추측해 볼 수 있겠다. 작고 가늘어서 지나치게 왜소해 보이는 넥타이는 성적 능력과 자기 신체상에 대한 열등감을 반영할 수 있다. 또한 긴 넥타이는 성적 부족감에 대한 두려움의 보상으로 나타날 수도 있으며 성적 공격성을 가진 사람과 관련이 있을 수도 있다.

모자는 외부환경에 대한 적응 반응과 관련이 있는 상징으로서, 눈을 가릴 만큼 모자를 눌러 쓴 인물화는 외부환경에 대한 편집성으로 나타날 수도 있으며, 모자 대신에 얼굴 전면을 씌운 가면이나 두건의 표현 역시 외부환경에 대한 부적응과 경계심의 반영이라 볼 수 있다.

### ▣ 기타 인물화의 특성

인물상의 나이는 피검자 자기 또는 자기 대상의 성숙도에 대한 주관성을 나타낸다. 나이를 해석할 때는 나무 그림 검사에서와 마찬가지로 자기 또는 자기 대상과 5년의 차이가 나는 것은 문제로 보지 않는다. 다만 5년 이상인 경우는 내적 성숙과 관련된 불안과 과잉 보상을 의미한다고 볼 수 있으며, 5년 이하의 경우는 미성숙한 성격과 관련될 수 있다. 분명한 나이를 말하지 않고 그냥 그렇다 또는 아주 많다 등의 표현을 한다면 우울감이 내재화 되어 있다고 볼 수 있다. 특히 아동이 자기보다 어린 인물상을 그렸다면 유아적 의존 욕구와 미숙한 심리 사회적 상태를 반영한다고 볼 수 있다.

행동에 대한 표현에서는 폭력성이 배제된 활동은 피검자의 적절한 일상의 활력을 의미하며, 폭력적인 행동은 심리 내적인 공격성과 충동의 통제와 적대감 등의 의미일 수 있다. 그냥 있다 또는 서 있다 등의 표현은 현재의 무기력한 상태를 나타내는 것일 수 있다. 만약 인물상을 사람이 아닌 허수아비나 동상으로 그려내는 경우는 정체성의 문제를 가지고 있을 수 있으므로 검토해 보아야 한다.

인물상의 생각이 부정적이거나 비판적인 생각으로 표현된다면 낮은 자존감과 우울 상태를 의미한다고 볼 수 있다. 아무 생각도 않고 있다거나 모르겠다고 표현한다면 피검자의 회피적 사고와 수동성의 반영일 수 있다. 느낌이나 감정이 우울하거나 화가 나 있다면 억압된 공격성을 의미할 수 있겠고, 괴이한 감정표현이 있다면 사고 장애의 부분도 배제해서는 안 된다.

아동의 인물상에서는 마녀나 귀신이 자주 등장하는데, 아동의 경우는 자기대상과도 관련이 있으며 일반적으로 현실적응 관계에 어려움이 있는 피검자에게서 두드러지는 예이다. 종교와 관련된 인물은 수도자를 제외하고는 자기 정체성과 관련된 비현실감과 이상화의 경향성을 고려해 볼 수 있다. 필자의 경험에 의하면 광대나 만화의 인물화도 많이 등장하는데 대부분의 이러한 피검자들은 심한 열등감이 있거나 낮은 자존감, 행동화의 어려움이 있는 경우에 흔히 표현되곤 한다. 또한 이러한 피검자들은 유명인물이나 경찰, 소방관 등을 그려내는 경우도 흔히 있는 일이며 이러한 인물화는 검사에 대한 거부가 있거나 자기가 드러나는 것에 대한 불안이 있을 때 표현되는 주제이기도 하다.

## 4. 마코버(Machover)의 인물화 검사 분석 규준

Machover(1949)의 인물화 검사에 대한 상징적 임상적 의미는 주관적이고 직관적인 규준이 많아서 여기에서는 구체적인 소개보다는 기본적인 얼굴부분만 소개될 것이며, 구체적인 평가 규준은 오오도모 규준을 통해 보완하기를 바란다. 인물화 검사의 평가는 피검자의 생활사, 검사 과정에서의 행동과 태도, 보충 자료, 그림의 특징에 대한 다양한 연구 결과들이 종합적으로 다뤄짐으로서 보다 타당도가 높은 결과를 기대할 수 있게 된다.

| 부위 | 성격분석규준 | 상징적의미 |
|---|---|---|
| 머리 | 몸에 비해 이상적으로 큰 머리 | 1. 정신적으로 발달이 늦기 때문에 욕구불만을 갖게 되고 두뇌를 과대평가 하는 사람.<br>2. 정상 지능을 가지고 있어도 학교 성적이 나빠서 적응을 못하는 사람.<br>3. 몸의 상처 때문에 아직 머리가 아프거나 자극에 지나치게 예민한 사람<br>4. 지적 또는 도덕적, 허영 때문에 머리를 특히 뚜렷이 그림.<br>5. 환상에 사로잡혀 있는 사람.<br>6. 아동과 의존적인 사람에서 큰 머리가 많이 그려진다. |
| | 앞이마나 뒤통수가 툭 튀어나온 것 | 두뇌의 힘을 중요시 하는 사람. |
| | 모양이 이상하게 생긴 머리 | 기질적인 이상을 표현한 경우가 많다. |
| 눈 | 큰 눈 | 세상을 시각적으로 흡수한다. |
| | 작은 눈 | 세상을 배척한다. |
| | 퉁퉁 부은 눈 | 성적 흥분 |
| | 신중하고 조심스러운 눈 | 1. 과대망상증<br>2. 이미 본 것에 대한 죄책감을 지워버리는 |
| | 긴 속눈썹을 화장한 눈 | 눈의 성적, 전시적 효과와 매력표시 |
| | 눈동자의 생략 | 1. 히스테리칼한 성격<br>2. 자기중심적인 사람<br>3. 객관적으로 구별하는 일에 눈을 쓰지 않는 사람 |
| | 눈의 윤곽 없이 눈동자를 까맣고 똑똑하게 그린 것 | 1. 망상증적 성격<br>2. 눈이 방어의 도구이고 무엇이든 보여지는 것은 제한된 의미를 가지고 있다. |
| 귀 | 귀가 일그러져 있거나 기형적일 때 | 일그러진 정도에 따라서 다소의 과민성에서부터 시작하여 사회적 비판을 잘하는 사람, 심한 망상증까지 있다. |
| | 귀 모양이 크게 찌그러졌거나, 위치가 잘못됐거나, 이상하게 자세히 그려진 귀 | 단순한 강조라기보다는 다분히 병리적인 현상 |
| 코 | 아주 강한 코 | 남성적이고 자기 주장적이다. |
| | 코에 그늘이 지거나, 지워지거나, 잘라버린 경우 | 갈등의 표시 |

| 부위 | 성 격 분 석 규 준 | 상 징 적 의 미 |
|---|---|---|
| 코 | 지나치게 긴 코 | 불감증인 남성의 기능회복의 상징으로 표현됨 |
| 입 | 입은 성욕적이고, 육감적이며, 오목하게 들어가 있음으로써 의존적 형태를 가지고 있다. 또는 보상적이고 공격적인 특성을 표현한다. | |
| 머리카락 | 머리카락은 육감적인 욕구에 관계가 있고, 간접적이지만, 성적충동에도 관계가 있다. 머리카락은 아동과 퇴행적인 성인그림에서 강조되고 있다. | |

## 5. 오오도모의 인물화 검사 분석 규준

오오도모의 인물화 분석은 Machover의 규준에 비해 본인의 경험과 전문가의 검토를 거쳐서 만들어졌다는 점에서 비교적 타당성이 높고 임상에서 많이 적용되고 있다.

### 1) 오오도모의 인물화 검사 분석규준

| 부위 | 성 격 분 석 규 준 | 상 징 적 의 미 | 남.여 |
|---|---|---|---|
| 위치 | 1. 상반(전체의 1/2) | • 낙천적, 보다 높은 데로 이르려는 태도 | S |
| | 2. 하반(전체의 1/2) | • 비판적, 때로는 억압, 뿌리를 내리고 | S(M) |
| | 3. 좌반(전체의 1/2) | • 자기 자신에게로 향함, 내향적, 여성적 | M |
| | 4. 우반(전체의 1/2) | • 환경에로 향함. 외향적, 남성적 | S |
| | 5. 상반 우반 | • 낙관적, 남성적 | S |
| | 6. 상반 좌반 | • 낙관적, 여성적 | S |
| | 7. 하반 우반 | • 비관적, 심정적 | M |
| | 8. 하반 좌반 | • 비관적, 억제적 | M |
| 내소 | 9. 크다(2/3 이상). | • 자아강대, 확대적, 공격적 감정, 자아상일 때에는 보상적 공상으로 불완전한 느낌, 부모상이면 또는 위협적이거나 처벌적 | S |
| | 10. 작다(1/2 이하). | • 자아협소, 열등감 | M |
| | 11. 그림과 그린 사람 자신과 같은 성이 불균형하게 크다. | • 자신의 과시, 때로는 편집적이다. 부모상 이면 자기와 같은 성의 부모가 가정에서 중심적. | S<br>Sch |

| 부위 | 성격분석규준 | 상징적의미 | 남.여 |
|---|---|---|---|
| | 12. 자기와 같은 성이 불균형하게 작다. | • 자아의 약소, 자각, 때로는 편집적이다. 부모상인 경우는 자기와 같은 성의 부모가 가정에서 약소하다. | |
| 모습 | 13. 행동이 수반되고 있다(달리고 있다). | • 신체활동에로의 강한 충동, 도피, 달성 욕구 | F |
| | 14. 행동이 수반되고 있다(걷고 있다). | • 위험상태에 빠지기 쉽다(13번도 만찬가 지임) | F |
| | 15. 앉아 있다. 기대고 있다 | • 의존적, 세력의 약소, 욕망의 결여, 피로함. | M |
| | 16. 몸이 기울고 있다. | • 불안정 불만 | F |
| | 17. 선이 극도로 딱딱하다. | • 뿌리깊은 곤란, 자아 강대 | S |
| | 18. 선이 극도로 부드럽다. | • 자아약소 | M |
| | 19. 선이 기계적(전부 線畫 기하학적 도형) | • 운동적 의미가 결여됨. 정신적 장애 | X |
| | 20. 선이 극도로 가늘다. | • 신경질, 열등감, 자폐증 | N |
| | 21. 선이 극도로 거칠다. | • 정신불안 자아강대 | Sch |
| | 22. 부위생략(머리, 등, 팔, 다리 네 가지의 생략) | • 생략부위와 관계있는 갈등, 자기의 장애나 결함에 대해 초조함 | C |
| 순서 | 23. 여기저기서 그리기 시작한다. | • 불안정하고 신경적 반응 | N |
| | 24. 본인과 같은 성을 나중에 그린다. | • 성에 혼란이 있음. 이성 부모에 대한 의존, 집착 혹은 이성의 누군가에 대한 의존이나 집착 | C |
| | 25. 팔이나 손부터 먼저 그린다. | • 환경과의 접촉을 극도로 싫어하는 부적응을 지각하지 않으려는 경향 | M |
| | 26. 팔이나 손을 맨 나중에 그린다. | | F |
| | 27. 다리와 손을 먼저 그린다. | • 자아의 약소 | M |
| | 28. 머리를 맨 나중에 그린다. | • 도피경향, 죄책감 | F |
| | 29. 얼굴을 맨 나중에 그린다. | • 대인관계의 혼란, 혹은 외적 자극거부 또는 자기를 뚜렷이 밝히려 하지 않는다. | C |
| | 30. 동체부터 그린다. | | S |

| 부위 | 성격분석규준 | 상징적의미 | 남.여 |
|---|---|---|---|
| 머리 | 31. 매우 크다(몸체의 1/2 이상). | • 적극적 무의식적으로 지적인 것을 열망 하고 공상에 의해서 만족한다. 머리가 큰 쪽의 인물이 가정에서도 권위가 있다. 때로는 두통, 질병, 기타의 신체징후 | S |
| | 32. 작은 머리 | • 강박신경증, 지적 무능력, 죄책감 이나 고통억압 | Y |
| | 33. 뒤로 향한 머리(뒤통수) | • 분열증적 편집성 | Sch |
| | 34. 머리카락을 주의 깊게 다루었음(모자를 씌우고 모발을 밖으로 나오게 그린 것도 포함) | • 자기애적, 동성애적 | PS |
| | 35. 모발이 없는 남자 | • 분열증적 | Sch |
| | 36. 머리카락을 가볍게 흐리게 그린다. | • 겁쟁이, 꽁한 성격 | M |
| | 37. 머리카락을 위로 세워서 그린다. | • 자아강대, 자기중심적 | S |
| | 38. 머리카락을 매우 길게 그린다(머리숱이 많은 것 포함). | • 성적으로는 양면적 적대공상이 있다. | PS |
| | 39. 머리카락을 까맣게 칠한다. | • 사고, 공상에 불안이 있다. | F |
| | 40. 머리카락이 얼굴 양쪽으로 늘어 뜨려졌다. | • 적의의 감정에 지배당하고 있다. | C |
| | 41. 야단스럽게 그려진 여상의 머리카락 | • 조숙, 성적 불량화 | PS |
| 얼굴 | 42. 얼굴 부분을 흐릿한 선으로 그렸다. | | M |
| | 43. 얼굴을 다소 하향으로 그리고 눈을 날카롭게 그린다. | | N |
| | 44. 험상궂은 표정 | | Sch |
| | 45. 얼굴에 주름이나 그늘을 그린다. | | F |
| | 46. 특히 강조한 것(예: 화장한 얼굴, 여자 같 | | Sch |

| 부위 | 성격분석규준 | 상징적의미 | 남.여 |
|---|---|---|---|
| | 남자의 얼굴, 남자 같은 여자의 얼굴) | | |
| 눈 | 47. 눈을 강조한다. | •변질적 호기심, 과다 경계적 | Sch |
| | 48. 크다. | •큰 것은 공격적, 크고 어둡게 그려진 것은 편집적, 크고 눈동자가 없는 것은 허식에 대한 죄의식 | S |
| | 49. 눈동자의 생략 또는 결손 | •무엇인가의 죄책감 | F |
| | 50. 눈동자를 검게 그린다. 또는 세로로 그린다. | •공격적, 적대적, 자기주장 | S |
| | 51. 작은 눈 | •외부세계에 주의를 기울이지 않는다. | M |
| | 52. 감은 눈 | •신체적 자기상 | F |
| | 53. 남자상에 속눈썹을 그린다. | •조숙 성적 이상 | PS |
| 코 | 54. 큰 코, 넓적한 코 | •성적발달, 성적불능의 보상, 경멸, 거부 | PS |
| | 55. 코를 문질러서 그린다. | •자연거세의 공포, 눈보다 코가 위로 튀어나온 것은 성적 부적응 | PS |
| | 56. 명암을 붙인다. | •조숙 성적이상 | PS |
| | 57. 작은 코 또는 결손된 손 | •성적갈등, 성적 미숙 | C |
| | 58. 특히 두드러진 콧구멍 | •공격적 | S |
| 입 | 59. 큰 입 | •성적이상 | PS |
| | 60. 특수한 형태로 강조 | •입에 의한 공격적 충동에 기인하는 불안, 우울증, 알콜중독, 강간 | F |
| | 61. 입술의 강조 | •구순적 성욕 | PS |
| | 62. 간단한 선으로 타원형의 벌리고 있는 입 | | M |
| | 63. 너무 작은 입 | •유아기에로의 퇴행 | M |
| | 64. 이를 보이고 있다. | | Sch |
| | 65. 혀를 보인다. | | Sch |
| 턱 | 66. 특히 넓은 턱 | •사회적 우위를 구한다. | S |
| | 67. 특히 좁은 턱, 옆얼굴에서는 튀어나온 턱 | •사회적 무능력 | M |
| | 68. 여상에서 큰 턱 | •성적 이상 | PS |
| | 69. 여상에서 수염을 그린다. | •성적 이상 | PS |
| 귀 | 70. 특히 크다. | •다른 사람들의 비판에 지나치게 의식함. | N |

| 부위 | 성격분석규준 | 상징적의미 | 남.여 |
|---|---|---|---|
| 귀 | 71. 귀에 특수한 표현을 한다. | • 귀의 질병 | Y |
| | 72. 매우 작다. | • 다른 사람의 비판에 귀를 기울이지 않는다. | S |
| | 73. 귀의 생략 나쁜 위치에 그렸다. | | M |
| 목 | 74. 길거나 가늘다. | • 분열증적, 음식 삼키는 것이나 정신적 소화장애 | Sch |
| | 75. 짧다. | • 감정의 통제가 안 된다. | F |
| 동체 | 76. 모가 났다. | • 표현운동(남성적) | S |
| | 77. 둥글다. | • 발달지체(여성적) | B |
| | 78. 넓다. | • 의식적으로 욕구불만이 많다. | C |
| | 79. 좁다. | • 열등감정, 충동의 불안 | M |
| | 80. 가늘고 길며 평행선을 그은 동체 | • 분열증적 퇴행 | Sch |
| | 81. 동체가 없는 것 | • 자기애, 굳어 있는 성격, 충동거부 | Sch |
| 팔 | 82. 형상부터가 과장되어 있다. | • 손의 활동에 불만, 접촉곤란 부적당한 감정에 대한 보상적 행동 | Sch |
| | 83. 가늘다(간단한 선으로 되어 있다). | • 열등감, 노력할 보람이 없다는 감정 | M |
| | 84. 넓게 벌린 팔 | • 강대함을 나타냄. 공격적, 적극적 욕구를 표시한다. | S |
| | 85. 아래 부분에서 넓어지는 팔 | • 행위는 충동적이고 자기 통제력이 결여되어 있다. | N |
| | 86. 동체에서 튀어나온 팔 | • 무감정적이고 통제할 수 없다. | M |
| | 87. 길고 탄탄한 팔 | • 완력이 부족한데 대한 보상 | Sch |
| | 88. 너무 긴 팔 | • 과도한 야심 | S |
| | 89. 동체에 밀착한 팔 | • 소극적 혹은 방어적인 감정 | S |
| | 90. 팔이 없다. | • 분열증적, 우울증적, 여상으로 팔이 없는 것은 어머니의 양육방법 불량 | Sch |
| 손과 손가락 | 91. 손이 없다. | • 보통 이상 무능으로 손이 없는 것은 부적응감이 크다는 것을 말함 | C |
| | 92. 손가락을 폈다(때로는 그늘지게 그렸다) | • 손의 활동에 불안 | F |
| | 93. 주먹을 쥐었다. | • 억압된 공격성 | F |
| | 94. 손을 크게 그린 것 | • 강대함을 나타냄 | S |

| 부위 | 성격분석규준 | 상징적의미 | 남.여 |
|---|---|---|---|
| 손과 손가락 | 95. 팔이 가슴 또는 앞에서 교차 | •회의적이고, 적대적 태도 | S |
| | 96. 팔을 뒤로 돌린다. | •공격적, 적대적 감정을 억제하려고 한다. | Sch |
| | 97. 손을 허리에 대고 있다. | •성의 공포를 안고 있는 방어적 태도, 성에 대해서 편견을 가지고 있음 | PS |
| | 98. 검게 칠해진 손 | •자위, 훔치기, 싸움 등 손에 의한 행동의 죄악감, 불안 | F |
| | 99. 호주머니에 넣은 손 또는 감추어진 손 | •자위에 대한 죄악감, 접촉, 곤란, 도피, 불량소년, 이상자 | Sch |
| | 100. 손톱, 관절의 주의 깊은 스케치 | •강박증적 혹은 조기분열 환자의 경우와 같은 신체 개념에 관한 곤란을 표시함 | S |
| | 101. 열쇠처럼 그려진 손가락 | •적의, 공격 | Sch |
| | 102. 손과 관계없는 손가락 | •유아적 공격 | Sch |
| | 103. 검게 칠해진 손가락 | •자위 또는 훔치기 등과 관련된 죄책감 | F |
| | 104. 다섯개 이상의 손가락 | •야심, 공격 | C |
| 다리와 발 | 105. 다리가 길다. | •정신적 미성숙, 다리의 발달 부진 | B |
| | 106. 다리가 없다. | •성적 부전 | PS |
| | 107. 다리의 과장 | | S |
| | 108. 교차된 다리 | •성적 접근에 대한 방어 | PS |
| | 109. 길이가 똑같이 않은 다리 | •충동과 자기 통제와의 갈등 | C |
| | 110. 하나로 된 다리 | •긴장하고 있는 성적 불능 | PS |
| | 111. 여윈 발과 투명한 팬티를 통해서 그린다. | •갈등 | C |
| | 112. 큰 발 | •안정에의 요구, 성적 세력의 과시 | S |
| | 113. 작은 발 | •위축, 의존적 | M |
| | 114. 발을 벌렸다. | •안정에의 보상 | S |
| | 115. 발의 생략 | •자기통제 결여 | N |
| | 116. 반대 방향으로 향한다. | •감정의 갈등의 심함 | C |
| | 117. 발가락의 강조 | •억압된 적대적 태도 | S |
| | 118. 발가락을 감추거나 흐릿하게 그림(신을 신고 있을 때에는 적 | •위축, 소극적 의존 | M |

| 부위 | 성격분석규준 | 상징적의미 | 남.여 |
|---|---|---|---|
| | 절한 판정)<br>119. 주의 깊게 그린다. | | |
| 의<br>복 | 120. 나체화<br>121. 가슴의 포켓강조(손수건 등을 넣었다)<br>122. 단추의 강조(많이 달았다)<br>123. 넥타이에 주의를 기울였다.<br>124. 의복을 입고 있는 듯도 하고 나체인 듯도 하다. | •애정이나 물질 결핍의 보상<br><br><br>•어머니에의 의존, 유아적 부적응 | Sch<br>PS(F)<br><br>F<br>PS<br><br>Sch |
| 기<br>타 | 125. 엉덩이를 둥글게 크게 보통 이상으로 그린다(성기부분의 노출을 포함).<br>126. 다리 및 팔의 관절을 그린다.<br>127. 어깨를 치켜 올린다.<br>128. 무릎을 노출<br>129. 전신 및 그 주위에 그늘 같은 것을 그리고 또 마룻바닥이나 땅을 그린다.<br>130. 내장을 그렸다.<br>131. 해부도<br>132. 좌우가 극단적으로 균형을 잃고 있다.<br>133. 한쪽 성은 정면, 다른 성은 옆면으로 양면 모두 옆면으로 향함<br>134. 손에 뭔가를 쥐고 있다.<br>135. 뒤를 향한 상<br>136. 만화나 바보스러운 그림(주의를 주어도 | <br><br><br><br><br><br><br><br><br><br><br><br><br><br><br><br><br><br>•분열증적, 병적<br>•성격전체의 부조화 혼란 | PS<br><br><br><br>Sch<br><br>Sch<br>S<br>Sch<br><br><br><br>PS<br>F<br>C<br><br>F<br><br><br>X<br>F<br>Sch |

| 부위 | 성격분석기준 | 상징적의미 | 남.여 |
|---|---|---|---|
| | 계속 그린다).<br>137. 절대로 그리기를 (거부) | | Sch (Y) |
| 특히 여성에 대해서 | 138. 여성상의 가슴을 특히 강조 | •구강적 의존적 욕구 | PS |
| | 139. 팔과 손이 길고 두드러지게 눈에 띈다. | •보호적인 모성에 대한 욕구 | F |
| | 140. 여성적 특징이 표면적 혹은 상징적인 그림으로서 정성 들여 그린 그림 | •두드러지게 좌절된 외디프스적 감정 | C |

## 2) 상징적 부호와 그 의미

| 부호 | 성격요인(상징) |
|---|---|
| S(Sadistic) | 자아확대, 남성적, 적극적, 낙천적, 양성, 자기주장적 |
| M(Masocatistic) | 자아약소, 여성적, 소극적, 비관적, 음성적, 의존적 |
| C(Conflict) | 정신적 갈등, 콤플렉스, 정신적 곤란 |
| F(Frustration) | 욕구좌절, 초조, 욕구불만 |
| Sch(Schzophrenia) | 정신병적, 분열증적, 우울병적, 편집적, 망상적 |
| N(Neurosis) | 일반적으로 신경증적, 노이로제적 경향 |
| PS(Psychopath) | 조숙, 복잡한 성적흥미, 병리적 성적행동 |
| B | 정신적 미성숙 |
| X | 정신적 장애(기질적 정신병) |
| Y | 신체적 장애(사지장애, 허약) |

### 3) 인물화 분석표

| 부호 | 문제 지표 | | |
|---|---|---|---|
| | 남자상 | 여자상 | 합 계 |
| S | | | |
| M | | | |
| C | | | |
| F | | | |
| SCH | | | |
| N | | | |
| PS | | | |
| B | | | |
| X | | | |
| Y | | | |
| 지표 | | | |

### 4) 분석 규준표의 사용 방법

채점 방법은 한 사람의 그림에 한 장의 분석 규준표를 사용하여 137개의 관점에서 차례대로 남녀 인물상에 대해 각각 같은 방법으로 채점을 한다. 분석 규준표에 의해 각 인물의 체크를 합한 총계를 문제지표라고 하며 지표가 높을수록 성격에 어려움이 많이 있을 수 있다는 것을 의미한다. 분석표에 의해서 체크된 것을 세어보면 그 총계가 어떠한 의미에서 간에 그 총계는 문제의 정도를 의미하게 되며, 각 상징적 부호의 총계는 그 사람의 성격의 상이 된다. 진단의 보완으로서 질문지에 의한 보충자료와 생활력 및 가정환경에 대한 자료를 통해 피검자의 성격을 더욱 정확하게 이해할 수 있게 된다.

## 6. 구디너프와 해리스(Goodenough & Harris)의 인지 성숙도 분석 규준

인물 그림에 나타난 세부 묘사의 정도를 통해서 표현성의 측정과 아동의 개념 형성 능력을 측정할 수 있다. 채점 방법은 아래 지표에서 각 항목의 내용이 있으면 1점, 없으면 0점으로 채점한다. 이 책에서 소개되는 척도의 내용은 Goodenough & Harris의 인물화 검사를 김재은(외 2인)이 우리나라 실정에 맞도록 개정한 것으로 여기에서는 독자들의 이해를 돕기 위해 척도의 항목만 제시하였다. 더욱 구체적인 내용은 김재은(1997)의 간편 지능검사를 참고하기 바란다.

### 1) 남자그림 척도

| | | |
|---|---|---|
| 1. 머리 | 25. 엄지손가락의 분화 | 42. 동체(胴體) |
| 2. 목 | 26. 손 | 43. 동체의 비율:평균적 |
| 3. 목: 평면 | 27. 손목 또는 발목 | 44. 비율: 머리와 동체 |
| 4. 눈 | 28. 팔 | 45. 비율: 얼굴 |
| 5. 눈의 세부: 눈썹 | 29. 어깨 Ⅰ | 46. 비율: 팔과 동체 |
| 6. 눈의 세부: 눈동자 | 23. 정확한 수의 손가락 | 47. 비율: 팔 |
| 7. 눈의 세부: 비율 | 24. 손가락의 정확한 세부 | 48. 비율: 다리와 동체 |
| 8. 눈의 세부: 응시 | 25. 엄지손가락의 분화 | 49. 비율: 팔, 다리>손, 발 |
| 9. 코 | 26. 손 | 50. 옷Ⅰ |
| 10. 코: 평면 (평면의 느낌이 나도록 그린 것) | 27. 손목 또는 발목 | 51. 옷Ⅱ |
| 11. 입 | 28. 팔 | 52. 옷Ⅲ |
| 12. 입술: 평면 | 29. 어깨 Ⅰ | 53. 옷Ⅳ |
| 13. 턱과 이마 | 30. 어깨 Ⅱ | 53. 옷Ⅳ |
| 14. 턱의 돌출 | 31. 옆으로 내리거나 운동하고 있는 팔 | 54. 측면화 (옆을 보고 있는 모습) |
| 15. 턱의 선 | 32. 다리 | 55. 운동조정: 선과 연결 |
| 16. 콧날 | 33. 엉덩이 Ⅰ (가랑이) | 56. 세련된 선과 형태: 머리 윤곽 |
| 17. 머리카락 Ⅰ | 34. 엉덩이 Ⅱ | 57. 세련된 선과 형태: 동채 |
| 18. 머리카락 Ⅱ | 35. 무릎관절 | 58. 세련된 선과 형태: 얼굴의 모양 |
| 19. 머리카락 Ⅲ | 36. 발 Ⅰ | 59. 스케치 및 실체감 표현의 기법 |
| 20. 귀 | 37. 발 Ⅱ:비율 | 60. 팔과 다리의 운동 |
| 21. 귀: 비율과 위치 | 38. 발Ⅲ: 뒷꿈치 | |
| 22. 손가락 | 39. 발 Ⅳ: 원근법 | |
| 23. 정확한 수의 손가락 | 40. 팔, 다리 달린 것 Ⅰ | |
| 24. 손가락의 정확한 세부 | 41. 팔, 다리 달린 것 Ⅱ | |

### 2) 여자그림척도

| | | |
|---|---|---|
| 1. 머리<br>2. 목<br>3. 목: 평면<br>4. 눈<br>5. 눈의 세부: 눈썹<br>6. 눈의 세부: 눈동자<br>7. 눈의 세부: 비율<br>8. 뺨<br>9. 코<br>10. 코: 평면(평면의 느낌이 나도록 그린 것)<br>11. 콧날<br>12. 콧구멍<br>13. 입<br>14. 입술: 면<br>15. 화장한 입술<br>16. 턱과 이마<br>17. 턱과 선<br>18. 머리카락 Ⅰ<br>19. 머리카락 Ⅱ<br>20. 머리카락 Ⅲ<br>21. 팔<br>22. 어깨 | 23. 옆으로 내리거나 운동하고 있는 팔<br>24. 손가락<br>25. 정확한 수의 손가락<br>26. 손가락의 정확한 세부<br>27. 엄지손가락의 분화<br>28. 손<br>29. 다리<br>30. 엉덩이<br>31. 발Ⅰ<br>32. 발Ⅱ: 비율<br>33. 발Ⅲ: 세부<br>34. 신발Ⅰ: 여성적<br>35. 그림에 적합한 발의 방향<br>36. 팔 다리의 달림Ⅰ<br>37. 팔 다리의 달림Ⅱ<br>38. 옷<br>39. 소매Ⅰ<br>40. 소매Ⅱ<br>41. 목둘레 선Ⅰ<br>42. 목둘레 선Ⅱ: 칼라<br>43. 허리Ⅰ | 44. 허리Ⅱ<br>45. 주름이나 옷감을 묘사한 치마<br>46. 옷을 통해 비쳐 보이지 않는 점<br>47. 여성적인 옷<br>48. 완전히 조화를 이룬 의상<br>49. 동체<br>50. 동체의 비율: 평면<br>51. 머리와 동체의 비율<br>52. 머리: 비율<br>53. 팔 다리: 비율<br>54. 팔과 동체의 비율<br>55. 허리의 위치<br>56. 복장<br>57. 운동조정: 선과 연락<br>58. 세련된 선과 형태: 머리 윤곽<br>59. 세련된 선과 형태: 가슴<br>60. 세련된 선과 형태: 얼굴의 모양 |

## 7. 충동성 지표(Oas)

충동성 지표에서 3개 이상, 비 충동성 지표에서 5개 이상 해당이 되면 임상적으로 의미를 둔다.

### 1) 충동성 지표

| 충동성 | 충동성을 가장 잘 나타내주는 지표 |
|---|---|
| 1. 완성시간 | 각 인물(여자, 남자)을 그리는데 걸리는 전체시간이 5분 이하인 경우 |
| 2. 공격성 | 다음에 제시되는 것 가운데 한 가지 이상이 그림에 나타나는 경우이, 칼, 총, 폭탄, 막대기 형상 인물, 피, 공격적인 움직임의 표현 혹은 곤봉 |

| | |
|---|---|
| 3. 전반적인 질 | Harris(1963) 혹은 Koppitz(1968) 채점체계에 의해 정의된 것으로서 전반적인 그림의 질이 빈약한 경우 |
| 4. 불연속성 | 머리, 몸통, 목, 팔, 다리, 발 가운데 적어도 두 부분에서 정상적으로 연결되어지는 선이 비연속적으로 중복되는 경우 |
| 5. 생략 | 다음의 신체영역이 생략된 경우-머리, 몸통, 목, 손, 팔, 다리, 발, 머리카락, 손가락(만일 손이 등 뒤로 향해 있다면 채점하지 않음). |
| 6. 특별한 생략 | 코, 눈동자, 눈, 그리고 손가락이나 손 가운데 한 가지 이상 생략된 경우 |
| 7. 비율 | 머리, 몸통, 얼굴, 팔, 다리 가운데 적어도 한 부분에서 비율이 적절하지 않는 경우 |
| 8. 크기증가 | 몸통의 높이에 있어서 6인치 너비에 있어서 3인치를 초과하는 경우 |
| 9. 목 | 목이 생략되거나 머리 길이의 2/3보다 더 긴 경우 |
| 10. 자세 | 다리가 신체 중앙선으로부터 45°의 $\frac{1}{2}$이상 기울어진 경우 |
| 11. 어깨 | 어깨가 부적절하게 연결되거나 직각으로 그려지지 않은 경우 |
| 12. 계획성의 부족 | 지면에 그림을 다 그리지 못하여 그림의 일부가 잘리거나, 잘못 그렸을 때 지우지 않고 처음부터 다시 그리는 경우 |

2) 비 충동성 지표

| 비충동성 | 비충동성을 가장 잘 나타내주는 지표 |
|---|---|
| 1. 좌우대칭, 경우 | 그림에 균형감이 있고 팔, 다리, 눈, 귀, 발과 같은 신체상 부분에 있어서 적어도 세 영역에서 좌우대칭을 보이는 균형 |
| 2. 세부묘사 | 다음 항목 가운데 다섯 가지 이상이 표현된 경우-귀걸이, 목걸이, 반지, 팔찌, 브로치, 구두끈, 헤어스타일, 안경, 바지, 벨트, 스카프, 단추, 지퍼, 신발, 양말 |
| 3. 완성시간 | 여성, 남성 그림 모두를 그리는데 8분 이상 걸릴 경우 |
| 4. 위치 | 인물상의 3/4이 종이 2등분선의 하단에 속하는 경우 |
| 5. 스케치 | 팔, 다리, 몸통, 머리와 같은 신체 부분을 그릴 때 스케치 방식을 사용한 경우 |
| 6. 지우기 | 다음의 신체부분들을 완전히 지우고 다시 그리는 경우- 발, 다리, 몸통, 손, 팔, 손가락, 머리, 얼굴, 다른 대상을 잡고 있는 손, 다른 물건들, 혹은 인물 전체 |

| | |
|---|---|
| 7. 크기 | 머리에서 발까지의 길이가 4인치보다 작거나 토르소(torso) 너비 길이가 2인치보다 짧은 경우 |
| 8. 성별을 그린순서 | 피검자와 반대성의 사람을 먼저 그린 경우 |
| 9.눈을 강조 | 다음의 내용 가운데 두 가지 이상이 표현된 경우-안경, 눈썹, 속눈썹, 큰 눈, 각막 세부묘사, 음영이 있는 눈, 눈동자 |
| 10. 오른쪽으로 치우친 그림 | 그림의 중앙선이 종이의 중앙선에서 1인치 이상 오른쪽으로 치우친 경우 |
| 11. 조망 | 옆모습을 그리거나 뒷모습을 그린 경우 |
| 12. 입의 세부묘사 | 아랫입술과 윗입술을 2차원적으로 묘사한 경우 |
| 13. 음영 | 다음의 신체부위를 2번 이상 표현하거나 옷의 색을 칠하기 위해 음영을 사용하는 경우-발, 손, 몸통, 팔, 눈, 입, 다리, 목, 스커트, 바지, 혹은 옷가지 |

## 8. 뇌손상 지표(McLachlan)

다섯 항목 가운데 전혀 해당되지 않으면 0점, 하나라도 해당되면 1점, 남녀 모두 해당되면 2점으로 채점을 하면 된다. 7점 이상이 되면 뇌손상으로 진단할 수 있다.

| 항 목 | 내 용 |
|---|---|
| 1. 인물상의 불균형 | |
| 2. 주요세부 묘사의 생략 | 머리, 눈, 코, 입, 귀, 혹은 머리카락; 신체 - 팔, 다리 혹은 상체(torso); 사지-발, 손, 손가락(만일 손이 등 뒤로 그려져 있다면 채점하지 않음) |
| 3. 전체적인 신체 왜곡 | 사각형 혹은 배 모양의 신체, 대칭성의 결핍, 팔보다 짧은 다리, 팔과 다리크기의 불일치, 불록한 배 등 |
| 4. 빈약한 통합 | 상체와 팔, 다리, 목, 머리의 전체적인 통합이 빈약, 잘못된 위치에 한 줄로 붙은 팔, 신체부분들 위치가 부적절 |
| 5. 손 운동 기술의 부족 | 1/4인치 이상 직선이 휘거나, 혹은 사선으로 처리된 선, 들쭉날쭉한 선 |

## 9. 부적응 지표(Magnolia & Classer)

| 항목 | 내 용 |
|---|---|
| 1. 생략 | 그림에서 의미 있는 세부묘사가 생략된 경우(눈, 입, 팔, 다리, 발 등) |
| 2. 투명성 | 신체부분들이 옷이나 팔, 다리, 옷을 통과하여 보이거나 심장 등 장기들이 표현된 경우 |
| 3. 왜곡 | 신체부분들이 매우 부적절한 비율로 그려지거나 (지나치게 크고 긴 팔, 지나치게 작은 머리 등), 신체부분들이 적절히 연결되어 있지 않거나, 잘못된 영역에 연결되어 있는 경우(팔이 몸통 중간에 연결됨) |
| 4. 수직적 불균형 | 인물이 45도 이상 기울어진 형태로 그려진 경우 |
| 5. 머리의 단순화 | 머리가 과도하게 단순한 형태로 그려진 경우 |
| 6. 신체 단순화 | 신체를 과도하게 단순한 형태로 그린 경우 |
| 7. 전반적인 수준의 빈약함 | 묘사의 정확성이나 예술적 수준과 같은 그림의 전반적인 적인 질, 세부묘사와 관련된다. 인상에 근거하여 9점 척도상에서 채점(1점-빈약함, 9점-우수함) |
| 8. 성별의 변별 | 여성의 특성 혹은 남성의 특성이 명확히 드러나는지를 알아보는 것으로 9점 척도상에서 평가(1점-성별특징이 모호함. 9점-명확함) |
| 9. 성적표현 | 성과 관련된 세부묘사의 정도(가슴, 성기, 과도한 화장 등) |

## 10. 정서장애 지표(Koppitz, 1968)

건강한 아동의 경우 6% 미만에서 나타나야 하며, 그 이상의 경우에는 임상적 의미가 있다고 보아야 함.

| 인물화의 질적 지표 |
|---|
| • 신체 정서 지표 부분들의 통합이 빈약함: 하나 이상의 부분들이 나머지 사람 그림과 연결되어 있지 않음. 부분들이 하나의 선으로만 연결되어 있음. 거의 닿아 있지 않음 |
| • 얼굴의 음영: 전체 얼굴이나 부분의 음영. 주근깨나 홍반 포함. 가벼운 음영이나 피부색 깔을 표현하기 위한 것은 해당되지 않음 |

| |
|---|
| • 손이나 목의 음영 |
| • 팔과 다리의 불균형: 한쪽 팔이나 다리가 다른 쪽과 확연히 다름. 팔이나 다리가 비슷한 형태인데 크기만 조금 다른 경우는 해당되지 않음 |
| • 기울어진 인물 : 인물상의 수직 축이 15도 이상 기울어져 있음 |
| • 작은 인물 : 2인치 이하의 크기 |
| • 큰 인물 : 9인치 이상의 크기 |
| • 투명성: 몸통이나 사지의 중요한 부분(예를 들면, 배꼽, 성기, 갈비뼈, 등)이 비치게 그려진 경우, 밑에서 하나 이상의 선이 몸을 가로지르는 경우는 해당되지 않음 |

| 임상적 특징 | |
|---|---|
| 작은 머리 | 머리의 길이가 전체 그림의 1/10에 미치지 못함 |
| 눈 | 열십자로 그린 눈(예, ++) 또는 눈동자가 일치하지 않을 눈 |
| 이 | 이가 드러나는 그림 |
| 짧은 팔 | 팔이 허리선까지 닿지 않을 정도로 짧음 |
| 긴 팔 | 팔이 무릎 아래로 닿을 정도로 김 |
| 팔이 몸의 양쪽에 붙어 있음 | 몸과 팔 사이에 공간이 없음 |
| 큰 손 | 손이 얼굴만큼 큼 |
| 손이 잘려져 나갔음 | 팔에 손이나 손가락이 없음. 손이 등 뒤에 숨겨져 있거나 주머니 속에 들어있는 경우는 해당되지 않음 |
| 다리가 함께 겹쳐서 포개져 있음 | 두 다리가 공간이 없이 붙어있음. 하나의 다리만 그린 것 같음 |
| 성기 | 성기를 그리거나 상징적으로 표현 |
| 괴물이나 귀신 그림 | 사람이 아닌 그림. 우스꽝스러운 사람 그림 |
| 세 명 이상의 인물 그림 | 서로 상관이 없거나 의미있는 활동에 관여하지 않는 사람들을 그림. 한 사람만을 그리라고 반복적으로 지시해도 여러 명을 그림. 가족 내의 남자와 여자를 그린 경우는 해당되지 않음 |
| 구름 | 구름, 비, 눈, 날으는 새 그림 |

| 생략 | 눈, 코, 입, 몸, 팔, 다리, 발, 목 등이 없음 |
|---|---|
| 눈 없음 | 눈이 전혀 없음. 감은 눈을 그리거나 눈동자가 없는 동그라미를 그린 경우는 해당되지 않음 |
| 코 없음 | 점을 찍어 그린 경우는 해당되지 않음 |
| 입 없음 | 점이나 동그라미를 그린 경우는 해당되지 않음 |
| 몸 없음 | |
| 팔 없음 | |
| 다리 없음 | |
| 발 없음 | |
| 목 없음 | |

# VI. 성격적 특성과 관련된 HTP 표현양식

## 1. 욕구와 관련된 HTP 표현양식

| | 성취 욕구 | 의존 욕구 | 안정 욕구 |
|---|---|---|---|
| 위치 형태 | 용지 윗부분에 그림 | • 지면의 선이 비탈을 이루며 한쪽 면이 내려가 있는 것은 어머니에 대한 의존욕구<br>• 곡선의 획 내용 | • 순서를 무계획적으로 그린 경우 불안과 관련<br>• 지면의 선은 안정을 구하는 것으로 표현되나, 불안 대상에 대한 안정성을 부여하려는 욕구도 있다. |
| 집 | • 크고 좋아보이는 집<br>• 수직형으로 그림 | • 큰 출입문은 타인에 대한 의존욕구<br>• 나무가 집을 가림 | • 지면이나 기저선에서부터 그린 그림은 불안감 표현 |

| | 성취 욕구 | 의존 욕구 | 안정 욕구 |
|---|---|---|---|
| | | • 식당, 요리, 굴뚝 강조<br>• 부가적 사물을 그려 냄. | • 창문을 벽 끝에 그리고 창문의 한 선이 벽선과 함께 그린 것은 안정 욕구<br>• 용지의 하단을 집 벽의 한 선으로 사용한 것은 불안정감의 표현 |
| 나무 | • 성취욕구: 나뭇가지가 현저하게 위로 뻗어있고, 밖으로 두드러지게 뻗어있음.<br>• 성취욕구상실: 분재<br>• 윗부분이 꺾어진 줄기는 성취욕구 상실과 관련<br>• 수관이 큰 것은 강한 성취를 나타냄 | • 나무를 배경으로 산을 상세히 그리는 경우<br>• 과일나무<br>• 태양에 닿을 듯한 나뭇가지. 부모 또는 권위자에 대한 충족되지 않은 애정욕구<br>• 크리스마스트리는 퇴행과 의존욕구 | • 나무그림의 줄기가 작고, 뿌리 강조는 불안정감 과 관련<br>• 받침이 있는 나무와 분재는 자주성 결여와 불안정감과 관련됨 |
| 사람 | • 머리가 크다(정신지체, 뇌 기질 장애 아닌 경우)<br><br>• 팔이 길거나 근육이 두드러진 것은 성취욕구와 신체적 강인함을 달성하려는 보상욕구 | • 가슴을 강조한 것은 모성에 대한 의존욕구와 관련 될 수 있음<br><br>• 목의 길이가 성차에 다르게 표현하고 여성상의 목이 긴 것은 의존 욕구<br>• 가운데가 쑥 들어간 입, 반원형의 입은 수동적인 의존욕구<br>• 단추, 주머니 강조. 중앙의 선을 강조함은 의존욕구 | • 한쪽다리를 들고있는 인물상을 반복 표현하는 경우 불안정감의 반영으로 볼 수 있음 |

## 2. 성격특성과 관련된 HTP 표현양식

| | 성 향 | 경 직 | 회 피 성 | 거 부 감 |
|---|---|---|---|---|
| 위치, 형태 | • 그림의 중심을 용지 왼쪽에 그린 경우는 충동적 행동과 욕구에 대해 직접 또는 솔직히 만족시키려는 경향<br>• 그림의 중심을 용지 오른쪽에 그린 경우는 충동, 욕구를 통제하려는 정서적인면보다는 지적인면 중시하는 경향 | • 사소한 것을 지나치게 자세히 그림<br>• 지나친 직선을 사용<br>• 적당히 지우고 고쳐 그림은 가소성<br>• 타원형의 선, 운동을 나타내는 것은 가소성 | • 용지 귀퉁이에 배치<br>• 유난히 작게 그린 경우<br>• 같은 부분을 되풀이해서 그림 | • 검사태도에서 그리지 않거나 용지를 회전시켜 그린 경우<br>• 불충분한 그림을 지우지 않고 그대로 두거나 용지 이 외의 곳을 고쳐 그린 경우<br>• 아무렇게나 그리며, 자세히 그리지 않음<br>• 작은 태양 |
| 집 | • 문을 표현하지 않는 경우 정서적으로 냉정한 성향.<br>• 개인주택 이외의 집그림은 갈등의 경향성 반영<br>• 너무 높은 집은 가정내 불안경향<br>• 너무 큰집은 자기를 드러내고 싶은 욕구 반영<br>• 길고 얇은집은 감정적 장애와 연관되며 보편적이지 못한 집은 신경증의 경향성과 관련 | • 기와를 하나씩 자세히 그린 경우<br>• 문이 없거나 손잡이가 없는 문<br>• 집주변에 울타리를 그리거나 외부와의 경계를 만든 경우<br>• 굴뚝의 선이 지나치게 굵은 경우 내적 긴장을 반영 | • 돌출된 처마의 강조는 도치적, 방어적<br>• 낙수받이는 도피, 방어를 나타냄<br>• 정면을 그리고서 전혀 입체감이 없는것은 도피경향<br>• 창문이 없거나, 브 라인더나 커튼이 있는 창문은 도피경향 및 움츠러드는 성격<br>• 출입문이 없거나 창문보다 작은 문. 격자창이 달린 출입문 | • 밑에서 쳐다보는 집<br>• 조감도는 가정환경의 거부와 관련<br>• 오두막집 그림은 가족으로부터 거부당한 느낌 |

| | 성향 | 경직 | 회피성 | 거부감 |
|---|---|---|---|---|
| 나무 | • 그림위치와 같은 의미이나 전체 의미보다는 약함 | • 잎을 하나씩 상세하게 그린 경우<br>• 가지가 곧고 똑바로 굽거나 흔들리지 않은 나무그림 특히 만족을 구하는 활동에 있어서의 경직성과 관련됨 | • 버드나무처럼 아래로 처진 나무<br>• 고목은 움츠러드는 성향<br>• 나무줄기 좌측에만 음영을 칠한 경우는 움츠러드는 경향성을 반영 | • 과일이 떨어지는 나무는 가족으로부터 거부감과 관련 |
| 사람 | • 지나치게 작은 머리는 강박성향<br>• 신체의 가장 마지막에 머리그림은 의존성향<br>• 머리카락이 없는 경우 심각한 의존성향 가능<br>• 목과 몸통이 긴 경우 분열성향 | • 머리카락, 단추 등 한 부분을 지나치게 세밀하게 그린 경우<br>• 양면에 빳빳하게 편 팔을 그린 경우<br>• 굳은 표정의 인물화 | • 막대모양 인물<br>• 인물화의 일부분이 옆으로 향함.<br>• 뒷모습은 강한 도피 경향<br>• 눈, 코, 입 생략은 현실 접촉을 피하고 움츠러드는 경향<br>• 손, 팔의 생략<br>• 몸의 윤곽만 그린 경우 | • 뒷모습의 인물화<br>• 회전하는 인물로 표현<br>• 안경이나 모자 등으로 얼굴을 가린 경우 |

### 3. 적응문제와 관련된 HTP 표현양식

| | 위치, 형태 | 집 | 나무 | 사람 |
|---|---|---|---|---|
| 적절한 적응 | • 적응적인 상황에서는 치우치있거나 한쪽으로 기울어지지 않고 중심에 안정된 공간을 차지한 그림을 표현함 | • 적당한 크기와 적당한 수의 출입문과 창문은 타인과 적절한 교류를 가진 사람 | • 가지의 갈라짐이 적당하게 표현된 나무는 적응을 나타냄 | • 자유로이 가소성을 가지고 그리며 어떤 부위를 특별히 강조하지 않은 인물화는 적절한 적응 |

| | 위치, 형태 | 집 | 나 무 | 사 람 |
|---|---|---|---|---|
| | •안정되고 보편적인 형태의 그림표현<br>•관계가 있는 공간 형성 | •커튼이나 브라인더로 가려있지 않은 집<br>•큰 출입문이나 열려진 출입문과 통하는 길이 있는 경우 적절한 사회성을 나타냄 | | |
| 적의와 공격성 | •용지를 벗어나거나 지나치게 큰 그림은 제한된 환경으로 인한 욕구불만, 적의, 공격적인 반응을 나타낸다.<br>•주어진 위치를 거부하고 회전시켜 그린 경우는 거부와 적의표현<br>•강한 필압의 선과 날카로운 각이 두드러지는 것은 공격성을 나타냄 | •창문이 없는 경우 거부와 적의와 관련됨<br>•무너진 집은 가정에 대한 적의와 불안정감 의미<br>•처마는 가정으로부터의 거부와 관계<br>•처마의 그림자는 시기심과 경계관련<br>•하수구는 방어와 의심관련 | •열쇠구멍 같은 나무는 강한 적의<br>•곤봉과 같은 가지, 날카롭고 뾰족한 가지와 잎 등이 나무의 다른 부분과 잘 조합되지 않은 경우 강한 적의 표현과 관련<br>•갈쿠리 모양의 뿌리 | •상처 입은 인물<br>•두드러진 이빨, 일자로 날카롭게 표현된 입은 공격 경향<br>•큰 콧구멍을 강조함은 공격성<br>•각이진 어깨는 과도한 방어와 적의<br>•날카롭고 뾰족한 손가락, 발가락<br>•주먹 쥔 손, 주먹을 들어올려 사람을 위협하는 인물은 공격성과 적의 표현<br>•손을 허리에 대고 있는 인물화는 적의와 회의감<br>•머리카락 모양에 주의를 기울여 그리면서 전혀 음영을 칠하지 않음은 적의 있는 공상과 관련 |
| 무력감과 열등감 | •크기가 작고 필압이 약한 그림은 무력감과 관련 | •지붕이 망가지고 금이간 집은 무력감과 관련<br>•밑에서 쳐다보는 것 같은 집 | •쓰러질 듯한 나무 음영이 진 큰 나무는 권위적 인물에 대한 무력감과 의존욕구 | •작은 어깨와 몸통의 인물화는 열등감과 무력감<br>•배우나 운동선수가 군중과 함께 등장 |

| | 위치, 형태 | 집 | 나 무 | 사 람 |
|---|---|---|---|---|
| | • 큰 태양을 그리는 것은 권위적 인물에 대한 무력감과 그에 대한 과도한 관심 표현 | • 작은 출입문이 있는 집은 무력감 표현<br>• 계단의 일차원적인 그림<br>• 굴뚝의 선이 지나치게 가는 경우 가족관계의 무력함과 열등의식 | • 줄기가 작은 데도 현저하게 큰 가지를 그리는 것은 무력감과 환경으로부터의 불만족감 표현<br>• 현저하게 작은 가지와 큰 잎, 아래도 쳐진 가지는 무력감<br>• 고목도 무력감 표현 | • 보통지능 이상의 사람의 팔이 없는 그림, 손과 팔이 다른 부분보다 현저히 짧은 것은 무력감의 표현<br>• 힘없이 늘어진 팔<br>• 용지하단에서 다리가 절단, 작은 발을 그린 경우 |
| 자기확대 | • 크기가 큰 그림은 자기확대 경향을 나타낸다.<br>• 필압이 강하고 진한 선을 사용하는 경우 자기주장이 강한 사람 | • 용지를 꽉 채울만큼 크게 그린 집<br>• 굴뚝 강조시 자기확대 또는 독립욕구 반영 | • 큰 나무줄기<br>• 수관에 잎을 그림<br>• 나무에 꽃을 그림은 자기주장<br>• 청년의 그림에서 과일나무<br>• 처음에 수관을 그리는 경우 겉치레의 허식을 구하는 사람에 많다. | • 넓은 어깨<br>• 턱을 강조 |
| 성격의 불균형 | • 윤곽선을 다른 선보다 강하고 진하게 그리는 것은 성격의 평형을 유지하기 곤란함을 표현하며 불안과 불쾌감을 안고 있음을 나타냄.<br>• 현저한 음영이나 이중선으로 그린 윤곽선이나 경계선도 마찬가지 의미. | • 가옥이 넘어지는 것처럼 그린 경우 성격의 평형 상실 경향<br>• 창이 가늘고 많은 경우 가정 환경과의 성격적 부조화 또는 불안요소<br>• 화면 양쪽에 몰린 집그림은 자기 통제력이 약하고 균형 상실 가능 | • 가옥그림과 같음<br>• 비현실적 대칭의 가지 또는 지나친 대칭<br>• 쓰러질듯한 기울기<br>• 줄기의 윤곽이 지나치게 강조<br>• 위로 갈수록 굵은 줄기 등 | • 신체부위가 흩어져 있거나 질서가 없고 기괴한 모습으로 표현<br>• 코와 담배 또는 넥타이 강조시 성적 불균형 가능<br>• 머리와 어깨 강조시 망상 표현<br>• 표정이 딱딱한 경우는 불열적 성격과 관련될 수 있으며 지나치게 쾌활한 눈에 띄는 표정은 히스테리성 성격과 관련 |

## 4. 품행장애와 관련된 HTP 표현양식

### 1) 품행장애와 관련된 HTP 표현양식

| | 품행장애의 임상적 표현 |
|---|---|
| 형태 | •큰 그림은 자기 확대적 의미로서 부정적 힘의 주장과 관련<br>•그림이 용지를 벗어나 절단된 경우는 통찰력 부족, 일상생활에서의 일탈<br>•필압이 강하고 진함<br>•연필을 비스듬히 쥐고 희미하고 넓은 스케치 풍의 선<br>•진한 음영이 많은 경우는 불안이 강하고 인생관에 대해 암담함을 반영 |
| 집 | •창문이 없는 경우는 환경과 원활한 관계가 안 됨을반영<br>•주제에 비해 지나치게 작은 집은 가정에 대한 애착 문제 가능<br>•처마를 강조한 경우 타인에 대한 경계심을 시사함 |
| 나무 | •풍경 속의 나무를 많이 그림<br>•가지 끝을 예리한 창끝처럼 그림 |
| 사람 | •머리카락을 검게 칠한 경우 자신이 공상하는 것에 대한 불안<br>•4등신 이상의 머리가 큰 인물화는 정서의 미숙, 퇴행 관련<br>•목이 없는 인물은 충동 억제의 어려움 시사<br>•넥타이의 강조는 인간관계에서의 자기 현시, 성적 갈등을 시사<br>•불균형적인 눈은 강한 시기심과 관련<br>•양손 또는 한 손을 뒤로 감춘 경우는 죄책감 또는 타인에 대한 비협조와 관련 |

### 2) 성 문제와 관련된 HTP 표현양식

| | 성과 관련된 임상적 표현 |
|---|---|
| 형태 | •굴뚝, 가지와 같은 나무의 돌출부, 코나 손가락 등의 돌출부를 계속 지우거나 고쳐 그리는 경우는 남성 생식기를 중심으로 한 성에 대한 갈등 상징<br>•창문, 나무줄기의 구멍 등을 끊임없이 지우거나 고쳐 그리는 경우는 여성 생식기를 중심으로 한 성에 대한 갈등 반영<br>•돌출부의 생략은 관련된 성에 대한 관심을 나타내기도 함 |
| 집 | •어울리지 않는 굴뚝, 2개 이상의 굴뚝, 남근형태의 굴뚝은 성에 대한 관심, 갈등, 거세감정에 대한 부적응감 |

| | |
|---|---|
| | • 벽을 통해 보이는 굴뚝은 성에 대한 죄의식, 타인이 그 죄의식의 원인을 알고 있다는 느낌 표현<br>• 큰 굴뚝, 출입문이 열린 상태로 노출된 경우 성적 노출경향<br>• 수직선으로 2분된 창문, 삼각형의 창문은 성에 대한 강한 관심 또는 여성 상징<br>• 유리가 없는 창문은 구순적 또는 항문적 성욕에 대한 관심을 반영<br>• 낙수받침의 강조는 남녀의 생식기에 대한 관심, 요도성애의 가능성<br>• 손잡이 강조는 남자성기에 대한 관심 |
| 나무 | • 수관과 줄기를 생식기처럼 그리거나 줄기의 상흔이나 구멍을 면밀하게 그린 경우 성에 대한 관심과 갈등<br>• 고목은 성범죄자들에게서 흔히 나타날 수 있음 |
| 사람 | • 허리선 강조는 성충동의 표현과 지적 통제 사이의 갈등<br>• 허리띠는 성적 관심의 억제와 관련<br>• 허리아래를 생략한 표현은 성에 대한 갈등을 반영<br>• 과장된 유방, 엉덩이, 다리의 표현은 성적 관심 반영<br>• 다리를 교차한 인물의 표현은 성에 대한 경계심, 방어적 태도와 관련됨<br>• 넥타이에 진한 음영은 성에 대한 부적응감 시사<br>• 귀걸이는 성에 대한 노출 경향 |

## 5. 정신분열 문제와 관련된 HTP 표현양식

| | 정신 분열과 관련 임상적 표현 |
|---|---|
| 형태 | • 단조롭고 전체구성에 통일성이 없다.<br>• 간단한 도형에 상징적 의미, 지나친 공상<br>• 정해진 곡선형과 둥근형, 각진선 등이 상동적으로 반복되고 유사함.<br>• 성적인 면 강조<br>• 일반적으로 보이지 않는 것을 보이는 것처럼 그림(현실부정) |
| 집 | • 성인 그림에 꽃, 풀을 그림은 퇴행 관련<br>• 지붕만 있는 집은 공상세계에 있음을 나타냄<br>• 창의 위치가 벽면에 따라서 달라지거나 창의 구조가 같은 층이나 같은 벽에서도 다르게 표현된 경우는 통합력 상실<br>• 집의 세부분의 벽이 동시에 보이고 특히 중앙의 벽에 아무것도 그리지 않은 것은 논리성의 상실문제를 반영<br>• 원근법의 상실이 보이며 입체감, 깊이가 없어 보이는 집은 음성증상과 관련하여 대인관계, 환경에 대한 흥미상실 반영 |

| | |
|---|---|
| | • 지붕이 없거나 벽이 무너져 있거나, 벽의 기초선이 없는 것은 환경과 내면으로부터의 압력으로 인한 긴장감 표현<br>• 연기가 좌우로 흐름은 현실 무시<br>• 진한 연기와 다량의 연기는 격렬한 마음의 긴장 반영 |
| 나무 | • 쓰러질 것 같은 나무, 말라죽은 나무는 현실접촉의 상실<br>• 뿌리의 강한 표현은 현실접촉의 부적절한 표현과 관련<br>• 뿌리가 지나치게 희미한 선으로 그려지고, 지면에 겨우 의존해 있는 것 같은 표현은 현실접촉의 결핍 시사<br>• 지면에 들어난 뿌리를 강조한 것은 보상적으로 현실과 접촉하려는 강한 욕구 표현 |
| 사람 | • 그림자의 윤곽만 그리고 음영은 없는 그림자는 사고의 기괴한 분열적 특성과 관련함<br>• 얼굴, 손, 팔, 발 등의 주요부분이 생략된 경우는 현실을 무시한 자폐적 사고와 관련<br>• 목과 몸통이 길고 가는 것은 분열성격에 많음<br>• 날개 같은 팔은 성인의 경우 퇴행<br>• 신체의 근육을 강조하고 의복을 그리지 않음은 눈을 감거나 눈동자 없는 얼굴과 같은 경우로 자기애가 강하고 자기에 몰두됨을 시사함<br>• 생식기를 자세하게 표현하는 경우는 사회규범의 무시 또는 인격의 붕괴와 관련<br>• 발끝으로 선 인물상, 쓰러질 것 같은 인물상의 표현은 현실접촉 상실<br>• 옆얼굴이면서 2개의 눈과 입, 코가 중앙에 그려진 경우는 현실감각 상실<br>• 머리로부터 나온 팔, 다리 표현은 정신분열 또는 지체에서 흔히 나타남 |

## 6. 우울과 관련된 HTP 표현양식

| | 우울과 관련된 임상적 표현 |
|---|---|
| 위치와 형태 | • 용지 아래쪽에 그림<br>• 크기가 작음<br>• 자세하지 않고 약한 선의 사용<br>• 대칭성 강조 |
| 집 | • 작고 공허한 느낌<br>• 한 면의 벽만 있는 집<br>• 조감도의 집 |

| | |
|---|---|
| | •집 그림에 석양 그림<br>•침실 강조 |
| 나무 | •정신지체의 의심이 없는데도 한 개의 선으로 된 줄기<br>•고목나무<br>•잎이 없고 몇 개의 가지만 있음<br>•나무그림에 석양을 그림<br>•가지가 아래로 쳐져 있는 나무 |
| 사람 | •의자나 무언가에 기대어 앉아있는 인물<br>•검은 의복을 입은 사람<br>•팔, 다리 생략 |

## 7. 신경증과 관련된 HTP 표현양식

| | 불안 신경증 | 강박 신경증 | 외상 관련 신경증 |
|---|---|---|---|
| 위치와 형태 | • 그림의 크기가 너무 작거나 지나치게 큰 경우도 불안관련<br>• 희미한 선, 지우개의 잦은 사용, 필압이 강한 선<br>• 주제에 관계가 없는 부분에도 과도하게 상세히 그리거나, 필수부분을 생략<br>• 진한 음영<br>• 일부분만 진한 음영의 경우는 그 부분이 상징하는 것에 불안<br>• 용지의 왼쪽 상부에 위치한 그림<br>• 대칭성 강조 | • 그림의 상하좌우의 대칭과 균형에 집중<br>• 작은 부분을 주의 깊게 그리고 상세하며 수식이 많은 경우<br>• 대칭성 강조 | • 부적절한<br>• 빈약한 신체 이미지<br>• 형태를 이해할 수 없는 네모 또는 세모 등의 도형적 형태와 선으로 그려냄 |

| | 불안 신경증 | 강박 신경증 | 외상 관련 신경증 |
|---|---|---|---|
| 집 | • 지붕의 윤곽을 반복 그림<br>• 가옥화에 수풀을 그림<br>• 높은 집 | • 강한 테두리가 있는 창과 커튼으로 가려진 창문<br>• 차양 등을 세밀하게 표현 | • 부서진 창문<br>• 아래로 쳐진 차양<br>• 지붕이 없는 집 |
| 나무 | • 줄기를 검게 칠하여 표현<br>• 나무를 그리고 다시 지면의 선을 그리는 경우이며 처음에는 침착한 듯 하나 곧 불안해지는 경향성을 반영<br>• 줄기에 비해 뿌리가 작은 경우 미래에 대한 불안 반영<br>• 가지가 줄기보다 굵을 때 내적불안을 감추고 있음 반영<br>• 나무그림자 강조시 불안정한 기분 표현 | • 잎이 몇 개이든 매우 세밀하게 그림<br>• 가지가 외부로 뻗어 있지 않고 줄기 편으로 향함<br>• 대칭형의 나무 가지 | • 꺾어지고, 굽어지고, 비뚤어진 가지<br>• 옹이구멍<br>• 그루터기<br>• 줄기에 텅빈 구멍, 줄기 왼쪽에 찍히거나 패인 것처럼 그리고, 보통의 줄기에 선으로 된 가지는 최근의 심리적 외상과 관련<br>• 줄기의 폭이 일정치 않은 경우에 폭이 넓은 곳은 풍 부하게 발달된 시기와 연관되며, 갑자기 폭이 좁아진 곳은 어려운 시기 |
| 사람 | • 머리카락을 검게 칠함<br>• 손에 검은 음영<br>• 신체 부분의 왜곡 또는 생략<br>• 배우나 운동선수가 군중과 있을 때는 주의집중욕구와 열등감과 불안 심리 반영 | • 머리를 작게 그리는 경우<br>• 다리를 두드러지게 자세하게 그리는 경우 여성의 강한 강박성을 나타내며, 관절까지 그리는 경우도 강박성향과 관련<br>• 단추의 세부적인 묘사 | • 상처가 있는 인물, 비뚤어진 손과 발의 경우는 외상이 현재에도 존재함을 반영함<br>• 인물상의 어느 곳에 이해할 수 없을 정도로 극단적인 왜곡은 현실검증의 장애를 시사함 |

## VII. HTP 그림 검사의 임상적 활용

**사례 1 : 주의력 결핍 과잉 행동을 보이는 아동의 HTP**

사례의 피검자는 9세 남아로서 6세경부터 산만한 행동을 보이기 시작했고 초등학교에 입학하면서 분리불안을 나타내고 킁킁거리는 음성 틱과 눈깜박임과 손톱을 물어뜯는 행동들이 심하여 소아정신과를 찾게 되었다. 검사결과 ADHD진단을 받고 1년 정도 약물치료와 놀이치료를 받아 왔다. 전체 지능 100정도로 보통 수준에 해당되며 공상이 많은 이 아동은 필자에게서 개별미술치료를 1년 이상 받았으며 그 과정에서 구체적인 부모 교육이 있었고 치료과정에서 드러난 부모 자신의 문제와 가족치료 개입이 있었다. 치료 1년이 되면서 아직은 다소 산만성이 있지만 불안이 감소되면서 전반적인 증상이 사라졌고 학교생활에 적응할 수 있게 되었으며 1년 이상 재발증상은 보이지 않고 있다. [그림 55]에서 [그림 70]까지는 피검자의 초기 HTP와 종결시의 HTP를 비교한 것이다.

**···· 치료전 ····**

집 그림 [ 그림 55 ]

나무 그림 [ 그림 56 ]

남자 그림 [ 그림 57 ]

여자 그림 [ 그림 58 ]

**· · · · 치료후 · · · ·**

집 그림 [ 그림 59 ]

나무 그림 [ 그림 60 ]

남자 그림 [ 그림 61 ]

여자 그림 [ 그림 62 ]

큰 로켓형으로 그려진 집 [그림 55]은 초기 그림이다. 지면이 꽉 찰 만큼 큰 집을 그렸고 많은 굴뚝과 여러 개의 창문을 그린 것을 통해 피검자의 공상세계와 타인으로부터 관심 받고 인정받고 싶은 욕구를 이해할 수 있다. 창살이 빽빽하게 그려져 있고 왼쪽과 위쪽에 치우쳐진 점에서 드러난 증상과 관련된 자기 세계에의 몰두와 관계측면의 불안을 짐작해 볼 수 있겠다.

후기 그림[그림 59]에서는 창문과 굴뚝이 줄어들고 창살문 대신 대문과 계단을 표현하여 안정감을 추구하고자 하는 노력이 엿보이나 공간사용에서 여전히 위쪽에 위치하고 있고 집안 내부가 드러난 집을 그려내어 여전히 불안이 노출되고 있음을 느낄 수 있다.

나무 [그림 56]는 초기 집 그림의 형태와 유사한 느낌을 준다. '이 나무는 날을 수 있고 어느 곳에선가 다른 위성과 충돌하여 어쩌면 나무가 죽을 수도 있다. 아무도 그것을 모른다.' 라고 설명한 부분에서 피검자의 좌절과 우울감을 느낄 수 있다. 옆으로 난 줄기의 나선형 수관은 통제할 수 없는 산만행동과 관련된 것으로 볼 수 있다. 후기 그림[그림 60]에서는 수관을 따라 안으로 표현된 열매(이차적인 증상으로 야뇨증이 있었음과 관련됨)와 줄기의 많은 상흔과 옹이 구멍은 상처적인 양육경험과 관련된 불안정감을 반영하고 있다고 볼 수 있다. 아직은 상처를 없앨 수는 없지만 날으는 나무에서 땅에 뿌리내린 나무로 바뀐 점과 불안정감은 느껴지나 온전한 나무형태를 띄고 있다는 점 등에서 적응의 노력을 짐작해 볼 수 있겠다.

사람 그림 역시 집과 나무그림과 유사한 느낌이다. 날으는 남성상[그림 57]에서 신체 부위를 그리지 못하고 지워버린 점과 목과 어깨 부위를 강조하려한 점과 큰 손 등의 표현에서 피검자의 충동성과 낮은 자존감, 불안정성을 그대로 보여주고 있는 것 같다. 여성상[그림 58]에서도 목을 그리지 못하고 '내가 준비물을 챙기지 못하고 말을 안 들어서 엄마 입에서 불이 일어나려고 한다.' 고 표현한 점에서 피검자 자신의 실패감과 부적절한 행위와 대처 능력의 부족을 나타낸다고 볼 수 있다. 후기 그림의 차이점은 남성상의 크기가 다른 다리와 귀를 막고 있는 모습들에서 여전히 어려움은 노출되고 있으나 전반적인 인물상은 초기에 비해 자연스러운 모습이다.

아동들이 보이는 산만행동이 뇌파의 이상으로 오는 기질성 문제라고 보는 의료적 평가를 배제할 수는 없으나 최근의 연구결과로 보면 심리적인 문제로 오는 심인성 증상으로서의 주의력결핍과 과잉행동을 고려해 본다는 것은 설득력이 있다고 볼 수 있다. ADHD진단을 받은 아동에게 최근에 개발된 약은 주의력을 집중하는데 도움을 주기도 하지만 치료제는 아니다. 가족치료와 교육을 통해 가족과 교사가 아동의 이상행동을 지나치게 억제하지 않고 기다려 주면서 심리치료를 통해 불안감을 줄여주고 정서적 안정을 제공해 주어야 한다. 전체적인 그림을 관찰해 보면 초기그림의 특징은 크고, 날고, 괴이한 부적절한 표현과 공상적 느낌을 주나 후기 그림들에서는 아직까지는 여전히 불안정감이 노출되고 있지만 전반적인 흐름에서 자연스러움을 발견할 수 있다. 예술치료 4개월 만에 증상들은 거의 사라졌고 이후 지속적인 가족 치료와 교사 교육을 통해 학교생활과 또래 관계가 회복되어 치료 1년 만에 종결된 사례이며 지속적인 사후개입에 의해 재발 예방프로그램에 참여 중이다. ADHD에 대한 구체적인 치료과정은 준비 중인 필자의 다음 사례집에서 소개될 것이다.

### 사례 2 : 만성 정신분열증을 앓고 있는 남성의 HTP

사례의 피검자는 초등학교 때부터 적응 문제가 진행되면서 만성적으로 분열증을 앓고 있는 40대의 남성이다. 수년간 약물치료와 입 · 퇴원을 반복하면서 고립된 생활을 해왔다. 피해사고와 강박적 · 편집적 사고를 가지고 있고 망상적인 공상 세계에 몰두되어 있던 피검자는 필자와의 치료 1년 만에 공상 세계를 빠져 나올 수 있었다. 현재 그는 간혹 어려움이 노출되기는 하지만 생애 처음으로 안정된 직장과 만족한 공간에서 생활하고 있다. 구체적인 사례는 사례집에서 소개할 것이므로 어떻게 치료되어 갈 수 있었는지는 다음에 소개하기로 하고 이 책에서는 그림을 제시하므로써 치료 전과 후의 변화를 독자가 비교해 볼 수 있도록 하는데 한정하겠다.

전체적인 그림을 살펴보면 피검자가 얼마나 힘들고 살아 남기 위해 몸부림했는지, 얼마나 깊이 위축되고 자기 세계에 몰두되었던 사람이었는지, 치료를 통해 어떻게 변화되었는지 짐작이 갈 것이다. 초기 그림에 대한 피검자의 설명은 '이 집[그림 63]은 벌집이다. 살아남기 위해 자기 구역을 만들지 않으면 죽을 수 밖에 없다. 나무[그림 64]는 기차가 서지 않은 간이역에 있는 나무이고 매우 외롭다. 이 사람[그림 65]은 큰 바위 얼굴이고 그 속에 한 남자가 있다. 이 여자[그림 66]는 자기보다 엄청나게 큰 쇠똥구리를 굴리며 가져간다. 너무 버거워 보인다.' 피검자의 설명과 그림을 잘 살펴보면 그의 외로움과 고통을 짐작할 수 있다. 필자가 피검자를 처음 만났을 때 그는 분노마저도 표현할 수 없을 만큼 지칠대로 지쳐있었고 세상은 자신을 거부했고 아무도 믿을 수도 없고 암흑일 뿐이라고 했다. 치료 과정은 그림검사에서 드러난 피검자 자신의 상황과 내면의 에너지를 비교해 증명해 보이는 것으로부터 에너지를 발전시켜가는 것으로 연결되었다. 후기의 그림에서 살펴볼 수 있듯이 전체적인 그림의 표현은 놀라울 정도로 바뀌어 있다. 아직은 공허하고 부적절한 모습이 있지만 이해할 수 있는 일반적인 형태를 유지하고 있다는 것에서 그가 얼마나 노력하고 있는지 느낄 수가 있다.

치료과정은 피검자에게 생애 처음으로 인간의 신뢰를 느끼게 하는 과정이었고 자신의 에너지를 발견할 수 있게 했고 반복적으로 부딪히게 되는 불신과 어려움을 이겨낼 수 있는 힘을 갖게 했다. 종결 과정에 그림들의 비교는 피검자로 하여금 자신의 가능성을 재검증하는 기회가 되기도 하였다.

**···· 치료전 ····**

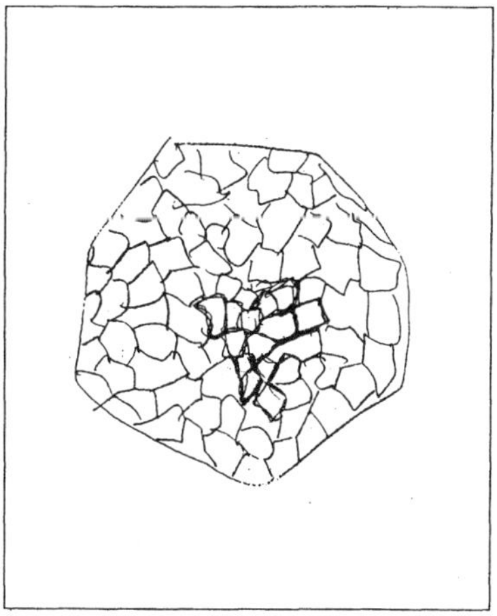

집 그림 [ 그림 63 ]

나무 그림 [ 그림 64 ]

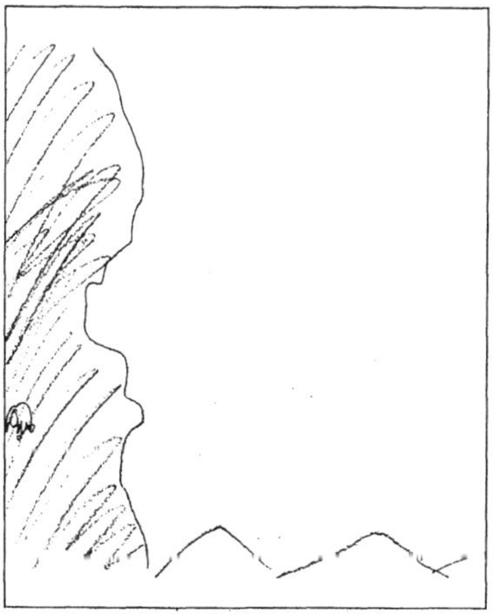

남자 그림 [ 그림 65 ]

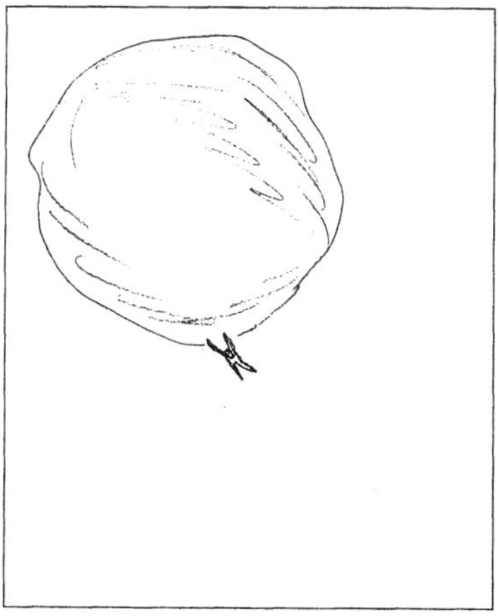

여자 그림 [ 그림 66 ]

**• • • • 치료 후 • • • •**

집 그림 [ 그림 67 ]

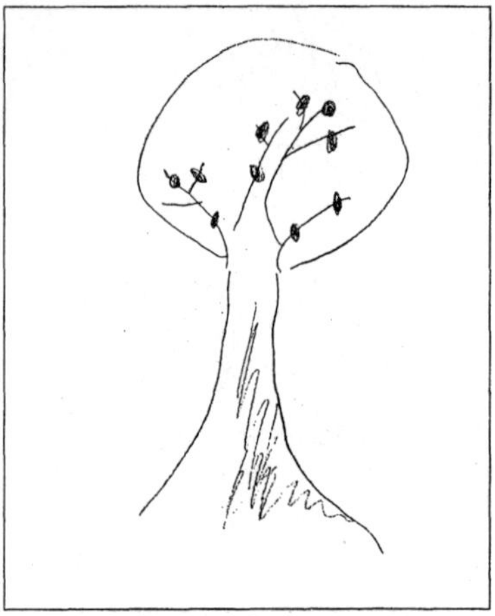

나무 그림 [ 그림 68 ]

남자 그림 [ 그림 69 ]

여자 그림 [ 그림 70 ]

제5장

# 동적 집, 나무, 사람 그림 검사 (KHTP : Kinetic House Tree Person Test)

Burns(1987)의 KHTP는 HTP가 지나치게 병리적인 진단적 사용에 중점을 둔다는 점과 역동성 파악이 어렵다는 제한성을 극복하고 한 장의 그림에서 활동내용, 표현양식, 상징들의 교류가 있는 이야기들을 전해들을 수 있는 조화된 그림이라는 측면에서 중요한 가치를 둔다.

## I. KHTP 그림 검사의 실시 방법

21×27cm(A4 정도 크기) 종이가 그림을 그리는 사람과 수평이 되도록 제시하고 여기에 '집, 나무, 그리고 한 사람이 어떤 행동을 하고 있는 모습을 그리세요.' 라고 지시한다. 이 때 만화나 막대모양으로 그리지 말고 전신의 사람을 그리도록 다시 한 번 언급한다. 그림을 그린 후 KHTP 검사결과를 평가하면서 가능한 폭넓은 영역의 경험들을 나열하기 위해 고려되어야 할 점들은 아래와 같다.

| KHTP 평가시 고려되어야 할 사항 |
|---|
| (1) 이 그림은 어떠한 내용을 담고 있는가? |
| (2) 그림의 첫 인상은 어떠한가? |
| (3) 이 사람은 무엇을 또는 누구를 바라보고 있는가? |
| (4) 이 곳에서는 무슨 일이 일어나고 있는가? |
| (5) 여기에서 일어나는 일들에 대해서 어떻게 생각하고 있는가? |
| (6) 그림에 대한 느낌은 차가운가? 따뜻한가? |
| (7) 이 집은 힘들게 하는 것으로부터 내가 숨을 수 있는 장소인가? |
| (8) 집이 붕괴되고 텅비어 활기가 없는가? |
| (9) 집이 성공과 부유함의 표상인가? |
| (10) 살고 싶은 집인가? |
| (11) 나무가 죽었는가? 살았는가? 위협적으로 보이진 않은가? |
| (12) 이 나무가 보호받고 있는 것처럼 보이는가? 또는 누군가를 보호하고 있는 것 같은가? |
| (13) 사람이 공격적이거나 적대적으로 표현되어 있는가? 활기 있어 보이는가? |
| (14) 신체일부가 숨겨졌거나 생략되어 있는가? |
| (15) 집, 나무, 사람과의 간격은 어떠한가? |
| (16) 해와 달 등이 집이나 나무 또는 사람 위에 그려져 있는가? |
| (17) 그림은 어떠한 양식으로 그려져 있는가? |
| (18) 집, 나무, 사람에 어떤 상징들이 나타나는가? |
| (19) 집, 나무, 사람간의 상호작용이 나타나 있는가? |

위의 고려사항 외에도 동적 가족화(KFD)와 동적 학교그림(KSD) 등의 다른 동적 그림 기법에서의 행동, 양식, 상징들과의 관련성을 살펴봄으로써 더욱 풍부한 이해와 평가가 가능해질 수 있다.

# II. KHTP 그림 검사의 해석 지침

## 1. KHTP 그림 검사에 나타난 그림 간의 밀착, 거리, 순서, 크기

### 1) 밀착

그림에서의 밀착은 그림을 그린 사람이 삶을 살아가는데 있어서 어떠한 중요한 일을 해결해야 하는 상황에서 문제를 풀어갈 수 있는 해결책이 없거나 실패감을 느낄 때, 피검자는 사람과 집 또는 집과 나무가 밀착된 그림을 그리므로서 자신이 현실적으로 부딪히게 되는 실패와 장애 또는 불만족 등의 어려움을 나타내게 된다.

### 2) 그림의 순서

대부분의 사람들은 자기의 순서대로 그림을 그리게 되는데 가장 먼저 그려진 그림은 피검자에게 특별한 의미를 갖는다는 몇 가지 가설이 있다.

#### (1) 나무가 가장 먼저 그려진 경우

생명력과 성장이 피검자에게 가장 중요할 수 있다. 성장하려고 하거나 살아 남으려는 사람들에게 이는 일반적이다. 그러나 자살을 생각하거나 삶의 의지를 잃은 사람들도 종종 나무를 가장 먼저 그리기도 한다. 좀더 나아지려고 노력하는 사람들 또한 나무를 가장 먼저 그린다. 물론 올바른 해석이 이루어지기 위해서는 전체적인 KHTP 그림의 일부로써 나무를 보아야 한다. '이 나무가 죽었는가? 밀착되었는가? 혹은 원형인가?' 등의 정보들은 의미를 더욱 확실하게 해주는 중요한 요소가 될 수 있다.

(2) 집이 가장 먼저 그려진 경우

- 땅과 생존을 위한 장소에 속하고 싶은 욕구로 나타날 수 있다.
- 신체에 속하고 싶은 욕구와 관련되며 신체적 욕구나 강박관념을 의미할 수 있다.
- 사회에 속하고 싶은 욕구와 관련되며 집은 성공 혹은 성공에의 경멸을 나타낼 수 있다.
- 보살핌을 위한 가정일 수 있다.
- 보살핌을 주고 받는 가정일 수 있으며 창의적이고 즐거운 장소로서의 집을 의미할 수 있다.

(3) 사람이 가장 먼저 그려진 경우

- 지상에 속해 있는 감정의 제어에 대한 걱정을 반영할 수 있다.
- 신체를 숨기거나 과시하고자 하는 심리의 반영일 수 있다.
- 성공이나 성공에의 경멸과 관련될 수 있다.
- 돌보기를 좋아하는 사람일 수 있다.
- 즐거움을 주고받기를 좋아하는 사람일 수 있다.
- 자신 이외의 사람이 그려졌을 경우 이는 죽은 가족 구성원이나 사랑하던 사람, 미운 사람, 영웅이나 폭군에 대한 강박관념을 반영한 것일 수 있다.

## 2. KHTP 그림 검사에서의 활동 내용

KHTP 그림의 밀착은 그림들 간에 무엇이 어디에 밀착되느냐는 흐름의 선을 따라서 에너지의 방향을 느낄 수가 있다. 그러나 그림에서 나타나는 활동내용은 느낌뿐 아니라 그림들 간의 밀착선을 따라서 시각적으로 에너지의 흐름을 느낄 수 있게 해준다. 나무와 사람은 생명체이므로 바람에 의한 흔들림과 방향이 취해진 동작과 활동에서 피검자의 무의식적 행동들을 볼 수 있는 기회를 만날 수 있게 된다. 집 그림은 생명체가 아니므로 행동이 존재하지는 않지만 집의 형태와 기울기를 통해 피검자의 안정성을 볼 수 있고 수평과 수직적 표현에서 욕구를 이해할 수 있게 된다.

### ▣ 수직과 수평적 집 그림

[그림 71]은 10세의 혜인이 그려낸 수평적 표현의 집그림이다. 치료 종결을 앞둔 혜인은 종결로 인해 자기에 대한 대상의 관심이 사라질까 두려워하고 있다. 어머니를 집안에서 나오지 못하도록 가두고 싶은 마음을 집과 나무의 밀착과 인물상의 밑 선과 수평적 집 그림을 통해 표현함으로써 관심의 욕구를 나타내고 있다.

[ 그림 71 ]

[그림 72]는 아버지가 집에 있으면 밖으로 나가 배회하다가 아버지가 외출중일 때만 집에 들어오는 6세 여아의 KHTP(수직적 표현의 집)이다. 아버지를 죽이는 환상을 수없이 꿈에서 만난다는 피검자는 누구도 들여보내지 않을 것처럼 무장된 성으로 집을 표현하므로서 자신을 보호하거나 가둘 수 있는 양가적 표현을 나타내고 있다. 그림 속의 인물상은 구멍을 파고 들어가려 한다고 하여 자신의 어려움의 동일시를 극적으로 표현하고 있고 자유로운 새 또한 피검자의 동일시 대상임을 이해할 수 있다.

KHTP에서 드러나는 이미지들은 피검자의 분노의 통로 역할을 해 주었고 그림의 이 집은 힘들지만 3개월 후 보호의 장소로 바뀌기 위해 준비되었다.

[ 그림 72 ]

■ 나무 속의 동물

나무에 다람쥐의 표현은 일반적으로 아동그림에서 자주 등장하는데 주로 안전에 대한 불안이 있는 피검자에게서 많이 그려지며 이는 저장 행위와 관련이 된다.

[ 그림 73 ]

[그림 73]은 머리 뽑고 산만하고 또래관계에 어려움이 있는 10세 여아의 KHTP이다. 특징적인 것은 그림이 전반적으로 화면의 상부에 위치하고 사람이 보이지 않으며 나무에 다람쥐 뿐 아니라 새둥지가 동시에 등장하고 있다. 피검자는 이 나무를 10년 된 나무라 하고 다람쥐 굴은 6년이 되었고 새둥지에는 앞으로 태어날 새알이 있다. 집안에는 6살이 된 아이가 혼자 살고 있고 이 아이의 부모와 동생은 사망하고 없다. 이러한 나무와 다람쥐와 새는 피검자의 동일시된 심리 상태를 반영한다고 볼 수 있다. 나뉘어진 수관과 아래로 쳐진 가지 역시 접촉의 어려움을 표현하고 있으며 현실 집 그림의 위치와 출입문 또한 피검자의 어려움을 그대로 보여주고 있다. KHTP의 전반적인 흐름은 피검자가 과거에 많이 고착되어 있고 타인에 대한 신뢰가 없으며 관계에 어려움을 느끼고 있는 현재 모습을 그대로 보여주고 있는 반면 다시 시작할 수 있다는 가능성도 시사하고 있다.

▣ 둥지의 새

둥지 밖의 새는 자유와 관련된 욕구를 나타내나 둥지 안의 새는 보호받고 싶은 의존성의 표현으로 자주 등장한다. 현재 어려움에 대한 피검자의 동일시 대상을 의미할 수 있다. [그림 74]는 16세의 청소년이 그린 KHTP로 피검자의 주문제는 화를 참지 못하고 최근에는 무력감으로 매사가 귀찮기만 하다. 부모와 동일시되어 있는 피검자는 부모의 기대를 받아들이기에 벅찬 상황이다. 피검자는 나무의 가지와 잔디 깍는 인물상을 통해 자신의 화를 표현하고 있고 상처로 내재된 위축감을 나무의 옹이로 대변하고 있다. 얼굴 없는 인물상에서 피하고 싶은 현실 감정을 보여주고 있는 것 같다.

[ 그림 74 ]

■ 집을 향해 있고 아래로 쳐진 나뭇가지

집을 향해 있는 나무는 안전하고 따뜻한 가정을 원하고 있다는 욕구를 반영하거나 퇴행 또는 과거에의 고착과 관련된다. [그림 75]는 무력감에 빠져있는 23세 여성의 KHTP이다. 피검자는 학대 경험에 의한 상처를 갖고 있고 미래에 대한 희망이 없다. 최근에 보이는 행동은 나이에 맞지 않은 옷차림과 행동으로 주변 사람들을 당황스럽게 하기도 한다. 이는 현실에 대한 거부로 퇴행 행동을 보이는 것 같다. 집 쪽으로 향한 나무는 피검자의 안정된 가정을 원하는 욕구와 유아적 옷차림과 행동과 관련된 퇴행을 반영하고 있는 것 같고 나무의 주제 또한 무력감과 우울감정을 의미하는 것 같다. 인물상 역시 돌아갈 수 없는 가정과 보장받지 못한 미래에 대한 무력감과 피검자의 부재된 에너지와 관계 맺고 있는 사람들과 관련이 있다.

[ 그림 75 ]

▣ 아래로 쳐진 나무

[그림 76]은 3년 전에 부모를 잃고 보호 시설에 입소되어 Group Home에서 지내고 있는 12세 여아의 KHTP이다. 지나친 거짓말이 주된 호소 문제인 피검자는 상위 수준의 예술적 기능과 지적 능력을 가지고 있다. 나뭇가지의 흐름과 창끝 모양의 가지, 밑둥이 잘려진 듯한 줄기 등은 피검자의 박탈 경험과 관련된 퇴행과 고착 상태를 반영한다고 볼 수 있다. 인물상의 모습에서도 현실 부적응, 죄책감 등 초자아 문제를 반영하고 있다. 이에 대한 갈등과 불안의 반영으로 집 그림의 지붕이 표현된 것 같고 그에 대한 보상 심리로 부수적인 다양한 장식을 그리고 있는 것 같다. 피검자는 실제 생활에서 집을 떠나 원하는 길을 가기 힘들고 보호해 줄 울타리를 제공받아야 하고 스스로 그것을 확인해야만 목적을 향해 어디론가 향해갈 수 있을 것이다.

[ 그림 76 ]

▣ 집을 향해 있는 나뭇가지와 잎이 풍성한 나무

[그림 77]을 그린 피검자는 친구관계에 어려움이 있는 22세 남성으로써 자신에게 가장 필요한 것은 밥과 물이라고 했다. 피검자는 균형잡히지 않은 비대칭의 부조화된 나무에 자신의 통합되지 않은 에너지를 쏟아 넣고 있다. 이러한 KHTP를 그리는 피검자는 주로 자신의 성장에 에너지를 쏟음에 있어서 통합성이 부재된 한 면에만 치중하며 타인이나 가족에 대해서는 부정적인 태도를 보이거나 거부하는 경향이 있을 수 있다.

[ 그림 77 ]

▣ 지붕 위에서 자라고 있는 나무

나무가 집 위에서 자랄 때는 강한 집착과 관련이 있다. [그림 78]은 본드 흡입과 알콜 등의 약물 남용으로 법적 문제를 가지고 있는 청소년의 KHTP이다. 피검자의 나무는 뿌리가 모두 노출되어 언제라도 다 뽑혀 넘어질 것만 같다. 큰 나무의 수관에 비해 빈약한 줄기와 뿌리 그리고 감히 접근도 할 수 없을 것 같은 감옥같은 느낌의 집을 등지고 누워 있는 인물상의 방관적 모습 또한 피검자의 정서적 고갈과 낮은 에너지 상태를 그대로 반영하고 있지만 현 상황에서 방관적 태도는 오히려 피검자 자신의 보호 수단이 될 수도 있다.

[ 그림 78 ]

▣ 떨어진 과일 나무

KHTP에서 과일 그림은 의존 욕구와 퇴행과 관련한 희망과 기대 욕구와 관련이 있다. 그러므로 떨어진 과일은 죄의식과 좌절 감정을 반영할 수 있다.

[그림 79]는 알콜 문제를 가진 아버지와 정신 증상으로 가출한 어머니 사이에서 방임된 양육을 받으며 자란 청소년의 KHTP이다. '즐겁고 행복한 우리 집' 이라는 제목을 붙였지만 문에 손잡이도 없고 빽빽한 창

살로 된 피검자의 집 그림에서 행복과 보살핌의 의미를 찾기는 쉽지 않을 것 같다. 과일 나무는 피검자의 보살핌을 받고 싶은 상징일 수 있다. 나무 위 6개의 과일은 어쩌면 할머니의 보살핌을 받았던 가장 행복했던 시기라고 했던 6세의 기억과 관련되며 돌아가고픈 과거를 의미할 수 있다. 떨어진 과일은 현재의 자기일 수 있으며 인물상의 손에 든 자갈 또한 자기상일 수 있다. 왼쪽의 잘린 나무와 오른쪽에 절단된 집 그림 또한 미래에 대한 두려움과 현실의 부적응과 관련될 수 있지만 남은 6개의 과일은 그나마 위로 받을 수 있는 좋은 기억으로서 피검자를 지켜주는 희망일 수 있다.

[ 그림 79 ]

▣ 그네가 있는 나무

그네는 흔들림 때문에 긴장감과 관련되며 그네줄로 신체를 담고 있다는 점에서 포위와 고립을 의미하기도 한다. 그네를 타고 있을 때와 그네에 앉아 있을 때의 의미는 달라진다. 그네를 타고 있다면 탈 때의 흔들거림과 관련하여 긴장과 에너지의 방향을 반영하므로 피검자가 어디에 자신의 에너지를 쏟고 있는지 암시를 준다. 반면에 그네에 앉아 있다면 포위와 관련하여 집과 관련된 문제 또는 그 기대로부터 자신을 분리시키고자 하는 대처와 관련이 될 수 있다.

[ 그림 80 ]

[그림 80]은 부모의 이혼을 앞두고 있는 아버지로부터 심한 신체적 학대 경험이 있는 13세 여아의 KHTP이다. 피검자가 그네를 타고 있는 것은 아니지만 불안과 관련하여 갈등을 예측할 수 있고 얼굴없는 인물상과 손에 든 국기에 자신의 현 상황을 피하고 싶은 심리와 긴장감을 느낄 수 있다. 또한 현재의 정서적 어려움과 외상에 대한 경험을 굳게

닫은 집과 닫혀진 나뭇가지로 대변하고 있다. 3개의 과일은 자신이 지금 아무것도 모르던 3살 때의 시절로 돌아가고 싶은 바램과 그 시기의 기억할 수 없는 안전한 울타리를 떠올리면서 보호 받고자 하는 것 같다.

## 3. KHTP 그림 검사에서의 표현 양식

투사그림에서의 표현양식은 Burns & Kaufman(1972)에 의해 개발되고, Burns(1982)와 Knoff & Prout(1985)에 의해 더욱 확장되고 구체화되었다. 아래에서는 KHTP에서 흔히 볼 수 있는 양식에 대해 간단히 제시될 것이며, 이 장의 마지막 내용인 KHTP 임상적 활용에서 보다 구체적인 이해가 가능하리라 본다.

### ▣ 밀착되지 않고 분리되어 있는 경우

[그림 81]은 초등학교 1학년 여아의 KHTP이다. 유치원 시기까지 또래 관계가 초등학교를 다니면서 적응이 되어가고 있다. 아직은 자기표현이 소극적이고 열등감에 대한 보상심리를 큰 나무로 표현하고 있고 인물상 또한 아직은 불안이 노출되고 있지만 집, 나무, 사람의 적절한 분리는 가능성을 보여주고 있다고 볼 수 있다.

### ▣ 나무와 집이 밀착된 경우

두 그림의 밀착이 표현된 경우는 삶에서 두 가지 측면으로 인해 곤란을 겪고 있을 때 나타날 수 있으며, 이러한 피검자는 가족 내 또는 가족관계에서 벗어날 수 없는 어떠한 요소에 의해 성장을 방해받고 있을 수 있으므로 적절한 분리가 필요할 수 있다.

[ 그림 81 ]

[ 그림 82 ]

### ▣ 집, 나무, 사람이 밀착된 경우

밀착은 피검자들이 자신의 삶을 적절하게 분리시키지 못하고 어려움을 겪고 있을 때 주로 나타날 수 있다. 그러므로 집과 나무와 사람 모두가 밀착된 양식을 보인다면 인생이 매우 복잡한 상황일 수 있으며 단순화가 필요하다.

[그림 83]은 부모이혼과 학대를 경험한 청소년의 그림이다. 자신을 사랑해본 적이 없다고 말하는 이 피검자는 떠나는 자기와 파괴하는 자기를 표현함으로써 가정에 대한 양가감정을 나타내고 있는 것 같다.

[ 그림 83 ]

### ▣ 조감도

KHTP에서는 흔치 않은 양식이지만 집과 나무 또는 사람 그림의 표현에서는 간혹 보여질 수 있다. [그림 90]에서 볼 수 있듯이 이러한 표현양식은 거리를 둠으로써 불안 조절을 하고자 하는 심리를 반영한다고 볼 수 있다.

### ▣ KHTP에서 선을 그리는 경우

그림에 선을 그리는 것은 안전감을 찾겠다는 시도로 나타날 수 있는데 HTP 위에 선을 표현하는 경우는 피검자가 격심한 불안 상태에 있거나 정서적으로 불안한 심리에 대한 반영으로 나타날 수 있다.

집과 나무 또는 사람 아래에 선이나 음영으로 지면선을 표현하는 경우는 그림을 그린 피검자의 그 부분에 대한 생활의 안정을 구하고자 하는 시도로서 나타날 수 있다.

### ▣ 시작한 그림을 다시 그리겠다고 하는 경우

그림검사에서는 KHTP뿐 아니라 간혹 그림을 다시 그리겠다고 하는 피검자들이 있다. 이것은 처음에 그렸던 KHTP의 내용이나 역동성에 위협감을 느낄 때 나타날 수 있으며 다시 그림을 그려서 안정을 찾고자 하는 시도로 나타날 수 있다.

### ▣ 검사지보다 크게 그리는 경우

검사지보다 크게 그린다는 것은 지면이 부족하여 밖으로 확장된 그림을 의미한다. 나무그림에서 흔히 나타나는 현상이며 이는 정착하기를 싫어하는 환상을 가진 피검자에게서 흔히 나타나기도 한다.

### ▣ 검사지 아래에 KHTP를 연장하여 그린 경우

그림을 검사지 하단에 연장하여 그리는 경우는 사람그림에서 흔히 있는 표현인데 이것은 어디엔가 정착하고 소속되고 싶은 욕구와 관련되며 때로는 죄책감과 열등감을 반영하기도 한다.

▣ 이 외에 구분화, 모서리화, 포위 양식에 대해서는 KFD에서와 같은 의미를 가지므로 6장 내용을 참고하기 바란다.

## III. Maslow의 욕구 수준에 따른 KHTP 해석 지침

이 장에서는 임상상황에서의 지나친 병리적 접근을 제한하기 위하여 Maslow의 발달체계를 적용한 상징적 해석을 제시했다. 미술치료의 평가에서 필자가 가장 중요시하는 점은 평가란 피검자의 병리적인 부분뿐 아니라 강점을 찾아서 치료로 안내하고 치료 상황에서 보다 깊은 이해를 하기 위해서라는 점이다. 그러나 실제 임상상황에서 만나는 경험은 개인 병리가 우선되어 편견을 가지고 대상을 만나게 되고 그로 인해 개인이 가진 강점을 보지 못하고 오히려 왜곡되는 경우가 흔히 있다. 치료 상황에서 그 사람의 병리를 찾는다는 것은 문제를 분명히 하여 잘못된 치료로 가지 않는다는 중요한 이유가 있지만, 치료 상황에서 강점을 볼 수 있다는 것은 치료의 가능성을 보다 더 강화시키는 요소가 된다는 점이다. 그러한 측면에서 Maslow의 발달 모형은 KHTP 그림평가에서 매우 유익한 접근 모형이라고 볼 수 있다.

매슬로우의 발달수준이 담고 있는 의미는 다음과 같다.

1수준 : 생활에 대한 소속감

삶, 생존, 일상생활에 대한 욕구

2수준 : 신체에 대한 소속감

3수준 : 사회에 대한 소속감, 성공

4수준 : 자기와 자기가 아닌 것

마치 임산부가 아기를 자신의 일부로 여기듯 자기가 아닌 것을 포함해서 정의된다.

동정심, 사랑을 주는 것, 양육, 변화된 동기

5수준 : 모든 생명체에 대한 소속감, 사랑을 주고받기

## 1. KHTP 그림검사의 해석을 위한 Maslow 발달모형

| HTP / 수준 | 집 | 나무 | 사람 |
|---|---|---|---|
| 1수준 | • 접근형 : 요새나 감옥 같은 구조, 출입구가 없음, 감옥처럼 창살 있는 창, 너무 작은 문<br>* 집은 보호와 안전을 위한 장소<br>• 회피형 : 붕괴 직전의 집, 공허한 집, 무너질 것 같은 집<br>* 여기에 속한 사람은 죽음을 생각 | • 접근형 : 갈고리 같은 손 톱 모양의 뿌리, 가시모양 나무들, 사슴뿔 같은 가지<br>• 회피형 : 죽었거나 죽어가는 나무, 줄기가 좁고 잎이 없거나 드물게 나 있음, 아래로 쳐진 가지와 잎, 가지가 부러지거나 말라죽은 나무 | • 접근형 : 공격적인 표현, 편집증적인 특징, 무기를 가진 인물<br>• 회피형 : 슬픈 표정, 속이 비어 있음, 자기 파괴적 |
| 2수준 | • 접근형 : 정밀하게 그려진 굴뚝, 촛불, 동그라미, 남성기 상징의 장식<br>* 감각적, 쾌락주의 반영<br>• 회피형 : 종교적 상징, ×표 상징, 짙게 음영이 진 지붕, 격자 무늬 지붕 | • 접근형 : 남근형상의 나 무, 나무껍질이나 잎 강조<br>• 회피형 : 줄기에 ×표, 세밀하게 그려진 나무, 지워지고 생략됨, 뚱뚱하게 옷으로 몸을 가림 | • 접근형 : 신체가 강조됨, 근육(육체미), 여성의 특정한 신체부위 강조, 조깅하는 사람<br>• 회피형 : 신체부위 생략, 지우거나 생략, 허리 아래 부분에 진한 색칠, 몸 위에 ×표 |
| 3수준 | • 접근형 : 크고 좋아 보이는 집, 큰 아파트<br>* 성공, 지위, 권력, 존경에 관한 욕구반영<br>• 회피형 : 집이 크기는 하나 누추하게 보임 | • 접근형 : 크고 화려한 나무, 단단한 떡갈나무<br>• 회피형 : 큰 줄기에 작은 가시, 줄기는 크나 가지는 작고 안으로 향함, 큰 나무에 큰 잎 | • 접근형 : 세련되고 값비싼 옷, 보석을 지니고 있음<br>• 회피형 : 반분명적인 모습, 빈곤한 모습 |

| 수준 \ HTP | 집 | 나무 | 사람 |
|---|---|---|---|
| 4 수준 | 4수준에서는 접근형이나 회피형의 이분법이 나타나지 않고, 다만 통합된 조화가 있으며, 집은 화목한 가정이 되며, 따뜻한 분위기 속에서 다른 사람과 공유할 수 있는 곳이다.<br>커튼은 숨기 위한 것이 아니며, 아름다움을 위한 것이 된다.<br>장난감, 꽃, 나무들이 가족과 보호의 상징으로 나타난다.<br>집 입구에는 문과 문고리가 있고, 빛이 비추고 있다. | 양육적이고 정착된 나무로 그늘과 올라갈 수 있는 장소이며, 떨어지거나 상하지 않은 과일과 열매가 있을 수 있다. | 그림은 완성품이며, 양육적이고 보살핌, 지지적이고 도와주는 행위들로 나타남 |
| 5 수준 | 가정은 행복과 환영을 반영하는 창조적인 것이다. 이 수준에서 그림을 그린 사람은 자아와 비 자아 모두를 받아들인다.<br>가정은 따뜻하고 자연과 조화를 이루며, 나무, 꽃, 새, 태양, 산들이 하나의 생활의 향연으로 포함된다.<br>가정은 신체, 자기, 기타 다른 모든 것을 위한 장소가 되도록 완전함과 창의적인 노력을 반영한다.<br>4수준의 모든 가치에 즐거운 손질과 사랑과 아름다움이 더해진다. | 풍성한 나무로 가지는 위쪽과 바깥쪽으로 향해 있다.<br>부러지지 않았고, 생기 있고, 전체적인 조화를 이루며 새, 태양, 산 등이 있을 수 있다.<br>4수준에 비해 하늘로 향하듯 상승의 움직임이 보이며, 하늘과 땅의 조화가 나타난다. | 그림은 전체적이며, 강하고, 균형이 잡혀있고, 사랑이 있다. |

## 2. Maslow의 발달모형에 따른 상징적 해석

| 수준 / 상징 | 1 수준 | 2 수준 | 3 수준 | 4 수준 | 5 수준 |
|---|---|---|---|---|---|
| 공 기 | 생존<br>호흡 | 에어로빅<br>조깅<br>숨쉬기<br>운동<br>신체의 건강 | 비행기의 힘<br>'정복해야 할 영토' | 보살핌<br>헌신 | 빛<br>열림(개방성)<br>외적, 상징적인 영적 탐구 |
| 새 | 생존<br>탈출<br>안전 | 음식<br>특식 | 독수리의 힘<br>'맹조류' | 평화의 비둘기<br>부드러움 | 위로 날아오름<br>자유로움 빛 |
| 고양이 | 생존<br>'구사일생' | 감각적 모피근육의 물결<br>껴안고 싶음 | 강력한 사냥꾼<br>이빨<br>발톱 | 조용함<br>평안함 | 신비<br>자기 절제형 |
| 빨강색 | 생존<br>'생의 피' | 흥분<br>'산타클로스'<br>'투우 경기에 쓰이는 붉은 깃발' | 화력<br>파괴적이며<br>창조적 | 따뜻한 색<br>보살핌<br>치유<br>회복 | 무지개의 일부<br>치유에너지의<br>통합된 상징 |
| 대 지 | 생존<br>자리잡음 | '세속적'<br>예) 물질적<br>쾌락적 | 힘<br>'나의 영토,<br>나의 땅' | 모성<br>대지<br>보살펴 주는 사람 | 에너지를 생성하는 양극의 일부<br>'하늘–땅' |
| 불 | 추위에서의 생존 | 감각적 온기 | 파괴와 창조를 위한 강력함 | 보살핌<br>온기 | 창조적 사용<br>증기<br>증류<br>에너지 회복 |
| 꽃 | 생존<br>씨앗 | 감각적 여성<br>성적 상징 | 여성의 원리<br>수동성, 포용성을 통한 극복 | 미<br>사랑 | 미와 경외의 자연적 창조의 과정 |
| 집 | 안전하고 보호 받을 수 있는 장소 | '우리가 사는 집' 즉) 신체 | 성공과 힘의 상징 | 돌봄, 보살핌<br>가족, 가정을 위한 장소 | 모든 것과 연합된 미의 보살핌을 반영하는 창조적 노력 |

| 수준<br>상징 | 1 수준 | 2 수준 | 3 수준 | 4 수준 | 5 수준 |
|---|---|---|---|---|---|
| 남근 | 종족의 생존 | 감각적-쾌락주의 | 우위, '남성권력의 상징' | 창조적 과정의 활동적 부분 | 영적 에너지와 활동적으로 연합된 창조적 에너지, 하늘과 땅의 양극성의 일부 |
| 나무 | 생존<br>뿌리 | 신체<br>생명력 | 권력, 크기<br>'강력한 통나무' | 보살핌<br>풀어봄<br>'만짐' | 새 꽃과 열매를 창조, 아름다움과 조화를 가꿈 |
| 물 | 생존<br>태아<br>단계 | '넘치는 수액'<br>쾌락주의적 | '바다의 힘'<br>물이 바다를 친다 | 보살핌<br>새롭게 함<br>유용함 | 유연함<br>겸손<br>평안함<br>조용함 |

▣ 1수준의 KHTP 양식

[그림 84](회피자 양식)는 18세 청소년의 KHTP로서 전체적인 그림의 인상은 매우 공허한 느낌이 든다. 피검자는 지속적인 적응 문제가 있었으나 부모의 인식 부족으로 방치되었다가 교사에 의해 문제 인식을 깨닫게 되고 치료실을 방문하게 되었다. 드러난 어려움은 그림에서도 느낄 수 있듯이 신경증적 도피성이 있고 우울과 자폐성향도 노출되고 있다. 현재 그는 지속적인 불안으로 수면 문제까지 안고 있다.

[그림 85](접근자 양식)는 의붓어머니로부터 지속적인 신체적 학대를 받아온 청소년의 KHTP로서 피검자의 집은 마치 감옥과 같다. 뭔가 급하게 집을 향해 달려가고 있는 인물상은 손도 없고 편안함이라곤 느낄 수 없는 표정이지만 피검자는 힘센 어른이 되는 게 꿈이라고 한다. 지금 이 인물상은 무장을 하고 힘자랑을 하고 있다고 했다. 뿔처럼 그려진 나무의 가지와 뿌리와는 느낌이 다른 아래로 흐르는 버드나무를 통

해 자신의 양가적인 에너지를 나타내고 있다. 보호 받을 수 없는 불행한 심리를 스스로 심리적 갑옷으로 무장할 수 밖에 없는 듯하다. 이는 피검자의 어려움과 동시에 스스로를 지킬 수 있는 능력이나 노력으로 이해할 수 있다.

[ 그림 84 ]

[ 그림 85 ]

▣ 2수준의 KHTP 양식

[그림 86](회피자 양식)은 청소년 후기의 23세 대학생이 그림 KHTP이다. 집은 문이 없고 나무줄기가 얇고 원형의 잎으로 표현되어 어떠한 방향이나 목적을 향해 갈 수 없는 에너지의 흐름이 제자리에서 맴돌고 있는 것 같다. 인물상은 여러 차례 지우고 결국은 점선 상태에서 그만 두었다. 거부당하지 않기 위해 웃고 있지만 나는 웃지않고 있고 그런 내가 싫다고 하는 표현에서 피검자의 어려움을 느낄 수 있다.

[ 그림 86 ]

[그림 87](접근자 양식)은 성인 여성의 KHTP이다. 10여 년전 배우자와 사별 후 자녀 양육을 맡아 왔다. 그림에서 볼 수 있듯이 가정과 자신을 보호하기 위해서는 방어를 놓을 수 없으며 스스로 심리적 무장을 하지 않으면 안 된다. 피검자의 집은 굳게 닫혀 있고 혼돈스러울 만큼 부

속물들로 꽉차 있다. 문과 기둥, 나뭇가지, 가위 등 전반적인 형태들은 여성과 남성의 성기 형태를 띠고 있고 큰 가위로 거세하듯 표현함으로써 마치 외부에 대한 강한 통제와 관련된 자아 바로 그녀 자신인 것 같다.

[ 그림 87 ]

■ 3수준의 KHTP 양식

[그림 88](회피자 양식)을 그려낸 19세의 이 청소년은 비탈진 언덕에 누워서 책을 보고 있다. 집은 크지만 왠시 문벙화뇌지 못한 느낌이 는다. 피검자는 나무나 집에는 별 관심이 없어 보이고 누워 있으나 편해 보이지는 않다. 책에 시선을 두고 있으나 역시 몰입하는 것처럼 느껴지진 않고 불안정해 보인다. 뿔 모양의 나뭇가지 또한 양육적인 느낌은 들지 않는다. 실제 피검자는 가족으로부터 지나친 기대를 받고 강요되

고 있어서 심리적인 부담과 위협감을 느끼고 있다. 공부를 하기는 하나 미래에 대한 확신이 없고 불안하여 분명한 방향을 설정할 수 없고 그로 인한 스트레스로 숨이 막힐 것 같다.

[ 그림 88 ]

[그림 89](접근자 양식)는 20세 청소년의 KHTP로 특성은 전반적인 그림의 하단이 절단되어 있다. 피검자는 학교 부적응 문제로 고1 중퇴 후 집을 떠나 고시원에서 지내고 있으며 현재는 공사장에서 일하며 하루 생활을 유지하고 있다. 자신의 집을 숨막히는 곳이라고 표현한 피검자의 환경을 KHTP는 그대로 보여주고 있는 것 같다. 크고 현대적 느낌이 드나 우측과 아래쪽이 잘려져 있는 집은 도피적 사고나 충동성을 억제하고자 하는 노력을 반영하고 있다. 나무의 내부가 비어있고 집의 반대쪽으로 자라고 있는 나무를 향해 있는 인물상은 가족의 가치에 의문

을 던지듯 가족으로부터 벗어나 다른 곳으로 향하고자 하는 자기의 동일시이다. 전체적인 표현들은 부와 출세와 명예에 관심을 집중하고 있는 부모와 가정의 분위기에서 벗어나고 싶은 피검자의 가정 내 상황을 충분히 반영하고 있다.

[ 그림 89 ]

## IV. KHTP 그림 검사의 임상적 활용

**사례 1 : 부모의 방임과 신체적 학대로 성장을 저해 받는 은지**

KHTP [그림 90]은 13세의 청소년이 그린 것이다. 4남매 중 막내인 은지는 나이보다 조숙하고 항상 매사에 신경질적인 의사소통의 표현을 하며 경쟁적이다. 아버지는 알콜 문제가 있고 어머니는 신체에 장애가 있어서 가사를 돌보기 힘들다. 두 언니는 가출과 신체적 문제를 갖고 있다. 오빠는 가족 내에서 유일하게 아들이라는 이유로 가족 내 애정을 받는 대상이다.

은지는 학교 가는 시간 이 외엔 가사를 돌봐야 하며 밤이면 술 취한 아버지로부터 자주 매를 맞고 어머니 역시 은지가 집안 일을 잘못한다는 이유로 언어적 폭력과 신체적 폭력을 한다. 어린 나이에 이미 몇 번이고 자살을 생각하기도 했지만 아픈 둘째 언니 때문에 그럴 수도 없다고 호소한다. 그림의 내용은 학생들이 기다리고 기다리던 집으로 향해 신나게 달린다고 했다. 자신도 친구들처럼 우리 가족을 위해 음식을 준비하고 있는 어머니(실재는 언어적 신체적 폭력을 하며 가사를 돌보지 못함)가 있는 집으로 가고 있다라고 했다.

[ 그림 90 ]

그림을 주시해 보라. 다리가 절단되고 쓰러질 것 같은 모습과 집으로 빨리 가고 싶다고 한 자신의 얼굴은 학교로 향해 있다. 그림의 절단된 다리는 피검자의 불안정한 심리를 그대로 말해주고 있는 것 같다. 자기상이라고 할 수 있는 나무는 오른 쪽 가지가 돌에 맞아 큰 상처를 입고 꺾어져 있다. 어린 시절부터 안고 온 상처적인 현실과 간절히 원하는 애정욕구가 그대로 표현되고 있다.

은지의 미술치료 과정은 극적이고 폭발적인 분노와 좌절감정에 집중되었고 상담을 통해 억압된 분노의 감정을 표출할 통로(그림작업)를 찾게 되었다. 자살사고와 폭발적인 분노의 감정을 경감시킬 수 있게 되었으며 긍정적인 인간관계의 변화를 가능하게 했다. 가족 또한 폭력문제에서 벗어날 수 있도록 하는 계기가 되었다.

**사례 2 : 부모의 방임결과 문제행동을 보인 세영**

[그림 91]은 12세의 세영이가 그린 것이다. 세영이는 도벽과 폭력적인 친구관계 문제로 학교교사에 의해 의뢰되었다. 아버지는 직장 일로 집을 자주 비우고 어머니는 미용실을 운영하므로 세영이는 거의 혼자 집에 있거나 밖을 배회하며 하루를 보낸다. 돈이 필요하면 마음만 먹으면 쉽게 미용실 금고에서 돈을 몰래 가져올 수가 있었다. 학교에서까지 친구들의 가방을 뒤지는 일이 발생하고 마음에 안 들면 친구들을 때리는 문제가 잦아지면서 아무도 세영이를 가까이 하려하지 않게 되었다. 가족 내에서도 학교에서도 그 누구도 세영이를 인정해 주는 사람은 없었다.

그림에서 볼 수 있듯이 집과 나무의 좌우 아래가 절단된 표현은 세영이의 억제된 충동과 미래에 대한 두려움과 사회적 부적응 문제를 그대로 느끼게 한다. 그림에서의 과일은 따뜻한 보살핌이 있는 과거로 돌아가고 싶은 희망을 상징하는 것 같다. 과일을 따는 행위는 애정을 찾고자 하는 것과 관련된 욕구로 표현된 행위와 연결되기도 한다. 큰 태양 또한 부족한 애정관계를 보여주고 있는 것 같다. 그림작업에서 세영이는 지속적으로 애정욕구와 관련된 표현이 노출되었고 행동화의 충동을 그림에 표출하며 해방감을 경험해 갔다. 가족상담을 통해 세영의 감정을 이해하게 된 부모는 양육방법에 변화를 가져왔고 미술치료를 통한 재 양육의 경험은 세영의 얼어붙은 마음을 녹이기에 충분했다. 그 결과 학교에서도 폭력적인 공격행동이 사라지고 친구관계가 가능하게 되었다.

[ 그림 91 ]

**사례 3** : 어머니에게 안기지 못하는 혜빈이의 슬픔

[그림 92]는 16세인 혜빈이가 그린 것이다. 재혼한 어머니에게 자신이 방해가 된다고 느끼며 살아 온 혜빈은 항상 가족과 섞이지를 못하고 최근에는 우울증상과 함께 조증 증상까지 보였다.

[ 그림 92 ]

혜빈이의 그림에서 보이는 집 쪽으로 향해 있는 나무의 형태는 안전하고 안정된 가정을 향한 동경의 의미를 내포하고 있으며 때로는 퇴행과 과거에로의 고착과 관련된다. 가지가 축 늘어진 버드나무는 자주 우울증과 관계가 있다. 줄기의 옹이 구멍은 생의 초기에 풀리지 않은 심리적 외상의 특징으로 볼 수 있다. 우측이 절단된 표현은 혜빈이의 우울 기분과 행동에 대한 강한 억제와 앞날에 대한 두려움 등을 나타내고 있는 것 같다. 사람 그림은 집 가까이에 있지만 등지고 있어서 혜빈의 가정에 대한 심리를 반영하고 있다. 단추는 일종의 자기만족을 의미하며 의존성의 정도를 상징하며 단추가 많을수록 자기 스스로 돌보는 사람임을 함축한다. 이미 혜빈이는 스스로 돌보지 않으면 살아남을 수 없음을 알고 있는 것 같다. 집은 문도 창문도 없으며 전체적인 음영처리 등에서 외부의 관심결여와 관계성의 문제를 엿볼 수 있다. 지면을 큰 돌로 표현한 것 역시 혜빈이가 안고 있는 현재의 심리와 장애를 예측케 한다.

혜빈이와의 상담은 자신의 삶을 탐색할 수 있는 기회를 줄 수 있었지만 안타까운 것은 그림에 나타나듯이 조화로운 성장을 무시한 비대칭적인 나무와 같이 의붓 아버지의 병간호라는 이유를 들어 결국 혜빈이의 자기탐색 과정을 가로막고 말았다.

**사례 4** : 7세 나이에 고착된 자영의 아픔

[그림 93]은 17세의 자영이가 그린 것이다. 자영이는 출생 1년 만에 아버지를 잃고 어머니의 두 번의 재혼과 동시에 그때마다 숨겨져야 하는 자신의 존재에 대해 혼란과 상실감, 어머니에 대한 그리움과 분노, 반복되는 박탈감으로 단단하게 마음의 문을 닫고 벽을 깨지 못하고 있었다. 지금도 자영이는 어머니로부터 버려지지 않을까 하는 불안과 우울감에 빠지곤 한다. 두 번째 새 아버지를 만났던 7세 때의 어느 날 심한 분노와 두려움에 몸을 떨었고 불안은 어느새 새 아버지의 따뜻한 배려 가운데 가족으로서 적응할 수 있게 되었다. 그러나 동생의 출현과 함께 또 한번의 박탈을 경험할 수 밖에 없었고 어머니의 편애와 잠깐 동안의 안정되었던 그 당시의 회상과 감정에서 분리되지 못한 채 고착되어 있었다.

자영이가 그린 나무에는 떨어지는 과일까지 합하여 7개의 과일이 그려져 있다. 그리고 큰 옹이 옆에 「사과나무 집 아파」라고 썼다가 지운 흔적이 있다. 이것은 자기 상에 대한 갈등으로 여겨지며 옹이 구멍은 유아기의 상처일 것이다. 7개의 과일은 의붓아버지를 만나서 가장 관심 받고 처음으로 가정을 느꼈던 시기와 동일하다. 나무뿌리 밑의 원들을 집이라고 그렸는데 부모는 없고 친척 언니와 오빠와 동생만을 그려서 각각 따로 떼어 차단시키고 있다. 전등을 밝게 비추어 가장 사랑 받고 있음을 강조하고 있다. 언니의 손에 들려진 칼과 동생의 공놀이 등은 자신을 위협하고 있는 주변 환경과 동일시된 표현으로 여겨진다. 자신의 방에만 뿌리를 통해 물이 들어오고 있음은 자영의 우울 감정과도 연결되겠으나 자기보호와 생명의 물로 연결하고 있을 수도 있다. 7세 그 시기로의 퇴행과 태어나기 이전의 상태로의 퇴행 또는 위협적인 세상으로부터 숨을 수 있는 적절한 보호처에 대한 욕구도 반영된다.

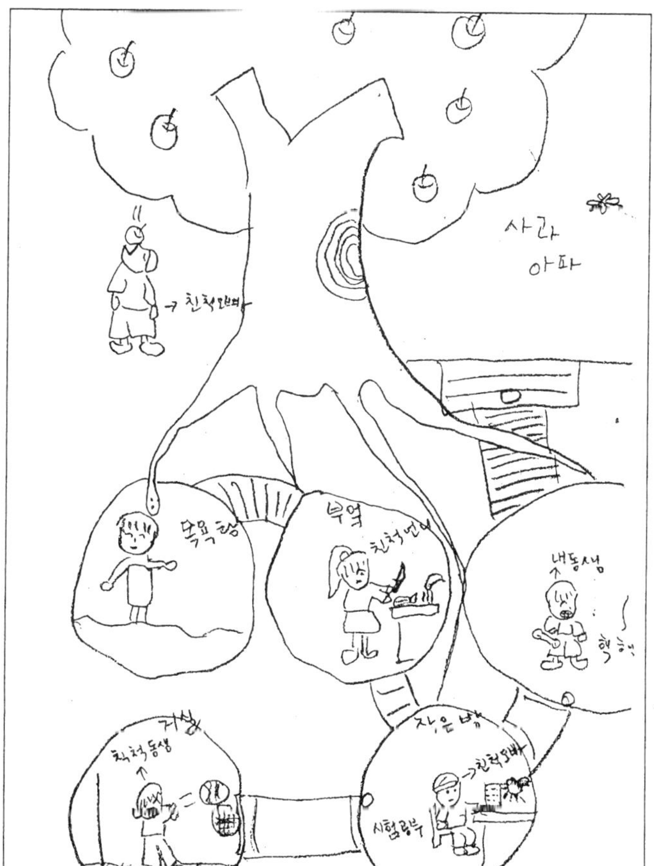


[ 그림 93 ]

자영은 청소년기에 회복되어야 하는 정체성을 회복하기 위해 어린 시절의 아픈 상처들을 서서히 제거해 가는 작업이 8개월 동안 이뤄졌으며 지금도 자기작업은 끊임없이 이어지고 있다.

제 6 장

# 동적 가족화 검사 (KFD : Kinetic Family Drawing Test)

가족화는 아동이 가족 내에서 느끼는 주관적이고 심리적인 감정이 시각적으로 표현되는 검사로서, 동적 가족화(KFD)란 가족화에 움직임을 첨가한 일종의 투사화이다. 최초로 가족화를 개발한 사람은 Hulse (1951)이며 이후 Hammer(1958)에 의해 가족 내에서의 개인 욕구와 압력, 관계성에 대한 연구로 확장되었다. 이 시기까지는 가족화에서 상호관계를 파악할 수는 없었고 Burns(1970)와 Kaufman(1972)에 의해서 정신분석이론, 장이론, 지각의 선택성 이론 등을 고려한 동적가족화가 개발되면서 이를 통해 가족 내에서의 상호작용을 보다 쉽게 파악할 수 있게 되었다.

Knoff & Prout(1985)는 가족과 학교생활을 파악하기 위한 동적그림체계(Kinetic Drawing System for Family and School)에서 만약 다양한 그림 기술을 이용하는 심리학자들의 조사, 저술, 연구논문들이 신뢰성 있고 가치 있는 자료들이라고 한다면, 동적 가족화는 현재에 이르기까지 가장 애용되어온 대중적 기법이라고 할 수 있다고 하였다. 동적 가족그림 검사는 이 분야에서 가족 그림에서의 일반적 심도를 크게 확장시켰다고 할 수 있다. Prout & Philips(1974)는 학교 내의 아동들을 동적 그림들로 연구하였다. 동적 학교그림 검사(KSD)에 대한 최근 연구는 KSD를 학업 성취도에 연결시킨 질적, 양적 분석 모두를 포함하고 있다. Knoff & Prout(1985)의 연구는 가족과 학교를 위한 동적 그림 체계에서 동적 가족화 그림검사와 학교 그림검사의 접근을 응축시켰다.

투사그림을 위한 동적 그림 체계가 갖는 장점들은 이미 KHTP 그림검사에서 제시되었다. 그림에서 아동의 눈에 비친 가족들의 일상생활, 가족구성원에 대한 감정이 반영되므로 KFD는 의식적, 무의식적 투사기법이라 할 수 있으며 검사 도구로서 뿐만 아니라 특히 아동 청소년의 가족치료로서 중요한 임상적 의미를 제공해준다는 점이 KFD의 또 하나의 가치라고 볼 수 있다.

## I. KFD 검사의 실시 방법

A4 크기의 용지를 가로 면이 되도록 놓아주고 '자신을 포함하여 가족 모두가 무엇인가를 하는 사람을 그려보세요. 막대기나 만화 같은 모습이나 움직이지 않고 서 있는 사람이 아니라 무엇인가를 하고 있는 장면, 즉 어떤 종류의 동작을 하고 있는 것을 생각해서 그려보세요' 라고 검사 지시를 내리되, '자신도 그리는 것을 잊어서는 안 됩니다' 라고 한 번 더 자신을 포함한다는 것을 상기시켜 준다.

지시 후에는 완성될 때까지 검사실 밖으로 나와 있는 것이 도움이 되며 완성 후에는 아래의 몇 가지 질문을 하여 기록해 둔다.

- 그림 속의 인물상을 그린 순서는?
- 각 인물은 누구인가?
- 연령은?
- 무엇을 하고 있는가?

• 가족 중 생략된 사람은 있는가?
• 가족 외에 첨가된 사람은 있는가?

## II. KFD 검사의 해석 지침

KFD의 해석은 인물상의 활동과 그림에 나타난 활동내용, 스타일, 상징 등으로 나누어 해석하고 인물화 검사의 상징적 의미와 임상적 의미를 포함하여 해석한다(Burns & Kaufman, 1972). KFD 해석에서 고려해야 할 점은 가족구성원 중 그려지지 않은 사람이 있는지, 가족 외의 다른 사람이 들어왔는지, 자주 지우는지, 생략된 부분이 있는지, 적절한 모습인지 등에 대해 살펴보아야 한다.

### 1. KFD에서 나타난 가족간의 활동 내용

가족관계라는 울타리 내에서 흐르고 있는 에너지들은 낯선 사람과의 관계에서 일어나는 에너지의 강도에서부터 적대적, 경쟁적, 회피적, 조화로운 애착관계에서 일어나는 높은 수준까지 다양한 강도의 에너지가 가족관계에서 일어난다. 그러므로 KFD에서 표현된 가족 구성원의 활동은 피검자가 지각하고 있는 가족관계와 역할, 자아상, 그리고 가족 내에 잠재해 있는 여러 가지 이슈들에 대한 임상적 의미를 제공해 준다.

#### ▣ 애착관계에서 나타날 수 있는 활동

강한 애착관계에서는 서로가 높은 강도의 에너지 흐름으로 표현이 된다. [그림 94]는 가족 내 사랑을 독차지하고 있는 10세 여아의 KFD이다.

[ 그림 94 ]

▣ 조화로운 일반적인 관계에서 나타날 수 있는 활동

일반적인 조화로운 가족관계에서는 긍정적이고 온정적인 상호작용이 표현된다. 가족과 가족 사이에 벽이나 가구 등 어떠한 장애물도 놓여지지 않으며 신체적으로도 친밀한 상태를 보이고 전등이나 따뜻한 빛이 표현되기도 한다. [그림 95]는 아동 초기에 당한 사고로 인해 척수장애인이 된 동생을 둔 15세 여중생이 그린 KFD이다. 그림을 보면 가족들 사이에 아무런 장애물도 없고 친밀한 관계를 대변하듯 편안한 감정상태를 보여주고 있다.

[ 그림 95 ]

■ 경쟁관계에서 나타날 수 있는 활동

경쟁관계에서는 에너지의 흐름이 공과 같은 물체를 통해 상징화 하여 나타낸다. [그림 96]은 어머니의 사랑을 독차지하고 싶은 10세 아동이 그린 KFD이다. 두 형이 어머니와 대화하는 것도 싫을 만큼 시기심을 느끼고 방해하는 피검자는 그림속에서 형들과 경쟁하고 싶은 욕구를 그려내고 표현한 후 너무나도 시원하다고 표현했다. 공은 힘의 형태로 흔히 나타난다. 두 사람 사이의 대면되는 경쟁관계에서는 공이 두 사람 사이를 서로 왔다 갔다하는 형태로 나타나는 것을 볼 수 있다.

[ 그림 96 ]

■ 경쟁 대상이 안 된다고 느낄 때 나타날 수 있는 활동

경쟁을 하고는 싶지만 그 경쟁대상이 장애가 있거나 또는 너무 약하거나 너무 강해서 감히 경쟁대상이 안된다고 느낄 때 피검자들은 에너지의 방향을 전혀 다른 곳으로 바꿔버리거나 에너지 전달을 정지하므로서 감정을 통제하는 것으로 나타낸다. [그림 97]은 16세 청소년이 그린 KFD로 피검자는 매사에 소극적이고 의존적이며 무력한 어버지에 대한 화가 많다. 피검자는 나와 아버지는 축구를 하고 어머니와 동생은 응원을 하면서 가족 모두가 행복한 시간을 보내고 있다고 설명했지만, KFD를 관찰해보면 가족들의 얼굴이 없고 손과 발도 생략되어 있다. 누가 봐도 이 그림에서 행복한 가족이라고 느끼기란 어렵다. 피검자는 가족과 자신을 힘들게 하는 아버지를 원망하고 있고 아버지에게 공격하고 싶지만 나약한 아버지에게 힘을 드러낼 수가 없다. 결국 아버지에게

로 향하던 공은 지워지고 다시 그려진 공은 자신의 머리 위에 정지되어 있다.

[ 그림 97 ]

▣ 갈등관계에서 나타날 수 있는 활동

갈등은 간혹 금기하는 곳에 X자(그림 100)등의 직접적인 표현을 하며, 접근과 회피는 에너지의 갈등을 갖고 있는 것으로 나타내기도 한다. [그림 98]은 동생을 편애하는 부모에 대한 불만과 그로 인해 동생에 대한 질투를 강하게 느끼고 있는 22세의 청소년이 그린 KFD이다. 가족의 전체적인 모습은 포위와 생략으로 표현되어 있다. 피검자 자신과 동생의 X자 다리와 자신의 X자 팔, 무릎 위 간식의 X자 표현 현상에 관심을 갖고 살펴 볼 필요가 있다. 크기 또한 동생보다 왜소한 모습으로 자신을 표현하고 있고, 피검자를 살피는 듯한 표정의 동생 옆에 무관심한 듯 방관자적인 모습으로 자신을 표현한 것에서 충분히 피검자의 갈등과 통제 노력을 느낄 수 있다. 반영이라도 하듯 피검자의 통제 노력을 살피는 듯한 눈빛과 X자형 등의 긴장성 표현의 동생의 모습 등에서 피검자의 정서적 갈등을 충분히 느낄 수가 있다. X자형의 표현은 초자아의 억압과 충동적 감정을 통제하고자 하는 갈등 상황에서 간혹 제시되는 표현이다.

[ 그림 98 ]

▣ 불안상태에서 흔히 나타날 수 있는 활동

불안상태에서는 에너지가 흔히 자신에게 나타내거나 내면화시키는 것으로 표현된다. 즉 자신에게 음영을 주거나 자신의 주변에 음영과 선을 그어 표현하기도 한다. [그림 99]는 무력감에 빠져있는 청소년의 KFD이다.

[ 그림 99 ]

▣ 힘든 상황이나 대상에 대해 회피하고 싶을 때 나타나는 활동

[그림 100]과 같이 피하고 싶은 상황에서 나타나는 활동은 흔히 피하고 싶은 대상과 자신의 사이에 그려내거나 포위하기, 구획나누기 등으로 회피하고 싶은 상황을 벗어나려고 한다. 이 그림의 피검자는 큰 딸로서 동생에 대한 부모의 편애에 질투와 분노 감정, 막내 동생을 보호

하지 못한 죄책감, 동생과 동일시함으로써 이 상황을 극복하려는 노력을 반영하고 있다. 부모를 구분화하고 질투 대상인 괴롭히는 대상이면서도 동일시하고 싶은 동생을 한 공간에 두고, 막내 동생을 자신의 가까이에 두되 쓰레기통을 그려 막내에 대한 죄책감을 표현하고 있다.

[ 그림 100 ]

## 2. KFD에서 나타난 그림의 양식

KFD의 그림 양식이란 피검자가 가족이나 사물의 위치를 화면 안에서 어떻게 구성해가는가를 의미한다. 예를 들면 가족에 포함시키는지 또는 제외시키는지, 가까이 그리는지, 멀리 그리는지, 인물을 어떠한 공간에 배치하는지, 어떠한 선들이 인물상과 함께 그려지는지 등의 표현을 통해 피검자의 가족 내에서의 주관적인 느낌이나 태도와 관련된다. 이러한 양식의 평가는 피검자의 가족 내 상호관계를 알려주는 중요한 단서가 된다.

원만한 가정에서의 피검자들은 자신이 느끼고 있는 애착 경험을 꾸밈없이 표현한다. [그림 101]은 가족구성원들 사이에 장애물이 없고 전등을 통해 적절한 애착관계를 느끼게 하는 조화로운 관계를 보여주는 그림 양식으로 일반적인 가족 관계를 경험한 피검자에게서 보여질 수 있다.

[ 그림 101 ]

■ 구획 나누기

가족 내에서 이띠한 불민족한 경험을 하였기 때문에 적절하게 애성을 표현할 수 없는 경우에 직선이나 곡선을 사용하여 가족을 분리하게 된다. 이때 피검자들은 선을 그려서 분리를 표현하는 것이 일반적이나 개인에 따라서는 종이를 접어서 구분하는 경우도 있다. [그림 102]는 7세 여아가 그린 KFD로 가족 전체가 자기 일에 몰두되어 있으며 가족 내 상호관계가 부족함을 느낄 수 있다. 실재 이 가정은 권위주의적인 사고가 강한 아버지의 태도 때문에 가족이 상호간에 적극적인 애정 표현이 이뤄지지 못하고 각자의 일에서 스스로 자기를 보호하고 있다. 그러한 환경에서 어린 피검자는 외롭고 자기표현을 충분히 못하며 적극적인 또래 관계를 맺지 못하고 있다.

구획 나누기는 가족관계에서 감정적으로 많이 떨어져 있거나 사회적으로 고립된 피검자들의 전형적인 모습이라고 볼 수 있으며, 위축되고 고립된 성격 장애의 초기 단계에서 흔히 나타날 수 있는 표현양식이다.

[ 그림 102 ]

■ 포위하기

포위의 양식은 선으로 둘러싸거나 줄넘기, 그네, 책상 등의 사물을 통해 자신을 힘들게 하는 사람을 분리시키거나 제외시키고 싶은 욕구를 표현한다. 때로는 두 사람을 포위하는 경우도 있는데 이러한 경우는 두 사람을 동일시하는 경우에 흔히 나타나기도 한다. [그림 103]은 가족 내 방임과 신체적 학대를 경험한 청소년의 KFD이다. 무서운 아버지와 자신의 사이에 장애물을 두어 차단하고 가둠으로써 자기 보호를 위해 포위양식을 사용하고 있다.

[ 그림 103 ]

▣ 밑선과 윗선 긋기

가성에 대한 위기감을 느끼거나 불안감을 가지고 있을 때 가족의 머리 위에 또는 발아래에 선을 그어 불안을 통제하려고 한다. 또는 어떠한 대상에 대한 불안이 있을 때 그 대상의 밑에 선긋기를 하여 안정감을 갖기도 한다. [그림 104]는 외적으로는 특별한 어려움이 없어 보이나 매사에 의욕이 없고 불안이 있는 18세 청소년의 KFD이다. 피검자는 자신을 그리고 싶지 않았다며 가장 마지막에 자신을 그려 넣었다. 부모는 웃고 있지만 아버지에 의해 목이 졸려지고 있는 동생과 잔뜩 불만족한 피검자를 주시할 필요가 있다. 선긋기를 제외하더라도 일반적이지 않은 가족 전체에 대한 손발의 생략 등에서도 가족의 어려움은 예측할 수 있다. 실재 이 가정은 부모의 이혼이 거론되고 있고 서로 간에 상호관계가 안 되고 있다. 윗선과 밑선의 표현은 피검자의 가정에 대한 불안과 지지받지 못한 가족관계에서의 안정 욕구를 반영한다고 볼 수 있다.

[ 그림 104 ]

■ 테두리 따라 그리기

[그림 105]와 같이 검사지의 가장자리를 따라 그리는 것은 저항적이고 방어적인 피검자에게서 나타날 수 있으나 매우 영특하고 현학적인 사람에게서도 흔히 나타날 수 있다.

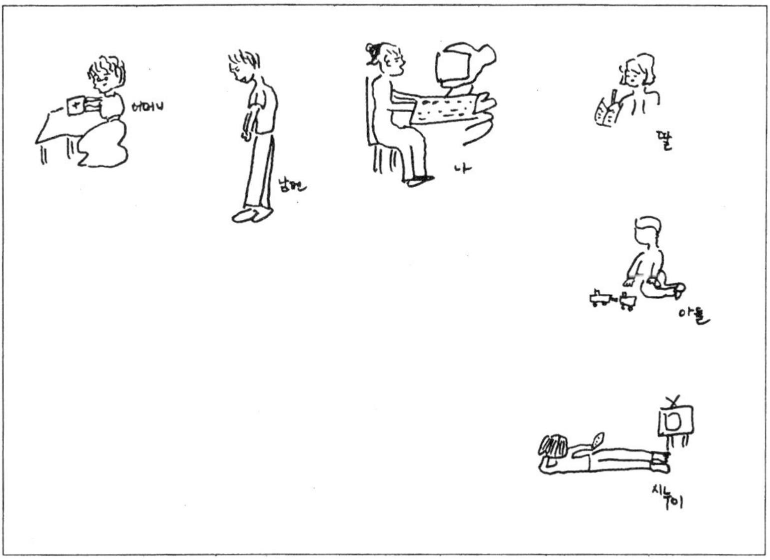


[ 그림 105 ]

### 3. KFD에서 흔히 나타나는 상징

동적 가족화(KFD)에서 나타나는 모든 상징에 대해 임상적 의미를 부여하는 데는 해석자에 따라 과잉 해석하거나 잘못된 해석을 내리기 쉬운 주제이므로 많은 어려움이 따르게 된다. 그러나 투사적 도구에서 나타나는 상징이란, 특히 아동들의 가족화에서 나타내는 반복적인 상징에 대한 논의는 가족관계의 무의식적인 표현으로서 특별히 의미 있는 일이다. 다만 상징을 사용하는데 있어서 흔히 나타날 수 있는 어려움은 과잉 단순화인데 이는 동적 가족화에서도 예외일 수 없다. 그림에 드러난 다양한 상징적 의미를 더욱 풍부하게 하기 위해서는 모든 투사그림에서와 같이 신체적 측면과 임상적 측면의 모든 자료가 통합적으로 다뤄져야 한다. 그림평가에서는 개인의 언어적 표현을 포함하지 않고서는 올바른 해석이라 할 수 없음을 다시 한번 강조한다.

동적 가족화의 모든 상징을 나열하기는 어렵고 다만 여기에서는 기본적인 상징에 대해 영역화하여 제시될 것이다. 구체적인 상징에 대해서는 이 책의 전체에서 다뤄지고 있으므로 참고하기 바라며 보다 다양한 상징연구를 위해서는 관련 원문과 참고자료를 통해 보완하기 바란다.

[ 그림 106 ]

■ 공격성, 경쟁심과 관련된 상징

공격성과 관련된 상징은 주로 던질 수 있는 물체와 공, 먼지털이, 빗자루 등으로 표현된다. [그림 106]은 가족 내에서 인정받지 못하고 매사에 말썽꾸러기로 비난받고 있고 가족 내에서 위축되어 있는 7세 아동의 KFD이다. 공중 쳇바퀴를 돌고 있는 피검자를 향한 어머니의 먼지털이와 형이 찬 공의 방향을 잘 살펴볼 필요가 있다. 전체 가족으로부터 소외되고 있고 그림 표현은 불안하고 매우 위험스러운 상황을 느끼게 한다.

### ▣ 애정과 관련된 상징

전등이나 태양, 난로 등의 적절한 열과 빛은 애정과 희망을 나타내지만, 다리미와 불과 같은 지나치게 강렬한 빛이나 열은 불만족한 애정에 대한 욕구 또는 그와 관련된 증오심과 분노를 나타내기도 한다. 예를 들어서 전등은 밝고 강한 빛을 가지면서 적절하게 통제적인 측면을 가지고 있다는 점에서 따뜻함과 사랑에 대한 욕구를 반영한다고 볼 수 있다. 그러나 불은 빛을 보낸다는 측면에서는 사랑의 욕구와 관련되지만 지나치게 강할 경우에는 파괴적일 수 있다는 점에서 사랑이 지나쳐 미움으로 바뀌는 것과 같은 측면에서 해석될 수 있다. 필자의 경험에서도 KFD에서 불의 등장은 애정문제와 관련하여 분노를 가진 피검자들에게서 흔히 나타나는 것을 볼 수 있었다.

[ 그림 107]

### ▣ 분노와 관련된 상징

분노와 적대감 그리고 거부와 관련된 상징은 흔히 칼, 총, 방망이, 날카로운 물체, 폭발물 등의 상징으로 대변된다[그림 107]. 이외에도 진공청소기와 북과 같은 치는 것 또한 분노와 관련된다. 북을 치거나 뭔가를 두드리는 것에 분노감정을 전이시키는 것 같다.

### ▣ 힘과 관련된 상징

힘의 과시로 나타나는 상징은 주로 공, 마차, 자전거, 오토바이, 차, 기차, 비행기 등으로 표현되는 것을 볼 수 있다. 피검자들의 인물그림에서는 힘을 사용하려는 신체부위에 음영을 칠하여 억제된 심리를 나타내기도 한다.

[ 그림 108 ]

■ 우울감정과 관련된 상징

우울감을 가진 피검자의 KFD에서는 흔히 물과 관련된 주제[그림 75]가 등장하는 것을 볼 수 있다. 실제 우울증을 앓고 있는 피검자의 그림에서 빗속에 서있거나 걷고 있는 그림을 쉽게 볼 수 있다. 아동의 그림에서는 모성박탈이나 박탈로 인한 우울감정과 관련하여 냉장고를 표현하는 경우가 흔히 있다. 냉장고 자체는 양육과 관련되나 차가운 냉기는 따뜻한 열기와는 반대의미를 시사한다[그림 108].

## 4. KFD에서 나타난 인물상의 특징

가족의 각 인물상에서 표현되는 특성은 HTP에서 소개된 인물화의 상징적 해석을 참조하면 보다 구체적인 이해가 가능할 것이다. 여기에서는 KFD에서 흔히 볼 수 있는 특성을 간략하게 소개할 것이다.

■ 팔을 길게 늘여서 그린 경우

[그림 109]에서와 같이 KFD에서는 흔히 왜곡되어 그려진 팔이 등장하기도 한다. 청소년기에 있는 이 피검자는 그림 속의 자신은 과자를 훔치고 있고, 어머니는 단상 위에서 연설을 하고 있고, 아버지는 출근하고 있다고 설명했다. 피검자는 현실의 가족에 대해서 아버지는 모범 회사원이지만 무능하고 어머니는 자기 일에 열심이지만 아버지를 지나치게 무시한다고 했다. 자신의 긴팔에 대해서는 설명을 피하고 그냥 그렸다고 했다.

그림에서 볼 수 있듯이 받침대 위에서 아버지에게 시선을 집중하고 있는 어머니의 모습은 남편에 대한 지배 욕구와 관련되며 자신에게 관심주지 않는 것에 대한 분노적 심리를 반영한다고 볼 수 있다. 피검자 자신의 표현은 미숙한 방어로서의 퇴행한 자기를 시사한다고 볼 수 있다. 그림과 같이 흔히 긴팔의 끝에는 청소도구나 빗자루, 청소기, 붓, 무기 등이 들려지는 것을 볼 수 있다.

▣ 받침대 위에 올려진 인물상의 경우

[그림 109]와 같이 인물상을 실제 키보다 높게 올려 그린 경우는 지배적인 욕구가 강한 피검자에게서 흔히 발견할 수 있다.

[ 그림 109 ]

▣ 지우기한 경우

KFD에서 지우기는 가족 관계에서의 갈등을 이해할 수 있는 중요한 임상적 의미를 갖는다[그림 97].

▣ 검사지 뒷면에 그린 경우

KFD 검사 시 어떤 피검자는 간혹 가족 중 누군가를 그리지 않으면 안 되는지 묻기도 하고 또는 검사지 공간이 부족하다며 검사지 뒤쪽에 그리면 안 되겠는지를 질문하기도 한다. 어떤 경우는 한동안 그림을 그리지 못하고 있는 피검자도 볼 수 있다. [그림 110]은 10세의 여아가 그린 것이다. 엄마를 그릴 곳이 없다며 한동안 고민하듯 있다가 안 그리면 안 되겠느냐며 반복 질문을 했고 이에 검사자는 원하는대로 하도록 했으나 결국 종이 뒤쪽에 어머니[그림 111 뒤]를 그리고서야 KFD를 끝냈다. 어머니의 모습은 가족구성원들과는 매우 다른 느낌을 준다. 피검자의 어머니에 대한 갈등을 느끼게 한다.

[ 그림 110 앞]

[ 그림 111 뒤 ]

▣ 가족 누군가를 생략한 경우

검사지 뒷면에 조차 그리지 않은 경우는 피검자가 가족으로 인정하고 싶지 않거나 거부하고 싶은 강한 심리를 반영한 경우로 이해될 수 있다. [그림 112]는 23세의 여성이 그린 KFD이다. 자신을 제외시킨 이유를 '특별히 하는 일이 없기 때문'이라고 한 것에 주의를 기울여 볼 필요가 있다. 남동생 또한 상체를 그리지 않았고 언니도 다리를 그리지 않았다. 구분화와 신체부위의 생략, 제외에서 가족관계의 어려움을 느낄 수 있다.

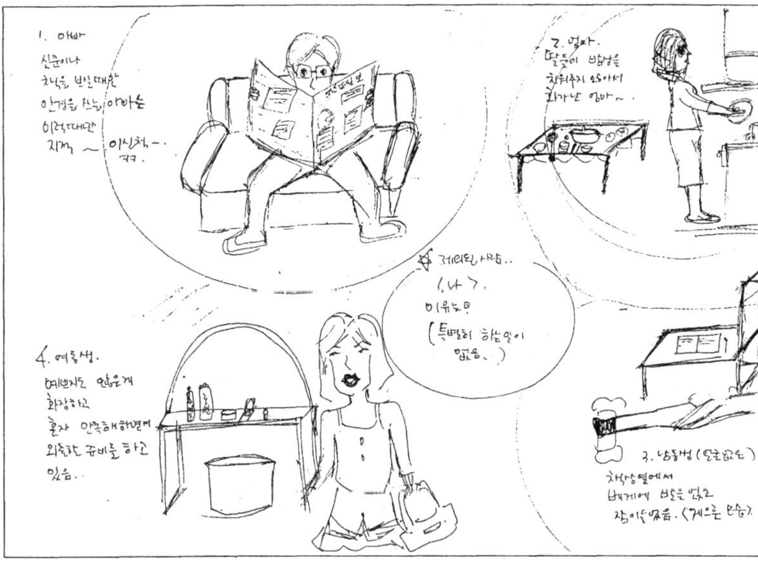


[ 그림 112 ]

▣ 자세가 경사지거나 매달려 있는 경우

간혹 인물상을 불안하고 위험스러운 장소에 그려놓거나 넘어질 듯한 자세로 표현하는 경우가 있다. [그림 106]은 어머니와 주 3일 이상을 떨어져서 생활할뿐 아니라 가족내 말썽꾸러기로 잦은 비난을 받는 7세 아동이 그린 KFD이다. 어머니에 대한 피검자의 감정이 반영된 것이라고 볼 수 있다.

▣ 신체부위를 생략하여 그린 그림

[그림 113]은 5세 때 부모가 이혼하고 아버지의 재혼 후 도벽문제와 거짓말을 하기 시작한 후 최근에는 부석응 문세가 더욱 심각하게 드러나 의뢰된 11세 여아의 KFD이다.

[ 그림 113 ]

▣ 가족의 눈을 피카소 그림처럼 그려낸 경우

눈의 방향이 누구에게로 향하는가를 관찰할 필요가 있다. 눈이 향해 있는 대상에 대해 피검자가 양가감정을 가지고 있을 수 있다.

▣ 인물상을 회전해서 그린 경우

흔하지 않지만 간혹 나타날 수 있는 특성이다. 피검자가 가족 내에서 소외되고 있다고 느낄 때 또는 관심욕구를 나타낼 때 [그림 106]과 같은 KFD를 그려낼 수 있다.

## 5. KFD 그림 검사의 채점 기준

### 1) KFD 검사의 모눈종이

모눈종이를 사용하는 이유는 가족 간의 인물 크기, 위치, 거리를 쉽게 측정할 수 있게 해주므로 가족 간의 유대감, 우월감, 열등감, 친밀감 등을 파악하는데 도움이 되기 때문이다.

### 2) 번스(Burns)의 채점기준

모눈종이가 객관적인 정보를 제공해 주는 반면, 분석용지는 가족의 활동 내용과 양식, 상징 등을 통합적으로 요약해주므로 임상 연구에 유용하다.

### 3) KFD 검사의 분석용지 (Burns의 기준)

(1) 양식

① 구획나누기
② 포위하기
③ 밑선 긋기
④ 어떤 특정인물 아래에만 밑선 긋기
⑤ 외형만 그리거나 검사지 테두리를 따라 그리기
⑥ 검사지 위 부분에 선긋기
⑦ 검사지를 나름대로 접은 후 구획 나눠 그리기

(2) 상징

| 상징 / 인물 | 상징 내용 |
|---|---|
| 자신 | |
| 부 | |
| 모 | |
| 형제 | |
| 기타 | |

(3) 인물상의 행위

| 인 물 | 가족 각자의 활동 | 가족원간의 활동 | 대상(받는 사람) |
|---|---|---|---|
| 자신 | | | |
| 어머니 | | | |
| 아버지 | | | |
| 형, 오빠 | | | |
| 누나, 언니 | | | |
| 남동생 | | | |
| 여동생 | | | |
| 기타(구체화) | | | |

(4) 동작성 가족화(K-F-D)에 나타난 각 인물상의 특징

| 인 물 | 자신 | 부 | 모 | 형제 | | | 기타 |
|---|---|---|---|---|---|---|---|
| 팔을 더 길게 늘여서 그린 경우 | | | | | | | |
| 받침대 위에 올라가 있는 것으로 그린 경우 | | | | | | | |
| 지우기 한 경우 | | | | | | | |
| 검사지 뒷면에 그린 경우 | | | | | | | |
| 매달려있게 그린 그림 | | | | | | | |
| 신체부위를 생략하여 그린 경우 | | | | | | | |
| 어떤 인물을 생략하고 안 그린 경우 | | | | | | | |
| 눈을 피카소의 그림같이 그린 경우 | | | | | | | |
| 모습을 회전해서 그린 경우 | | | | | | | |

(5) 역동성 가족화(K-F-D)의 모눈종이 사용)

| 역 동 \ 인 물 | 자신 | 부 | 모 | 형제 | | | 기타 |
|---|---|---|---|---|---|---|---|
| 길이 (cm) | | | | | | | |

| | | | | | | | |
|---|---|---|---|---|---|---|---|
| 자기상의 위치 | | | | | | | |
| 자기상과 떨어져 있는 거리 (cm) | | | | | | | |
| 그린 순서 | | | | | | | |
| 각 인물의 위치 | | | | | | | |
| 인물의 방향 | | | | | | | |
| 그 외 (자세히 언급할 대상) | | | | | | | |

## III. KFD 검사의 임상적 활용

### 사례 1 : 죄책감과 불안에 시달리던 수인

[그림 100, 114]를 그린 수인은 앞에서도 소개했듯이 큰딸로서 감당해야 하는 부담과 그에 대한 분노가 있다. 불안 때문에 자신의 능력을 제대로 발휘하지 못하고 있다. 화목한 저녁식사 시간의 한때라고 제목을 붙였으나 수인의 KFD에서 우리는 몇 가지 특징을 볼 수 있다. 구분화의 구성과 얼굴 없는 모성상, TV보는 아버지, 휴지통 등의 특성은 불안정하고 갈등적인 가족의 분위기를 느끼게 한다. 경쟁 대상이 될 수 없는 편애하는 동생 옆에 휴지통을 그려 질투심에 대한 심리를 반영하고 있다. 화목한 저녁시간이라고는 느낄 수 없는 독립적인 각자의 활동과 자세를 반영한 구분화에서 분열된 상호관계를 엿볼 수 있다. 검사결과물에 대한 논의는 가족을 치료공간으로 연결하는데 부족함이 없는 강렬한 안내자가 되었고 치료과정은 개인치료와 가족치료, 부모교육으로 연결되었다. [그림 114]에서 볼 수 있듯이 수인은 큰딸로서 감당해야 했던 무거운 짐을 내려놓고 초기 청소년기의 과제를 향해 갈 수 있는 환경을 제공 받을 수 있게 되었다.

치료 전 KFD [ 그림 100 ]

치료 후 KFD [ 그림 114 ]

**사례 2 : 가족의 품에 안긴 혜인**

[그림 115, 116]은 6세 여아가 그린 KFD이다. 혜인은 초기 1년을 가족과 떨어져 이모에 의해 양육되었고 이후 가족에게로 돌아왔지만 또래관계가 잘 안되고 유치원 적응도 쉽지 않았다. 가족화의 구획화 형식은 가족 내에서 상호간에 적극적인 애정관계를 느끼지 못하고 있는 혜인의 갈등 감정을 느낄 수 있게 한다.

치료과정은 개별치료에서 집단치료로 연결되고 부모개입을 구체화하므로서 재 양육의 보상과정이 가능했고 위축된 또래 관계가 적극적인 관계로 발전되었다. 사후의 KFD에서 드러나듯이 아직은 상호관계가 충분하지는 않지만 현재 혜인은 잘 적응해가고 있다.

치료 전 KFD [ 그림 115 ]

치료 후 KFD [ 그림 116 ]

제 7 장

# 발테그 검사
# (WZT : Wartegg Zeichen Test)

1939년 발테그(Ehring Wartegg)에 의해서 개발되었으며 2차 세계대전 이후 동료인 베텔(August Vetter)에 의해 WZT와 필적을 결합시켜 분석한 시도가 있었다. 이후 아베 랄르멘(Ave-Lallemant, Ursura)에 의해 계승되고 개발되었으며 연구되었다. 여기에 소개되는 내용(WZT & SWT)은 일본 의과대학 심리학과 교수인 杉浦京子(2001)에 의해 소개된 자료와 이의길(1965)의 논문을 인용하여 수정 보완된 내용이다.

이 검사는 일반적인 그림검사가 내용에 있어서 제한을 받게 되어 있는 반면에 내용에 제한이 없으면서도 고정되고 정밀한 자극도를 제시함으로써 자극의 감각적 수용과 자극에 대한 충동성 간의 관계를 더욱 정확하게 측정하려는 데 목적이 있다.

검사지는 사방 4cm되는 흰 사각형이 4개씩 2열로 형성되어 있으며 모두 8개의 사각형이 검은 테두리와 강한 대비를 이루고 있고 각 칸에는 계획적으로 이루어진 자극기호가 그려져 있다. 검은 테두리는 흰색의 사각형 내부와 흑백의 대비를 이루므로서 반사적인 운동성의 긁적거리고, 채우며, 검게 칠하려는 경향을 더욱 자극시키게 된다. 미리 주어진 자극기호는 객관적으로 주어진 자극기호가 요구하는 운동 충동의 한계에 대한 척도가 된다.

이 검사의 활용 범위는 정신병적 진단, 특수아동 판별의 보조수단, 교육 및 직업 상담, 발달검사 등에 사용될 수 있다. 검사의 유용성은 타 검사와는 달리 검사 직후 이야기 치료로 쓰일 수 있다는 점이 특징이다.

## I. WZT 실시 방법

자극도가 그려진 검사지를 제시하고, '이 검사지는 사각형 8개가 검은 테두리에 둘러싸여 있습니다. 8개의 테두리 안에 있는 각 칸에 무엇인가를 그리세요.' 라고 지시한다. '순서대로 그리나, 순서를 지키지 않아도 됩니다. 그리기 어려운 것은 나중에 그려도 됩니다.' 라고 한다.

실시 후 마지막 그린 그림은 어떤 것인지 표시하고 자극도에 대해 어떠한 인상을 받았는지, 무슨 그림을 그렸는지, 그리고 좋아하는 그림과 싫어하는 그림에 대한 질문을 한다. 피검자의 평가나 연상되는 것을 이야기 하도록 한다.

※ 주의할 점 - 자극도를 사용하여 그리도록 지시해서는 안 된다.

※ WZT검사지

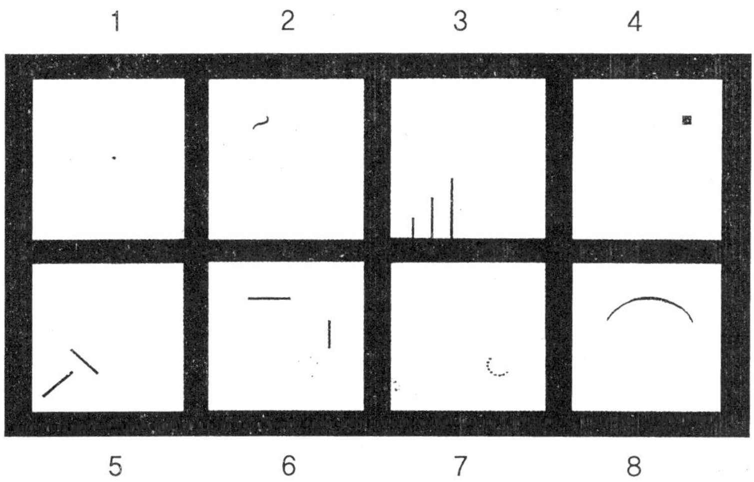


## II. WZT 해석 지침

### 1. 자극도에 대한 반응

#### 1) 자극도를 활용했는가?

일반적으로는 자극도에 반응하고 어떤 형태이든 자극도를 이용하여 그려 나가는데 그것은 실현 인지도가 작용되고 있음을 말한다. 자극도를 무시하는 경우는 내적 세계가 더 중요시되고 외부 현실로부터 고립되어 있을 가능성이 높다.

#### 2) 자극도의 성질에 반응하고 있는가?

각각의 자극도는 다른 성질을 가지고 있다. 즉 자극도 1, 2, 7, 8은 곡선적이며 생명력이 있는 선이 그려지는 경향이 있으며, 반면에 자극도 3, 4, 5, 6은 직선적이고 물건이나 사물이 그려지는 경향이 있다. 이 자극도들은 서로 같은 성질의 반응을 기대한다. 만약 피검자가 다른 성질을 나타낸다면 주관성을 시사한다고 볼 수 있으나 어려움도 배제할 수 없으므로 그 주제에 대한 상담이 필요할 수도 있다.

| | |
|---|---|
| 자극도 1. | 중심적 · 집약적 특성 때문에 자아와 관련된다. |
| 자극도 2. | 흘러내리는 성질 때문에 유동적인 표현으로 반응된다. |
| 자극도 3. | 막대기 형태로 계단과 같은 느낌이 든다. 그러므로 한 단계씩 밟고 올라간다는 느낌으로 규칙성과 상승의 의미와 관련된다. |
| 자극도 4. | 작지만 사각형의 검정색이 약간은 무거움의 느낌을 주므로 무의식의 영역과 관련이 된다. |
| 자극도 5. | 올라가려는 것과 막는 역할의 표현이 동시에 나타나므로 방해 받았다는 느낌을 갖게 한다. 따라서 갈등과 긴장의 의미를 함축하고 있다. |
| 자극도 6. | 횡선과 중선으로 별 관련성이 없어 보이나 이 두개의 선이 합해지면 통합성과 전체성을 느낄 수 있게 된다. 그러므로 완전과 통합성의 테마에 맞는지 살펴보아야 한다. |
| 자극도 7. | 섬세한 점선의 특성 때문에 민감성을 느끼게 하므로 감수성과 민감성의 테마를 담고 있다. |
| 자극도 8. | 덮어씌우듯 편안하고 넉넉함을 느끼게 하므로 안심감과 관련된다. |

### 3) 각 자극도 안의 주제에 반응하고 있는가?

8개의 테두리 안에는 각각의 특정한 주제가 있으며 특징을 가지고 있다. 각 주제에 대해 특징과 관련된 반응을 인식하고 있는지 등을 검토한다.

▣ 주제의 반응

자극도 1과 8　자아와 안심
자극도 2와 7　감정과 감수성
자극도 3과 5　달성과 긴장
자극도 4와 6　문제와 통합

▣ 주제의 특징과 데미의 관련성

자극도 1 → 중심적, 집약적/중심성, 중심점, 자기, 자아
자극도 2 → 유동적, 수동적/운동, 움직임, 감정
자극도 3 → 상승경향, 엄격성, 규칙성/상승, 노력, 의욕
자극도 4 → 중량감, 무의식 관련/하중, 곤란, 문제성
자극도 5 → 갈등, 긴장감/긴장, 능력, 3에 필요한 에너지
자극도 6 → 통합, 전체성/완전성, 통합
자극도 7 → 섬세함, 민감함/감수성, 민감성
자극도 8 → 편안함, 느긋함, 감싸기/안심

▣ 자극도 주제에 대한 일반적인 반응과 문제 반응

아래에 소개되는 사례는 보편적인 확률을 의미하며 독자의 이해를 돕기 위한 자료로서 제공될 뿐 중요한 것은 피검자의 느낌과 그 속에 함축된 의미를 배제해서는 안 된다.

| 반응 \ 자극도 | 1 | 8 |
|---|---|---|
| 일반 반응 |  [ 그림 117 ] | 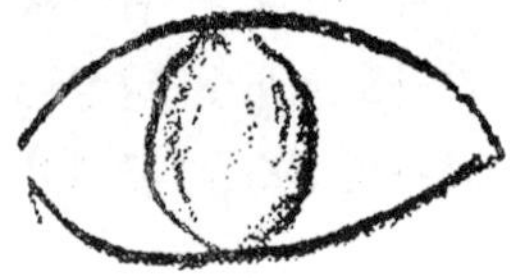 [ 그림 118 ] |
| 문제 반응 |  [ 그림 119 ] | 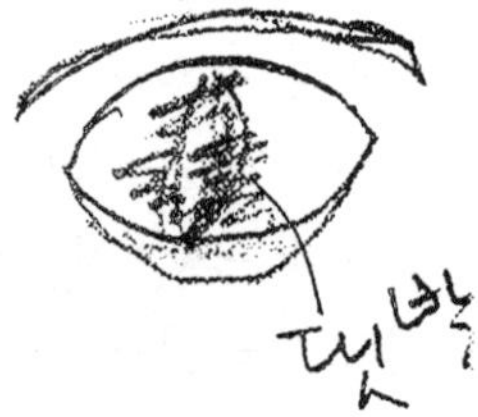 [ 그림 120 ] |

| 반응 \ 자극도 | 2 | 7 |
|---|---|---|
| 일반 반응 |  [ 그림 121 ] |  [ 그림 122 ] |
| 문제 반응 |  [ 그림 123 ] |  [ 그림 124 ] |

| 자극도 / 반응 | 3 | 5 |
|---|---|---|
| 일반 반응 |  [ 그림 125 ] |  [ 그림 126 ] |
| 문제 반응 | 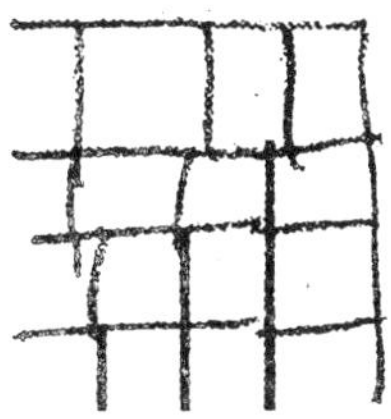 [ 그림 127 ] | 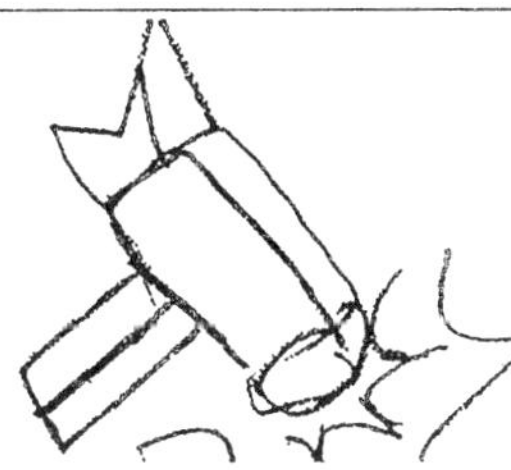 [ 그림 128 ] |

| 자극도 / 반응 | 4 | 6 |
|---|---|---|
| 일반 반응 |  [ 그림 129 ] |  [ 그림 130 ] |
| 문제 반응 |  [ 그림 131 ] | 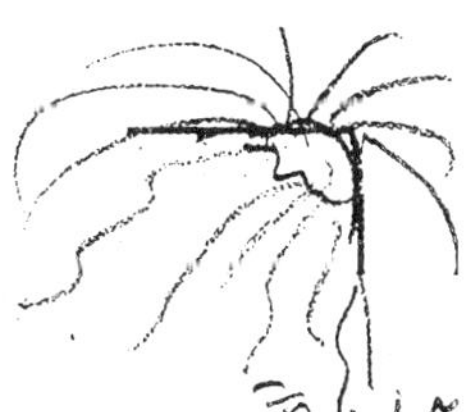 [ 그림 132 ] |

## 2. 형식적 평가

형식적 평가에서는 그림을 어떻게 그렸느냐에 초점을 두게 된다. 선(필적)의 처리를 어떻게 하였는지, 형태의 특징은 어떠한지, 공간 사용의 위치는 어디에 두었는지, 면처리는 어떠했는지에 따라서 피검자의 적응력을 가정할 수 있다.

### 1) 필적 분석

선의 특성을 보는 것으로 강한선과 약한선, 굵은선과 가는선, 수정선과 무수정선 등으로 구별된다.

▣ 강한 선

연필 자국을 느낄 수 있을 만큼 강한 힘이 들어있다. 이러한 선을 사용하는 피검자는 강한 의지력으로 통제력이 지나치므로 매사에 억압적이고 경직되어 있고 수용력이 결핍되어 있을 수 있다.

▣ 약한 선

약한 선을 사용하는 피검자는 약하고 깨지기 쉽기 때문에 상처받기 쉽고 의지력이 약하며 파괴되기 일보직전이다. 긍정적인 면은 감각적인 요소를 가지고 있으며 감수성이 우위를 차지한다.

▣ 굵은 선

굵은 선은 현저하게 굵거나 의식적으로 굵게 그린 선이며 그린 선위에 다시 선을 그어 굵게 한 것도 포함된다. 이러한 선은 선이 두껍고 강한 힘이 들어 있으므로 그린 선이 난잡해 보이고 미숙해 보인다. 굵은 선을 사용하는 피검자의 긍정적인 면은 에너지가 넘치고 자발적이며 본능적인 경향이 있으나 방향을 잃어버린 충동성, 본능적, 독선적, 돌발적이며 통제되지 않은 행동을 나타낼 수 있다.

▣ 가는 선

가는 선을 사용하는 피검자는 냉담하고 민감하며 감상적인 경향이 있는 반면에 개방성이 결여되어 있을 수 있다.

▣ 수정 선

하나의 선을 그리기 위해 짧고 끊어진 여러 개의 선을 사용하여 그리거나 더욱 확실하게 하기 위해 다시 수정하여 그린 선을 의미한다. 이러한 선은 자기성찰의 수단으로 이용하거나 자신감 부족에 대한 억제를 반영하기도 한다. 지나치게 조각난 선은 지나친 자기성찰의 결과 선을 연결해서 그릴 수 없거나 신경질적인 자기 제어를 시사할 수 있다.

▣ 무수정 선

무수정선이란 한번 그린 후에 다시 수정하지 않은 선을 의미한다. 생명력과 활력, 자신감과 관련되는 반면 냉담하고 무관심하거나, 유연성이 결여된 피검자에게서 흔히 표현될 수 있다.

▣ 고착된 선

상징적인 그림에서 흔히 나타날 수 있다. 고착된 선은 심리적 갈등이 있을 때 물건이나 장소에 무의식적으로 집착하게 되며 현재 진행 중인 갈등일 수도 있다.

2) 형태의 특징

그림의 크기와 형태를 보는 것으로 칸을 지나치게 많이 차지하게 그렸는지, 작게 그렸는지, 원형적으로 그렸는지, 각진 형태로 그렸는지를 보는 것이다.

▣ 대형

형태가 큰 것을 의미하며 한 칸을 16등분하여 4분의 3이상의 크기로 그림이 그려졌을 때 대형이라고 평가한다. 대형의 그림을 그리는 피검자의 특성은 개방적이고, 활발하며, 자신감 있고, 행동지향적인 성향을 가졌을 경향이 있는 반면에 정확성이 부족하고 현실성과 인내력이 결여되어 있거나 무분별한 성향의 피검자에게서 흔히 나타날 수 있다.

▣ 소형

평가기준은 검사지 한 칸을 16등분 했을 때 4칸 이내의 크기로 그려지면 소형으로 평가한다. 긍정적인 의미는 현실 감각이 있고 겸손하며 섬세하고 분별력 있다고 보는 반면에 자신감이 없고 무미건조하고 자발성이 결여되어 있을 수 있다.

▣ 원형

대체로 형태가 곡선으로 이뤄져 있거나 곡선의 형태가 많은 경우 원형이라고 한다. 원형의 형태를 많이 사용하는 피검자는 감정이 풍부하고 창의적이고 자발적일 가능성이 높은 반면에 감정에 치우쳐 현실성이 부족할 수 있으며 자기통제가 부족하거나 방임적 성향의 피검자에게서 흔히 나타날 수 있다.

▣ 각형

직선의 형태가 많은 것으로서 각진형의 형태를 주로 사용하는 피검자는 자기통제가 강한 반면 지나치게 감정이 결핍되어 있을 가능성이 높다.

3) 형태의 위치

그림 형태의 위치는 검사지 한 칸을 16등분하여 보았을 때 위에서 부터 상부의 첫줄 4칸을 상위로 보고 중앙의 8칸을 중위, 아래의 4칸에 해당되는 부분 하위로 평가한다. 다시 옆으로 첫줄의 4칸을 좌위, 중앙의 8칸을 중위, 오른쪽 줄의 4칸을 우위로 평가한다. 그림 위치에 대한 의미를 공간상징에 의해 살펴보면 피검자가 주로 상위에 자극도를 활용하여 그림을 그렸다면 그 피검자는 환상에 몰두되어 있다고 볼 수 있으며, 중위는 흥분되기 쉬운 상태의 감정을 반영했다고 볼 수 있고, 하위는 현실적 활동과 관련이 될 수 있다. 좌위에 치우친 경우 적응력이 부족하거나 소극적인 관계를 맺고 있는 피검자에게서 흔히 나타난다. 중위는 관찰력과 관련되며, 우위는 현실적이며 관계 지향적 또는 적응력을 시사한다고 볼 수 있다.

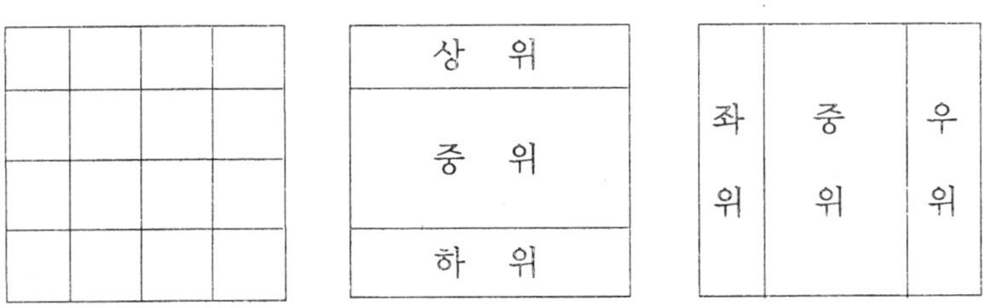


#### 4) 면적의 사용

면적을 사용하는 것에 대한 평가는 전체 면적의 2분의 1이상을 사용하는 경우 충만으로 평가하고 그 이하는 공백으로 평가한다. 공백의 표현적 의미는 집중, 부적응성, 판단력 부족, 섬세하고 현실적인 감각과 분별력, 겸손, 자기통제성을 반영한 반면 소극적인 측면에서는 지나치게 세심하여 자신감이 부족하고 자발성과 실천하는데 어려움이 있을 수 있다.

## 3. 내용적 평가

### ▣ 형식적 해결

형식의 해결방법은 의미 없는 형태나 선 또는 기하학적 도형 등을 사용하는 무의미적 형태와 리듬감 있고 질서가 있거나 문양이나 장식적인 선을 사용하는 심미적 형태로 나눠볼 수 있다. 무의미 형태의 형식적 해결은 일반인보다는 정신문제를 가진 피검자에게서 더 많이 나타날 수 있다. [그림 133]과 [그림 134]는 정신분열증을 가진 청소년과 주의력결핍과 과잉행동을 보이는 아동이 그린 단순 도형적 형식의 WZT이다. 형식적 양식을 사용하는 피검자는 자기 방어로 직접적이고 의미있는 표현을 피하고 개성이 드러나지 않는 형태로 표현함으로써 자기를 보이고 싶지 않은 반면 과장된 자기 반영으로 나타날 수 있다.

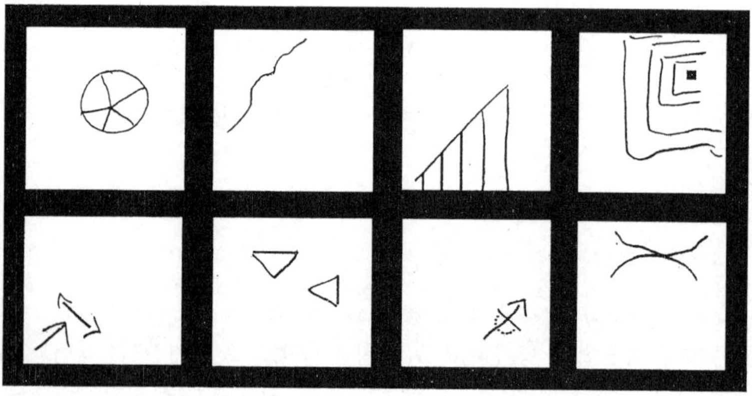

[ 그림 133 ]

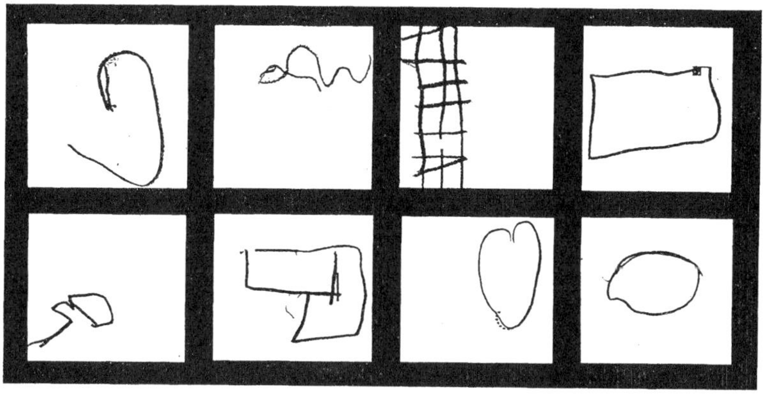

[ 그림 134 ]

▣ 사물적 해결

사물의 해결방법은 정적인 것과 동적인 것으로 비교될 수 있다. 일상용품이나 건물 등의 정적 사물을 사용하는 경우는 구체적인 사물에 관심을 갖고 있거나 냉담하고 이성적 사고를 가진 피검자에게서 흔히 나타날 수 있다. 역동적인 움직임과 관련된 사물들 예를 들면 타는 것과 나는 것 등의 동적 사물은 충동성의 반영을 시사한다고 볼 수 있다. 필자의 경험에 의하면 병리적인 어려움을 가진 피검자보다는 일반인들이 구체적인 사물과 풍경을 더 많이 표현하는 것을 볼 수 있었다.

▣ 회화적 해결

회화적 해결이란 자극도의 사용을 풍경과 인물로 대처하는 경우이다. 분위기 있는 정경적인 풍경화로 표현된 경우 거리를 둔 간접적인 태도의 반영으로 볼 수 있으며, 사람이나 동물 등을 표현하는 경우는 직접적으로 타인과 관계를 맺고자 하는 피검자에게서 많이 나타날 수 있다.

▣ 주관적 해결

객관성 없는 표현은 자기 차원의 의미를 부여한 내면 상태의 반영으로 이해할 수 있다. 주관적 해결을 주로 하는 피검자는 자신의 내적 세계를 중요시 하는 경우 외에도 관계에서 보여질 수 있는 감정의 통합능력 부재로 오는 외부 세계와의 고립상태를 시사할 수 있다는 것 또한 배제 되어서는 안 된다.

### 4. 생활상황

지금까지의 해석은 피검자의 생활상황적 맥락과 관련하여 이해되었을 때 더욱 풍부한 해석이 가능해진다.

### 5. WZT 분석지

1) 자극도에 대한 반응

| | 1 | 2 | 3 | 4 | 5 | 6 | 7 | 8 | 계 |
|---|---|---|---|---|---|---|---|---|---|
| 무시 | | | | | | | | | |
| 자체의미 | | | | | | | | | |

2) 형식적 평가

| | | 1 | 2 | 3 | 4 | 5 | 6 | 7 | 8 | 계 |
|---|---|---|---|---|---|---|---|---|---|---|
| 필적 | 강한선 | | | | | | | | | |
| | 약한선 | | | | | | | | | |
| | 굵은선 | | | | | | | | | |
| | 가는선 | | | | | | | | | |
| | 수정선 | | | | | | | | | |
| | 무수정선 | | | | | | | | | |
| | 고착된선 | | | | | | | | | |

| | | 1 | 2 | 3 | 4 | 5 | 6 | 7 | 8 | 계 |
|---|---|---|---|---|---|---|---|---|---|---|
| 특징 | 대형 | | | | | | | | | |
| | 소형 | | | | | | | | | |
| | 원형 | | | | | | | | | |
| | 각형 | | | | | | | | | |
| 위치 | 상위 | | | | | | | | | |
| | 중위 | | | | | | | | | |
| | 하위 | | | | | | | | | |
| | 우위 | | | | | | | | | |
| | 중위 | | | | | | | | | |
| | 좌위 | | | | | | | | | |
| 면적 | 충만 | | | | | | | | | |
| | 공백 | | | | | | | | | |

※ 면적

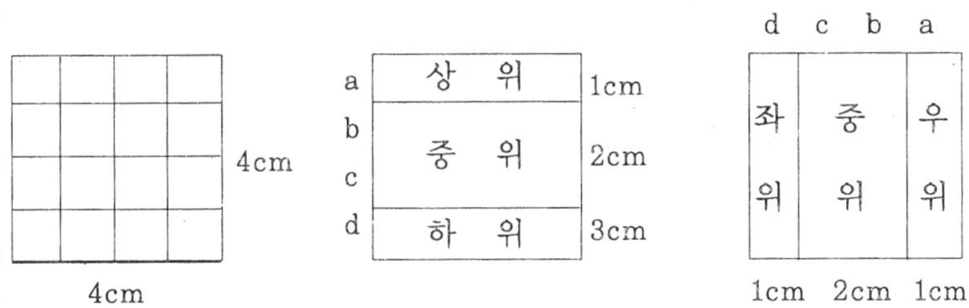


### 3) 내용적 평가

| | | 1 | 2 | 3 | 4 | 5 | 6 | 7 | 8 | 계 |
|---|---|---|---|---|---|---|---|---|---|---|
| 형식적 | 부의미적 | | | | | | | | | |
| | 심미적 | | | | | | | | | |
| 사물적 | 정적 | | | | | | | | | |
| | 동적 | | | | | | | | | |

| | | 1 | 2 | 3 | 4 | 5 | 6 | 7 | 8 | 계 |
|---|---|---|---|---|---|---|---|---|---|---|
| 회화적 | 풍경 | | | | | | | | | |
| | 인물 | | | | | | | | | |
| 유의적 | 상징적 | | | | | | | | | |
| | 비유적 | | | | | | | | | |
| 주관 | 비객관성 | | | | | | | | | |

4) 생활상태

5) 전체평가

## III. WZT의 임상적 활용

사례 1 : 내가 이러한 것을 가질 수 있었다면

[그림 135]는 가족관계에서 어려움을 느끼고 현재 고시원에서 생활하고 있는 19세 청소년의 WZT이다. 피검자는 검사 목표로 누나에 의해 의뢰 되었는데 그의 아버지는 지나치게 억압적인 독실한 기독교인이었고, 어머니는 매우 의존적이고 신경질적 성향을 가지고 있어서 피검자뿐만 아니라 누나와 동생도 부모 앞에서 매우 소극적이고 대인관계에서 심리적 어려움을 가지고 있다. 양육적인 가정을 기대하기란 어려운 가족환경 내에서 큰 아들로서 감당해야 하는 부모의 기대와 요구를 견뎌내기에는 너무 힘겨웠을 것 같다. 피검자의 WZT에서 그림 각각의 표현과 설명을 주목할 필요가 있다. 우선 자극도 사용과 특성을 무시해 버렸고 상징들도 싸움 준비와 관련된 것들로 채워져 있는 것을 볼 수 있다. 피검자는 그림설명에서 '내가 이러한 칼과 방패를 가지고 있다면 정의의 편에서 싸울 수 있을 텐데' 라고 했고, '옷은 나의 창피를 가려줄 것이다. 장갑이 있다면 내 손이 다치지 않을 테고, 신발이 있다면 발도 다치지 않을 테고, 투구가 있다면 내 머리가 다치지 않을 것이므로 지금처럼 머리의 상처 때문에 멍청이가 되지도 않았을 것인데' 라고 했다. 이러한 내용들에서 볼 수 있듯이 전반적인 표현들이 자신을 보호할 수 있는 것들로 채워졌다는 점이 상징적이다.

피검자는 현재 가족과 전혀 교류가 없고 생활비도 지원받지 못한 상태에서 두 번의 자살을 시도한 경험을 가지고 있다. 아동기에는 부모로부터 신체적 학대 경험도 가지고 있다. 피검자의 WZT 결과는 자신을 보호할 수 있는 것 외에는 다른 어느 것도 생각할 수 있는 여유가 전혀 없는 것처럼 느껴진다. 내적 욕구와 고립상태로 긴장되고 황폐한 양육환경과 억압된 분노 또한 그대로 표현하고 있는 것 같지만 이 또한 에너지로 전환될 수 있는 힘이라고 볼 수도 있다. 피검자는 검사자의 치료 제안을 받아들였고 그 과정은 가족관계에서의 갈등 해결을 위한 통로로서 제공되었다. 그럼에도 충분치 못했던 점은 피검자 가족은 가족치료가 절대적으로 필요했으나 부모의 저항으로 피검자의 개별 개입에 한정되었다. 피검자의 더 많은 가능성과 재능을 찾을 수 있는 기회가 될 수 있었음에도 결코 그 기회를 사용할 수는 없었고 서로가 거리를 두고 이해하는 것으로 끝낼 수 밖에 없었다.

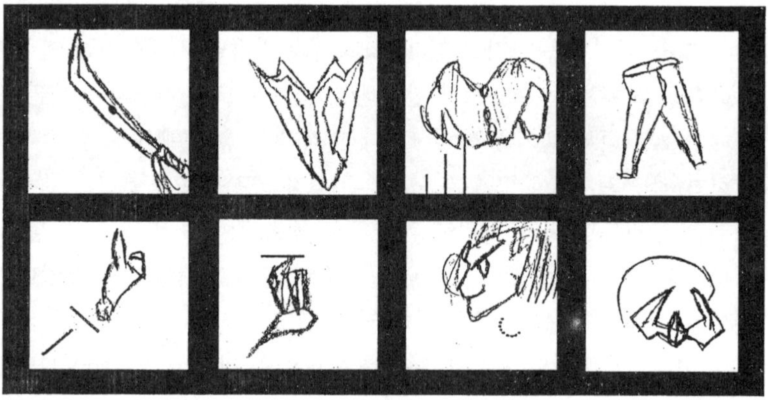

[ 그림 135 ]

**사례 2** : 권위주의적인 부모의 양육으로 성장을 저해 받는 효진

[그림 136]과 [그림 137]은 26세의 효진이가 그린 WZT이다. 효진이는 예술적 재능을 가진 매우 영특하고 착한 심성을 가진 여성이지만 자신의 재능을 발휘할 수가 없었다. 세 자매 중 맏이인 피검자는 8세경부터 아버지로부터 지속적인 신체적 · 정서적 학대를 받아왔었다. 원가족으로부터 사랑을 받지 못하고 성장한 아버지는 자수성가하여 현재에 이르렀지만 내적 대상이 튼튼하지 못했던 자신의 욕구를 자녀에게 투사함으로써 대처하고자 했다. 창의적인 예술성과 자유분방하면서도 전

혀 노력하지 않는 것처럼 보이므로 피검자는 아버지의 타켓이 될 수 있었을 것이다. 피검자는 청소년기가 되면서 학대에 대한 대처를 자기방식대로 풀어갔는데 그 결과는 학교 부적응으로 연결되었다. 기대에 어긋나는 행동이 나타나면 마음대로 먹지도 쉬지도 못하게 하는 아버지의 신경증적 투사에 대한 대처 반응은 우울증적 무력감으로 발전되면서 폭력적이고 난폭한 반사회적인 성향으로 표출되었다. 피검자의 WZT를 보면 그녀의 자유롭고 싶음과 애정욕구와 발선을 느끼게 한다. 오랜 기간의 치료는 피검자가 자신의 가능성을 찾도록 도울 수 있었지만 편집적 성향을 가진 아버지의 개입은 쉽지 않았다. 치료결과는 피검자와 아버지를 분리하는 것으로 종결되었고 현재 피검자는 오랜 청소년기의 유아적 고착에서 벗어나 자신의 삶을 위해 공부에 집중하고 있다. 다시 찾은 자기회복의 경험은 피검자에게 새롭게 태어나는 자기에게 더 많은 에너지를 줄 것이며 진정한 자유와 성장을 향해 계속 발전해 갈 것이다.

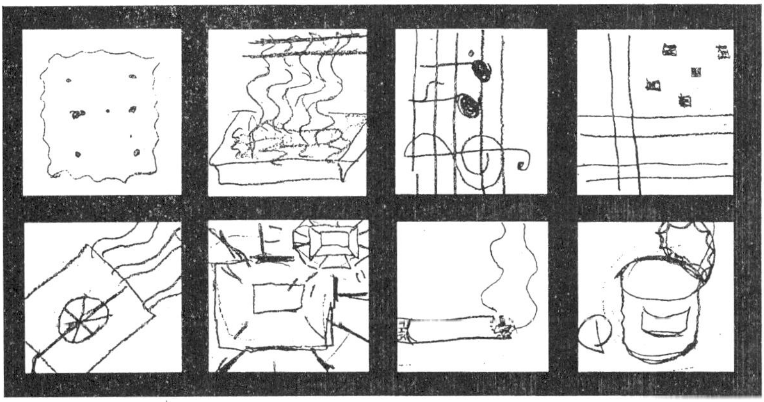

치료 전 [ 그림 136 ]

치료 후 [ 그림 137 ]

제8장

# 별, 파도 그림 검사
## (SWT : Star-Wave-Test)

SWT는 1970년대 독일의 심리학자 울슈라 아베 랄르멘(Ave-Lallement, Ursuza)에 의해 창안 개발되었으며 이후 1978년에 간행되었다. 발테그 검사와 필적검사 그리고 나무검사와 함께 사용함으로써 종합검사로서의 효과성을 기대할 수 있으며 취학 전후 아동의 발달기능검사로도 가능하다.

SWT의 특성은 그림표현의 기본요소인 형태와 움직임과 공간사용법에 의해 파악된다. 별을 그리는데 사용되는 한 줄 긋기의 필체는 대뇌기능과 관련이 되고, 파도를 그릴 때 사용되는 흔들리는 동작은 소뇌의 운동 기능과 관련된다고 한다. 검사지의 빈공간의 사용은 피검자가 별과 파도를 공간 안에 어떻게 배치하는가를 통해서 그 사람의 정신적 특성을 이해할 수 있다. 별과 파도를 그린 후에 다시 첨가물을 그려보도록 함으로써 이차적인 정보를 파악할 수도 있다.

## I. SWT 실시 방법

검사의 적용 연령은 3세경의 유아부터 가능하며 소요시간은 보편적으로 5분에서 10분 정도면 가능하다. 검사지를 제시하고 '사각테두리 안에 바다의 파도와 하늘의 별을 그리세요.' 라고 지시한다. 실시 후 그림에 대한 내용과 의미, 느낌, 연상되는 것 등에 대해 질문하고 이야기를 만들어 보도록 한다.

※주의할 점 : 유아의 경우 자신이 좋아하는 그림에 열중하여 중요한 요소를 잊어버릴 수 있으므로 별과 파도 이외에는 그리지 않도록 주의를 준다.

## II. SWT의 해석 지침

### 1. 그림의 분류

그림의 분류란 별과 파도만 그리는지, 감정이 섞여 있는지, 형식적인 문양을 사용하는지, 갈등이 있어 보이는 상징을 표현하는지 등 그림의 표현양식을 나눠보는 것을 의미한다. 그림이 어떠한 양식으로 그려졌는지 분류하는 것은 분류 자체가 중요한 목적이 아니라 피검자를 이해하기 위함이다. 해석방법은 WZT 분석과 유사하며 검사 후 이야기 자료로 사용하는 것이 중요하다.

▣ 요점만 있는 양식

다른 부속물을 그리지 않고 별과 파도만 그리는 경우를 의미하며 이러한 양식은 어떠한 문제를 대처할 때 매우 이성적으로 파악하려는 피검자에게서 흔히 나타날 수 있다. [그림 138]과 [그림 139]는 7세 아동과

21세의 청소년이 그린 SWT이다. 두 피검자 모두가 별과 파도 그림 이후에 '바닷가에서 볼 수 있는 다른 것들을 추가해서 그려도 된다.' 라고 설명했음에도 더 이상 그리지 않았는데 피검자는 실제 일상에서 일을 처리하는 모습이 감정보다는 논리적이고 객관적인 태도가 우선되는 것을 볼 수 있었다.

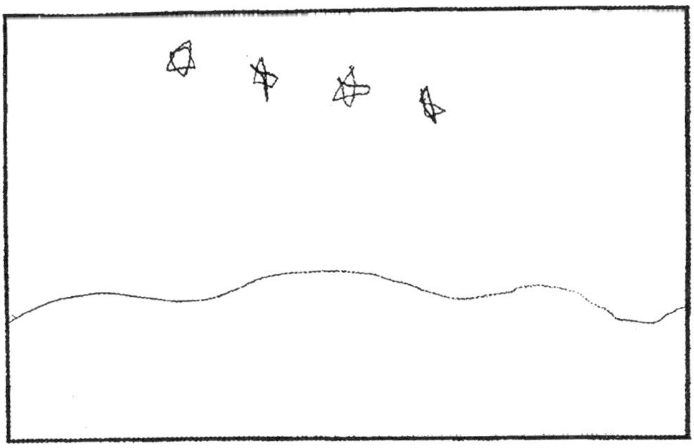

[ 그림 138 ]

[ 그림 139 ]

▣ 회화적인 양식

회화적인 양식의 그림이란 별과 파도 외에 다양한 그림들을 그리는 경우로써 바라보는 사람으로 하여금 무언가 분위기가 느껴지는 표현양식을 사용하는 것을 의미한다. [그림 140]과 같은 회화적인 양식을 주로 사용하는 피검자는 감정적인 경험을 타인과 함께 공유하고자 하는 사람일 수 있다. 그림에서 물고기, 달, 등대 등이 표현되었다면 그에 대한 질문을 함으로써 더욱 풍부한 이해가 가능해질 수 있다.

[ 그림 140 ]

■ 감정이 담긴 양식

감정이 들어있다는 것은 그림에 호소가 있는 듯 특징적인 상징이 보이는 표현양식을 의미한다. [그림 141]과 같이 음영을 표현하는 피검자는 감정이나 정서적인 영역에 치우쳐 있는 사람일 수 있다. 일반적으로 감정이 담긴 양식은 회화적인 양식과 동시에 표현되기도 하는데 그러한 경우는 양쪽을 모두 보되 더 많은 쪽에 초점을 둘 수 있겠다.

[ 그림 141 ]

▣ 형식적인 양식

별과 파도를 그릴 때 문양을 그리듯 표현하는 경우를 형식적 양식이라고 한다. [그림 142]는 회화적인 양식과 형식적인 양식이 섞여있고 오른쪽이 우위인 SWT 양식이다. 피검자는 최근에 당면한 과제를 안고 갈등하고 있지만 누구에게도 말하지 않고 힘들어하면서도 스스로 해결하려 노력하고 있다. 매사에 표현하지 않고 감추고 감정을 지나치게 과장되게 표현하는 성향 때문에 아무도 피검자의 마음을 알아채지 못한다. SWT의 표현은 그러한 피검자의 심리를 반영하고 있는 듯하다.

[ 그림 142 ]

■ 상징적인 양식

상징적인 양식이란 그림에 배가 난파하거나, 위험해 보이는 파도와 절벽, 물에 빠진 사람 등의 특별한 내용이 들어있는 표현양식을 의미한다. 상징적인 표현은 피검자의 힘든 상황을 반영한다고 볼 수 있으나 피검자에 따라서는 그 상징이 현재 당면한 힘든 상황을 벗어날 수 있는 안식처가 될 수도 있으므로 질문을 통해 피검자가 말하고자 하는 내용을 중심으로 통합적인 평가를 해야 한다. [그림 143]은 27세의 청년이 그린 SWT로서 바다와 오른쪽이 우위이다. 파도와 절벽이 위험해 보이지만 피검자는 위험 상황이 아니라 이성 친구와 밤바다를 즐기고 있고 우리는 이 파도처럼 세찬 풍파에도 굴하지 않고 지금의 사랑을 간직하고 슬기롭게 대처하자고 약속하고 있다고 했다. 만약 피검자의 이야기를 듣지 않았다면 이 두 사람은 현재 매우 어려운 상황에 노출되어 있다는 왜곡된 해석을 할 수도 있을 것이다.

[ 그림 143 ]

## 2. 형식적 공간구조 평가

형식적 해석에서는 공간 구조를 어떻게 사용했는지를 보는 것으로써 자연 조화, 배치, 규칙성, 부조화 등의 4개 구조로 분류하여 평가한다.

### ▣ 자연 조화

자연 조화란 자연 그대로 옮겨 놓은 것과 같은 공간 사용을 의미한다. 자연 조화 구조는 성인에게서는 거의 나타나지 않고 아동 그림에서 흔히 볼 수 있는 표현이다. [그림 144]는 만성 정신분열증을 앓고 있는 성인의 SWT이다. 자연 조화의 구조는 내적으로 조화롭고 통합된 사람에게서 표현될 수 있으나 필자의 경험에 의하면 정신증상으로 혼돈된 상태에서도 자연 조화 구조를 흔히 볼 수 있었다. 그러한 경우 조화라기보다는 혼돈으로 보아야 할 것 같다. 때로는 [그림 145]와 같이 물에 비친 모습으로 표현된 경우를 자연 조화로 해석할 수 있는 오류도 있을 수 있으므로 그림 후에는 질문을 통해 오류를 방지해야 할 것이다.

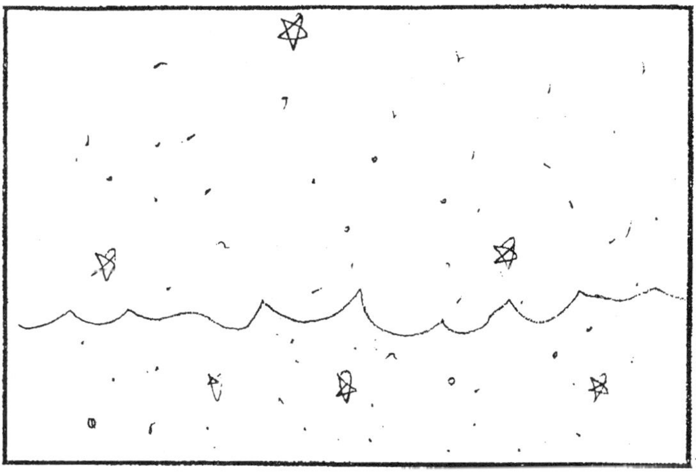

[ 그림 144 ]

[ 그림 145 ]

■ 배치

배치의 구조란 일반인에게 보편적으로 흔히 나타나는 공간사용으로서 별은 위에, 파도는 아래에, 그리고 중간은 비어있는 공간 구조 사용을 하므로 자연 조화와는 반대의 표현이 사용된다. [그림 146]은 강박성향이 있는 청소년이 그린 배치의 공간 구조를 사용한 SWT이다. 배치의 구조를 주로 사용하는 경우는 환경에 적응하려는 바램이나 의지가 강할 때 심리의 반영으로 나타날 수 있다.

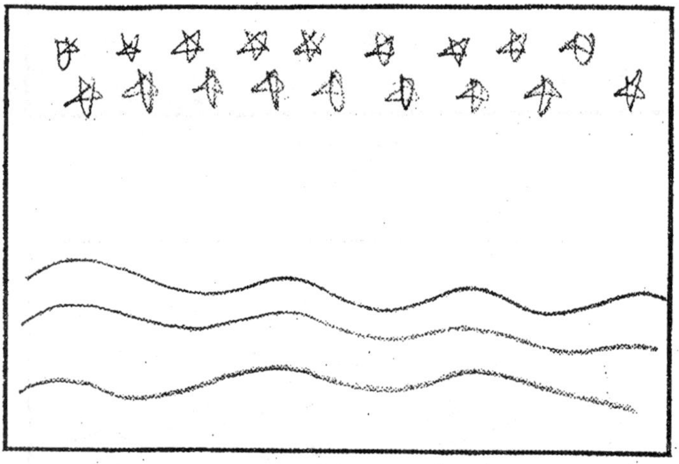

[ 그림 146 ]

■ 규칙성

[그림 146]과 같이 별과 파도가 순서 있게 규칙적으로 그려진 경우를 규칙성 공간구조라고 한다. 이러한 규칙성은 내적인 규칙에 순종한다는 심리를 반영할 수 있다.

■ 부조화

별과 파도에 어울리지 않는 공간사용을 부조화라고 한다. 부조화는 피검자의 심리적 갈등 또는 질서에 대한 저항을 의미하기도 한다. [그림 147]은 왼쪽 공간을 강조한 부조화 공간 사용의 SWT이다. 피검자는 '파도가 모래사장을 덮칠 수도 있지만 어쩔 수가 없고 모래사장에 서 있는 야자수는 파도에 휩쓸려 간다 하더라도 다시 나의 안식처로서 새롭게 내 앞에 나타나 줄 수도 있다.' 고 했다. 어머니가 자신을 돌봐주지 못한 것에 대한 분노가 있는 피검자는 그림에서 미래에 대한 희망보다는 내적 세계에 대한 관심과 갈등에 대한 메시지를 전하고 있다. 어느 순간 파도가 덮치면 모래사장도 나무도 흔적도 없이 사라질지도 모르지만 피검자의 표현처럼 아픔을 쓸고간 이후는 오히려 그곳이 안식처로 변할 수도 있고 오른쪽 하늘의 별처럼 새롭게 시작할 수도 있을지 모른다. 그럼에도 피검자는 지금 감정적으로 힘든 상태에 있다.

[ 그림 147 ]

### 3. 공간 사용의 구조

공간사용에 대한 해석은 Jung이 제시한 공간상징, 움직임, 방향성을 참조하여 수직적 수평적 구조로 설명될 수 있다. 아래의 공간상징에 대한 사용법은 필자의 '청소년 임상미술치료 방법론'에서 Jung의 공간상징 도식을 인용하고 수정하여 소개한 내용을 참고자료로 재인용된 내용이다.

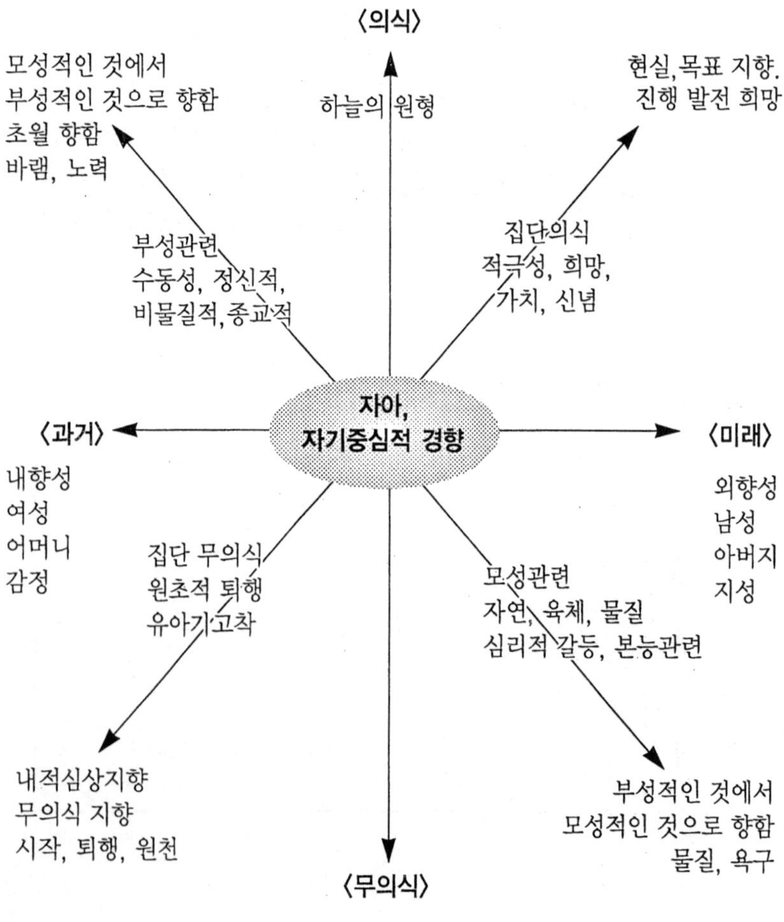

## ▣ 수직적 구조의 SWT 비교

| 구 조 | 임상적 의미 | 그 림 |
|---|---|---|
| 하늘 강조 | 지적 측면<br>의식반영 | <br>[그림 148] |
| 바다 강조 | 감정적 측면<br>무의식 반영 | <br>[그림 149] |
| 하늘과 바다<br>접촉 수평선 | 감정과<br>지적 측면의<br>분화와 통합 | 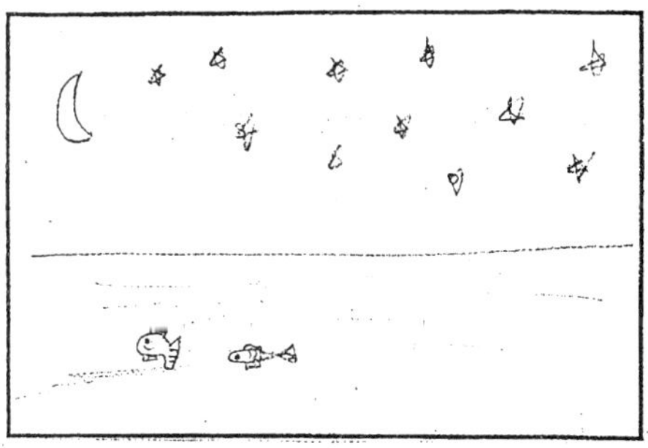<br>[그림 150] |

| 구 조 | 임상적 의미 | 그 림 |
|---|---|---|
| 하늘과 바다의 격리 | 분리, 통합 어려움 | 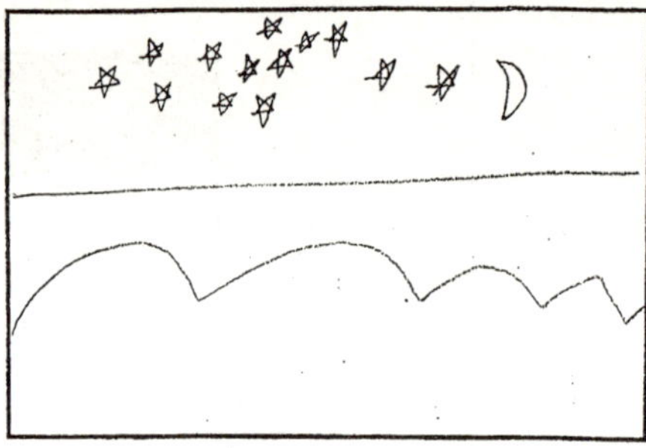 [그림 151] |
| 하늘과 바다 사이 강조 | 지적 측면과 감정의 상호 방해 | 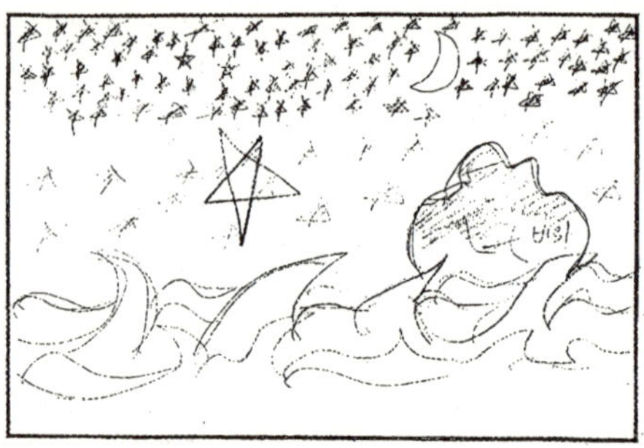 [그림 152] |
| 별과 바다의 섞임 | 지적 측면과 감정의 미분화 |  [그림 153] |

## ▣ 수평적 구조의 SWT 비교

| 구 조 | 임상적 의미 | 그 림 |
|---|---|---|
| 왼쪽 강조 | 내적측면 강조<br>내적세계로의<br>접촉문제 | <br>[그림 154] |
| 오른쪽 강조 | 외부세계와<br>타인과의<br>관계문제 | <br>[그림 155] |
| 중앙 강조 | 자아 강조<br>자기를 표현 | <br>[그림 156] |

### 4. SWT에 나타난 사물의 상징적 의미

그림에 표현된 상징은 개인에 따라 다양한 의미를 가지므로 충분한 상담 후 평가되어야 한다. 사회 문화적 가치 또한 배제되어서는 안 된다. 특히 유 · 아동의 그림에서는 발달단계와 관련하여 그 개별성이 무시되어서는 안 된다.

SWT에 나타난 상징적 의미는 예를 들어 별은 무지의 암흑세계에서 길을 안내한다는 의미를 담고 있으므로 지성과 의식 또는 정신 등의 상징성을 포함하고 있다. 달은 관심사의 방향성과 관련되며, 파도는 감정과 무의식과 관련되며, 등대는 길을 안내해 주는 인공적인 빛과 관련되어 방향성을 시사한다. 배는 인생의 의사소통을 의미하며, 바위나 섬 또는 절벽과 해안 등은 흔히 장애와 관련되어 나타날 수 있다. 그러나 아무리 문제적인 내용으로 표현되었다 하더라도 피검자의 느낌과 의미부여의 방식에 따라서 그곳은 안전한 보호 장소가 되기도 한다. 유의해야 할 것은 여러 그림에서 지속적이고 반복적인 위험요소를 표현하면서 안전하다고 말한다면 피검자의 방어와 저항일 수도 있다는 점 또한 배제해서도 안 된다.

### 5. 필적의 임상적 의미

별은 어떠한 선 하나로 그려지는 것이 일반적이다. 우선 별을 그릴 때 마음속으로 이러한 별을 그려야지 생각하고 그렸을 것이다. 이처럼 머리에서 생각을 그림으로 옮긴다는 것은 목표를 향해 나아가려는 의지와 관련이 된다. 즉 별을 그릴 때 출발점이 있게 되고 거기서 원하는 별을 그리고 목적지에 다다르게 된다. 이것은 대뇌피질이 작용했기 때문이다. 만약 아주 조그만 별을 그렸다면 그것 또한 피검자의 머릿 속에 이미 인식하고 있었던 것을 그리게 된 것이라고 볼 수 있다. 이처럼 별을 그릴 때 사용되는 필적의 방법은 한줄 긋기로 사용되며 이는 충동을 통제하고 목표를 향해 나아가려는 개인적인 의지를 의미한다.

파도를 그릴 때 사용되는 필적은 별을 그릴 때와는 상반되는 움직임이 있는 필적이 요구된다. 긴장을 풀지 않고서는 그려내기 어려운 주제이다. 그러므로 피검자가 파도를 한줄 긋기로 그렸다면 이는 삶에 신뢰가 없고 매사에 긴장되고, 통제력을 상실했다고 느껴지며, 두려움과 공포감에 빠져버릴 수 있는 경향이 있다. 아래의 표 내용은 이러한 별 그림에 사용되는 한줄 긋기와 파도 그림에 사용되는 움직임이 있는 선을 기초로 한 필적 분석 내용(杉浦 · 京子 2001, KARA 자료)을 인용하여 수정한 내용이다.

| | 필적 | 임상적 의미 |
|---|---|---|
| 방법 | 안정된 선 | 무엇을 어떻게 해야 하나를 명확하게 알고 있다는 것을 시사한다. 자신이 그린 별의 윤곽에도 나타나고 파도나 다른 물체에도 나타난다. |
| | 불안정한 선 | 망설이듯이 가늘고 끊어진 선으로 표현되며 자연스럽게 나가지 못하고 움직임이 끊어지기 쉽고 자극에 민감한 선의 표현을 말함. 어떻게 하면 좋을지 모르겠고 자신에 대한 신뢰를 잃었다는 심리를 반영할 수 있다. |
| | 이어진 선 | 뒤돌아보는 것을 좋아하지 않고 목표를 향해서 곧장 전진하는 것을 좋아하는 피검자일 수 있다. |
| | 끊어진 선 | 조각난 선을 말하며 안정된 필적으로 그려진 경우도 있지만, 불안정한 필적으로 그려지는 경우도 있다. 무엇을 해 왔는가를 재고하고 다시 그리기 시작하는 피검자일 수 있다. |
| | 분단된 선 | 불안정하지는 않지만 똑같은 점에서 다시 그리는 경우는, 뒤돌아보고 지금까지 해온 일에 대해 생각해보는데 필요한 시간을 두고자 하는 피검자에게서 흔히 나타난다. |
| 형태 | 심세한 선 | 부드러운 필적으로서 의지력이 약하고 수동적이며 감수성이 우위를 차지한다. |
| | 날카로운 선 | 힘이나 행동 등의 성질이 우위에 있다. 자기 자신을 통제하고 이끌어 갈 수 있는 어느 정도의 이성적 능력이 있다. |
| | 부드러운 선 | 감각적인 요소를 갖고 있다. 감각적이며 관능성이 우위를 차지한다. |

| | 필적 | 임상적 의미 |
|---|---|---|
| 형태 | 확고한 선 | 에너지가 넘치며 매우 자발적이며 본능적인 경향이 있다. |
| | 약한 선 | 필적의 기법이 불안정한 것으로 과도한 감수성, 지나치게 상처받기 쉬운 성질을 갖고 있는 과민성을 시사한다. |
| | 딱딱한 선 | 그린 선이 가늘고 상당히 강한 힘이 들어 있다. 의지력이 너무나도 지나치게 강하기 때문에 냉정한 통제력이 팽팽하게 긴장되어 있는 피검자일 수 있다. |
| | 무른 선 | 사용된 선이 더러워진 진흙처럼 번져 보인다. 외계로부터 금방 영향을 받던가 이미 받아버린 지나치게 감각적인 수동성을 시사한다. 이성적인 통제를 상실해 버린 불안정한 아이들에게서 자주 나타날 수 있다. |
| | 난잡한 선 | 선이 두껍고, 강한 힘이 들어 있고, 지나치게 난잡하고, 미숙하고 조잡함을 나타낸다. 방향을 잃어버린 충동성, 무제한의 본능성, 독선적, 충동적, 돌발적, 제멋대로이기 때문에 통제되지 않은 행동과 관련된다. |
| | 고착 선 | 심리적 갈등, 또는 물건이나 장소에 무의식적으로 집착하고 있다. 현재 진행 중인 갈등을 반영할 수 있다. |
| | 끊어진 선 | 신경질적인 자기제어, 완전히 조각이난 필적으로 나타난다. 자기 성찰의 수단으로 이용한다. 분단된 필적이 더 과격해진 것이므로 지나치게 자기성찰을 한 결과 선을 연결해서 그을 수가 없다. 신경질적인 자기제어를 시사한다. |
| 평면에 나타난 표면 | 음영 | 사물의 표면을 색칠하듯 부드러운 필적으로 그려 넣는다면, 음영을 그렸다고 할 수 있다. 정서적이고 관능적인 감수성이 있는 피검자에게서 이러한 표현이 있을 수 있다. |
| | 보풀 | 감정적으로 경험한 내용을 이성적으로 이해하려고 하는 표현으로 나타날 수 있다. 날카롭고 확실한 필적인 한 줄긋기식으로 줄무늬를 그려 넣는다면 보풀을 일게 한 것으로 간주한다. 보풀을 일게 하기 위해서는 의식 통제가 필요하게 된다. 의식 통제와 감정표현인 '선으로 뒤덮여진' 표면이 뒤섞여 있다. 이러한 표현은 감정적으로 경험한 내용을 이성적으로 이해하려고 하는 욕구일 수 있다. |
| | 윤곽 선 | 날카로운 필적을 사용하여 그린 것으로써 이성적인 통제적 표현의 수단으로 나타날 수 있다. 별이 원래 갖고 있는 특성을 강조하거나 섬세한 파도를 보호하기 위해서 수평선을 날카로운 연필로 그리려고 할 경우 등에 나타난다. |

| | 필적 | 임상적 의미 |
|---|---|---|
| | 어둡게 표현 | 강한 감정이나 정서의 표현이지만, 특히 어린아이들에게서도 색채 대신에 어둡게 표현하는 경우도 있다. |
| | 거친 표현 | 접촉이 어렵다는 표현으로 한 줄긋기 식으로 비교적 조화성이 없는 방식으로 그린 경우를 나타낸다. 나무그림 검사의 줄기가 나타내는 대인접촉 문제의 의미와 관련된다. |

## 6. SWT 분석지

| 분석내용 | | | 특징 |
|---|---|---|---|
| 그림의 착상 | | 요점양식 | |
| | | 회화적양식 | |
| | | 감정적양식 | |
| | | 형식적양식 | |
| | | 상징적양식 | |
| 형식적 공간구조 | | 자연조화 | |
| | | 배치 | |
| | | 규칙성 | |
| | | 부조화 | |
| 공간상징 사용 | 수직적 | 하늘 바다 조화 | |
| | | 하늘우위 | |
| | | 바다우위 | |
| | | 하늘 바다 접촉 | |
| | | 하늘 바다 격리 | |
| | | 하늘 바다사이 강조 | |
| | | 하늘 바다 섞임 | |
| | 수평적 | 왼쪽강조 | |
| | | 오른쪽강조 | |
| | | 중앙강조 | |
| 상징적 물체 | | | |
| 필적 | | | |
| 생활 상황 | | | |
| 평가 요약 | | | |

## III. SWT의 임상적 활용

### 사례 1 : 사람이 오지 않아요

[그림 157]과 [그림 158]은 14세 여아의 SWT이다. 피검자는 생후 1년도 채 되기 전에 어머니의 가출과 아버지의 잦은 재혼으로 할머니에게서 양육되었다. 8세 경에 생계를 위해 할머니가 집을 비운 뒤 이웃집 할아버지에 의해 반복적인 성폭력을 당한 경험이 있다. 이후 나이에 부적절한 의사표현을 하는 등 퇴행현상을 지속하여 정신과 치료를 받기도 했다. 초등학교 4학년이 되도록 울음으로 의사표현을 하고 지나친 의존성 때문에 또래로부터 기분 나쁘고 재수 없는 아이라는 비난을 받아왔다. SWT 설명에서 피검자는 '아름다운 풍경에 쓰레기가 가득 버려져 있어요. 물은 너무 더럽고 그래서 사람이 오지 않아요.' 라고 했다. 피검자의 SWT에서 파도와 어울리지 않는 부조화의 공간 구조를 나타내고 있고 바다를 강조하고 있다는 것은 현재 피검자가 느끼고 있는 감정적 어려움의 측면을 시사한다고 볼 수 있겠다. 바다에 버려진 쓰레기들은 원치 않는 현실에 대한 공격이라고 볼 수 있다. 성기형태의 해초와 피 흘리는 물고기 또한 상처적인 경험과 동일시되고 있다고 볼 수 있다. 별은 아마도 피검자 자신인 것 같다[그림 157].

필자와의 미술치료과정은 자신이 경험한 외상과 관련된 주제를 은유적으로 표현할 수 있게 하였다. 치료과정에 나타난 반복 이미지들은 가해자를 겨누는 파괴적이고 미로 같은 선들로 채워지면서 스스로 외상을 극복하는 상징적인 힘을 갖게 하고 최면에 걸린 듯 빠져들게 하였다. 피검자는 외상으로 인한 직접적인 어려움 외에 수치심과 죄책감과 낙인 등의 부가적인 어려움을 가질 수 있다. 피검자는 아직 퇴행적 도피에서 온전히 벗어난 것은 아니지만 명백한 것은 작품과정을 통해 스스로 문제규정을 할 수 있다는 점이다.

치료 전 [ 그림 157 ]

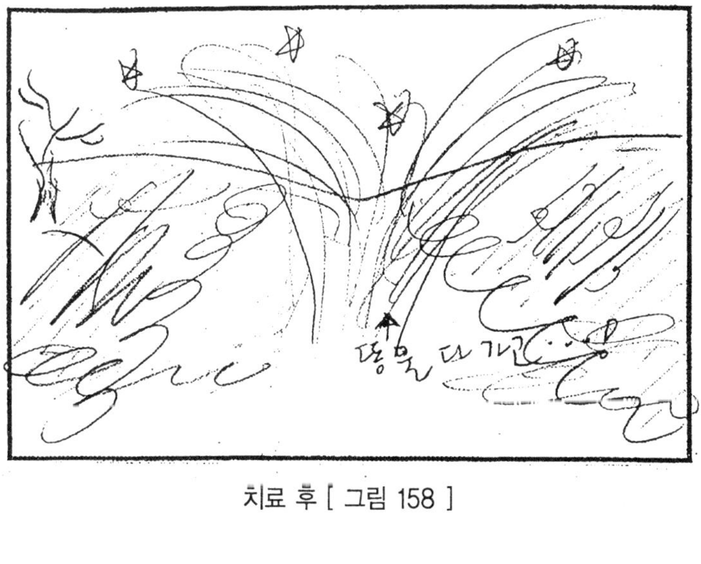

치료 후 [ 그림 158 ]

**사례 2 : 사람들이 왜 우리를 잡아먹을까?**

[그림 159]과 [그림 160]은 알코올과 정신문제를 가진 부모의 이혼으로 출생 직후 할머니에 의해 양육된 9세 주희의 SWT이다. 주희와 할머니는 알코올중독인 할아버지의 폭력을 피해 이집 저집 다니며 지내다가 5세경에 보육시설에 보호되었고 지속적인 산만행동과 공격적인 태도 때문에 본원에 의뢰되었다. 1년 정도의 집단치료와 개별치료를 통해 주희의 감정은 극적인 토해냄의 연속이었고 보살핌과 회복의 출발점으로 사용될 수 있었다. 주희의 행동을 이해할 수 없었던 보호자 또한 불균형적인 모성적 책임에서 벗어나 균형적인 품을 제공해 낼 수가 있었다.

주희의 표현양식을 살펴보면 회화적인 착상과 부조화의 공간상징을 사용하고 있다. 구조상에서도 전체적으로 왼쪽에 몰려있는 표현 등에서 주희 자신의 내적세계를 보여주고 있는 것 같다. 회화적인 착상은 주희의 감정적 통합부재와 함께 관계의 거리감을 반영한 것일 수도 있겠고 외상관계의 직접적인 경험을 함축하고 있다고 볼 수도 있다. 파도를 타고 있는 듯한 집의 표현에서도 불안하고 안심할 수 없는 안식처의 위기감을 느끼게 한다. 외상경험은 일시적으로 잊거나 잠재된 상처로 혼돈스러워 하고 있을 때 그림의 표현은 그 불안과 시기와 경험된 것과의 관련을 알게 하고, 자신이 왜 아픈지 알게 함으로써 고통을 불러일으키기도 하므로 피검자들은 때때로 외상의 두려움을 최소화하여 묘사도 할 수 있게 된다. 주희의 SWT 역시 잡아먹힐 것 같은 두려움을 표현하고 있지만[그림 159] 또 다른 그림에서는 간단하고 정형화된 그림을 표현함으로써 방어를 하기도 한다[그림 160]. 주희의 SWT과정은 별과 파도그림을 통해 간단하지만 무의식의 선의 흔들림과 감정의 흐름을 자연스럽게 표현할 수 있게 함으로써 직접적인 문제인식이 없이도 자신의 외상을 다루는 과정으로 안내하기에 충분히 가능했었다. 주희의 이야기는 SWT 이후 보다 구체화된 과정으로 안내될 수 있었다.

치료 전 [ 그림 159 ]

치료 후 [ 그림 160 ]

제 9 장

# 그림 이야기법 (DAS : Silver Draw-a-story Instrument)

Silver(1988)의 그림 이야기법은 피검자들이 동일 자극화에 대해 각기 다른 지각을 하며 이는 개인의 경험과 성격을 반영하며 양적 평가가 가능하다는 전제에서 출발하고 있다. DAS는 초기에는 언어장애를 가진 아동들의 의사소통 방법으로 사용되었으나 점차 표현을 끌어내는 자극화를 선택하여 일반 아동과 성인의 심리진단 도구로 발전되었다. 이후 DAS는 우울증의 조기 진단과 공상적 사고의 진단 도구로 사용되었으나 일반적인 정신건강 문제와 관련하여 치료기법으로도 적용될 수 있으리라 본다.

DAS의 장점은 지금까지 소개한 DAP(Goodenough, 1926)나 HTP (Buck, 1948) 또는 KFD(Burns & Kauffman, 1972)등의 검사보다는 덜 구조화되어 있으므로 개인과 집단에서 사용 가능하다는 점이다. 뿐만 아니라 DAP의 경우 사람을 그려보라고 지시받은 피검자는 개인에 따라 어떻게 그려야 할지 매우 난감해 하기도 한다. 심리적인 부분 뿐 아니라 기술적인 부분에서도 낮은 불편감으로 오는 방어가 있을 수 있다. 그에 비해 DAS는 자극화를 그대로 옮겨 그리도록 하여 이야기를 끌어내기 때문에 비교적 편안할 수 있다는 점이 장점이다.

# I. DAS의 실시 방법

DAS는 14개의 그림을 보여주면서 2개의 그림을 선택하도록 하여 선택한 그림을 자극화로 사용하게 된다. 실시과정은

1) 선택한 자극화를 보면서 이 그림에서 어떠한 일이 일어나고 있는지를 상상해 보도록 한다.
2) 상상에 따라 2개의 자극화를 합하여 하나의 그림을 그리게 한 후 그림의 제목을 붙이고 이야기를 만들어 보도록 한다.
3) 그림을 다시 변화시킬 수도 있다고 설명한 후 자신의 생각을 추가하여 변형과정을 거친다.
4) 그림이 완성되면 그림의 이야기를 기록해 보도록 한다.
5) 그림의 의미에 대한 나눔과 현실의 자신과 유사한 점이 있는지 등에 관한 나눔 시간을 갖는다.

※ DAS 자극화 (silver, 1988)

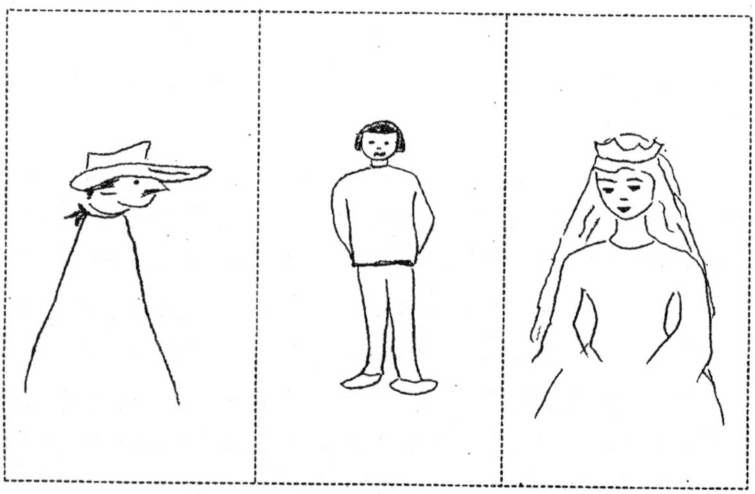

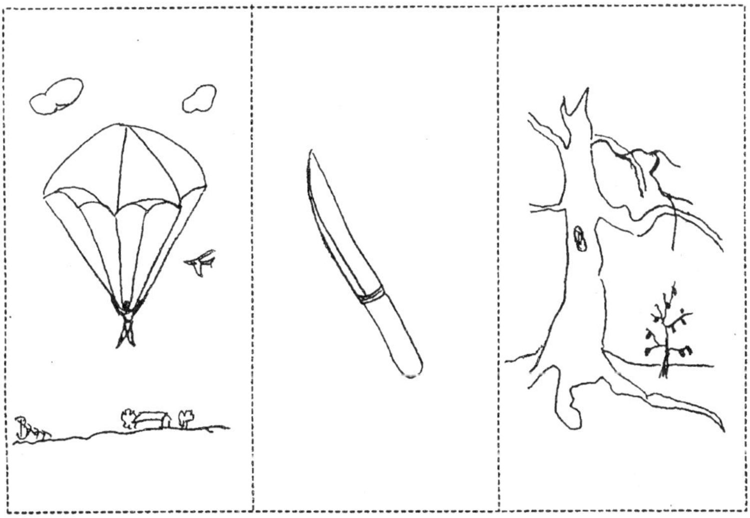

# II. DAS 해석 지침

7점 척도로 평가를 하게 되는데 가장 긍정적인 주제는 7점, 가장 부정적인 주제는 1점으로 점수를 주게 된다. 양가적인 주제나 분명하지 않은 주제에는 중간점수인 4점을, 가벼운 정도의 부정적인 그림 주제에는 2점과 3점, 가벼운 정도의 긍정적인 주제에는 5점과 6점의 점수를 주게 된다. 이 책에서는 점수로 환산된 통계적 해석은 제외하였고 피검자의 정서와 방어기제 사용의 특성과 정도를 이해하기 위한 범주로 점수해석이 제시되었다.

## 1. 해석 내용

▣ 1점 (매우 부정적인 주제나 공상)

희망이 없어 보이는 미래, 슬프고, 죽거나 죽어가고 있고, 무기력하고, 소외된 사람이 등장하는 경우에 해당된다.

예외 : 공격적 유머는 강한 부정적인 주제가 포함되더라고 1점이 아닌 6점으로 채점된다.

▣ 2점 (중간정도로 부정적인 주제나 공상)

공격적, 파괴적, 화가 나 있고, 겁이 나 있고, 좌절되어 있는 경우, 불행한 사람 즉 위험하고, 스트레스가 있고, 적대적인 사람 또는 환경, 불분명한 결과가 예 상되는 경우

▣ 3점 (다소 부정적인 주제나 공상)

불만족스럽거나 실망을 느끼고 있는 사람, 불쾌한 환경, 자기-비하적인 표현 등이 해당된다.

▣ 4점 (중립적 수준)

긍정적이기도 하고 부정적이기도 하여 양면적인 묘사.

주제나 공상에서 감정이 배제된 경우 또는 사물들 간의 관계가 모호하고 불분명한 경우

▣ 5점 (다소 긍정적인 주제나 공상)
성공적인, 미소를 짓고 있는, 구조되고 있는 사람, 기분 좋은 환경, 희망이 있는 미래 등의 주제를 사용한 경우

▣ 6점 (중간 정도로 긍정적인 주제나 공상)
강하고, 유능하고, 무엇인가를 즐기고 있는 사람, 품위 있거나 친근한 환경, 공격적인 유머

▣ 7점 (매우 긍정적인 주제나 공상)
사랑하는 관계나 결혼식 또는 신혼여행 등의 주제 사용

## 2. 사례 해석

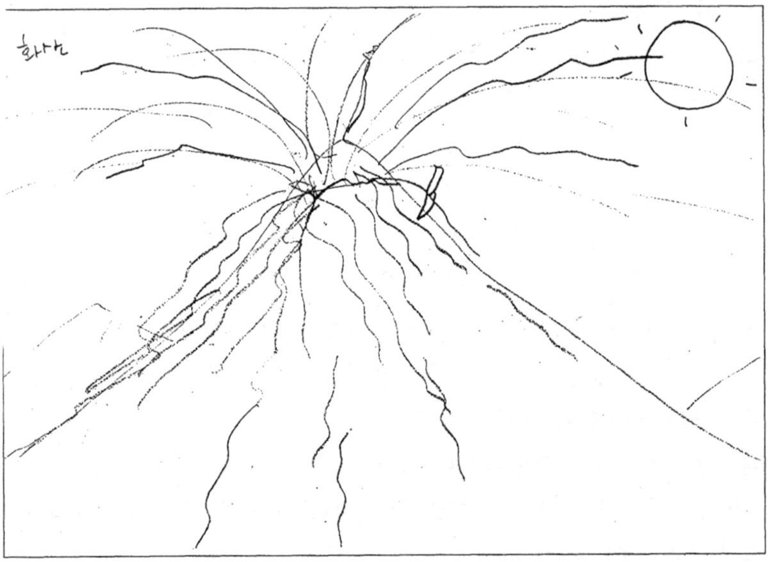


[ 그림 161 ]

▣ 1점 (매우 부정적인 주제)
[그림 161]은 20대 여성의 DAS이다. 피검자는 청소년기에 들어서면

서 부적응 문제가 나타났었고 현재도 반복적인 우울감을 호소하고 있다. 14개의 자극화 가운데 화산과 칼을 선택하였는데, 첫 번째 그림에 '화산은 그림속의 산이 가지고 있는 찢어질 듯한 아픔과 눈물 그리고 한번도 폭발할 수 없었던 억눌려져 있는 화를 나타낸다. 그 뜨거운 눈물은 세상의 모든 것들을 녹여 버린다. 화산과 늘 함께했던 칼까지도 폭발해 버렸다.' 라고 설명한 후 화산이라는 제목을 붙였다. 이 그림은 피검자의 분노와 슬픔, 치명적인 위험스러운 파괴성이 나타나므로 그림의 반응은 1점으로 채점될 수 있다.

[ 그림 162 ]

■ 2점 (중간정도의 부정적 주제)

[그림 162]는 ADHD로 진단 받은 9세 여아가 그린 DAS이다. 신부 그림과 새를 선택하고 '어린 신부가 결혼을 하려고 하는데 집들이 창고로

변해버렸다. 나무들이 날아가고 결혼 때문에 새를 데려가기가 힘들어서 속상하다.'고 한 점에서 스트레스적 환경이 나타나므로 2점으로 채점할 수 있다.

[ 그림 163 ]

■ 3점 (다소 부정적인 주제)

[그림 163]은 ADHD진단을 받고 본원에서 치료중인 10세 아동의 그림이다. 14개의 자극화 가운데 칼과 나무를 선택하고 곧 바로 이야기를 꾸며갔고 '잘 못 그리는데'를 반복하면서 그림을 그려갔다. '나무에는 사과가 주렁주렁 달려 있고 칼이 나무를 해치고 나무에 난리가 나서 사과나무가 이상해져 버렸다. 나무는 결국 죽어서 딸기가 되고 딸기 또한 나쁜 사람이 칼로 해쳐서 나 없애버리고 나시 포도나무로 귤나무로 변했지만 결국에 사과는 온데간데 없고 돼지가 되어 버렸다. 그 돼지는 참 재미있는 돼지이고 사과나무는 나이다.' 라고 했다.

피검자는 자신의 어려움과 낮은 자존감을 적절하게 방어하며 유머있게 자신을 표현하고 있지만 그러한 관계 반응은 자기 비하적인 주제를 사용하고 있으므로 3점으로 채점할 수 있다.

[ 그림 164 ]

■ 4점 (중립적인 주제)

[그림 164]는 10세 여아가 그린 DAS이다. '공룡이 산책을 나오려는데 뭐가 먹고 싶어 찾으러 다니다가 생쥐 한 마리를 발견하고 신나게 먹으려고 하는데 동생 공룡이 나타나서 나눠먹자고 하고 있다. 함께 소풍 나온 생쥐는 붙잡힌 생쥐에 대해서는 전혀 무관한 듯 가게 집 주인이 던져 깨진 쓰레기들을 이상한 듯 구경하고 있고, 왜 깨졌을까 궁금한 생쥐가 친구들에게 물었지만 아무도 몰라서 그냥 포기하고 다시 소풍을 떠났다.' 피검자의 DAS 주제는 부정적인 면이 있으나 감정이 드러나지 않고 양면적인 불분명한 관계를 나타내므로 4점으로 채점할 수 있다.

[ 그림 165 ]

■ 5점 (다소 긍정적인 주제)

[그림 165]는 방임된 가정환경과 또래관계에서 부적응 문제를 보이던 15세 청소년의 두번째 DAS이다. 피검자는 쥐와 고양이가 그려진 두 개의 자극화를 선택했고 첫 그림에서는 왕따를 당한 큰 나무 아래 힘없이 서 있는 모습을 그린 후 생쥐 한 마리가 고양이 앞에서 살려달라고 애원하고 있는 모습을 그렸다. 두 번째 그림에서는 '하늘에서 큰 날개가 내려와 소년을 감싸고, 순간 그 소년은 날개를 펴고 하늘로 올라갈 수 있었고 이제는 왕따를 당하지 않아도 되고 자유의 몸이 되었다' 고 했다. 피검자는 앞으로 자신은 웃으며 살 수 있다고 말함으로써 다소 긍정적인 자신의 모습으로 표현하며 그림의 소년을 자신으로 동일시하여 5점을 채점할 수 있겠다.

[ 그림 166 ]

■ 6점 (중간정도의 긍정적인 주제)

[그림 166]은 20세 청소년의 DAS이다. 14개의 자극화 가운데 병아리와 낙하산을 탄 사람을 선택했다. '한 소년이 머리가 복잡하여 바람 쐬러 나왔다가 낙하산을 타게 되었고 병아리 한 마리가 외롭게 별장을 지키며 누군가를 기다리고 있다. 소년은 이 병아리를 발견하자 병아리를 보살피고 싶은 욕구가 일어났고 가지고 있던 과자를 병아리에게 보내주고 있다. 소년은 곧 병아리를 만나서 함께 할 수 있을 것이라고 했고 햇님은 소년과 병아리의 만남을 기뻐하고 있다.' 고 한 점에서 이 그림은 현재 피검자가 복잡하고 떠나고 싶은 마음과 관심 받고 싶은 소망을 표현하고 있는 반면에 서로의 관심에 반응하고 있고 긍정적인 관계를 맺고자 하는 모습에서 6점을 채점할 수 있겠다.

[ 그림 167 ]

▣ 7점 (매우 긍정적인 주제)

[그림 167]은 30대 여성의 그림이다. 14개의 자극화 가운데 신부와 남자를 선택한 후 집이 있어야 한다며 궁전을 선택하여 보충하였다. '예쁘고 사랑스러운 두 남녀가 결혼을 하고 지금 막 신혼여행에서 돌아와 그들만의 보금자리로 향하고 있다. 이 두 사람은 아름다운 궁전 같은 집에서 꽃도 키우고 자연속에서 자란 무공해 채소로 가족들과 행복하게 살아갈 것이다. 아이들은 둘만 낳아서 건강하고 아름답게 살아 갈 것이다. 이 그림은 나의 미래의 꿈이다.' 라고 했다. 이 그림은 피검자가 이상적이고 행복한 가족관계를 표현하고 있다는 점에서 매우 긍정적인 7점으로 채점할 수 있겠다.

## III. DAS의 임상적 활용

[그림 168]과 [그림 169]를 그린 피검자는 50대 남성으로서 최근 직장을 그만둔 후 아내가 하는 사업을 돕고 있다. 성실하고 전형적인 한국 남성의 성향을 가진 피검자는 최근 가족을 돌봐야 하는 스트레스를 해소할 곳이 없다고 호소하고 있다.

피검자는 14개의 자극화 가운데 새(병아리)와 신부를 선택하고 한동안 자극화를 바라보며 이야기하기를 머뭇거렸다. 병아리를 새라고 이름 정하고 '이 새는 무언가 동경의 대상이 있는 것 같다. 정말로 지나칠 수 없는 것이 마음을 짓누르는 것 같다. 하지 않고는 배길 수 없는 그것, 아무것도 염두에 둘 수 없게 한다. 이제 행동에 옮기지 않고는 배길 수 없는 현실이 다가온 것처럼 보인다. 꼭 이루고야 말겠다는 굳은 결심이 돋보이는 모습은 디의 추종을 불허할 만큼 강렬하게 와 닿는다.' 라고 했다. 두 번째로 선택한 그림에 대해서는 '이 여성은 결혼하는 날인가 보다. 현실의 착잡함과 미래를 어떻게 헤쳐나갈 것인가 보다는 우선 어떻게든지 상대방에게 잘 보이고 아름다움을 선보이고 자 하는 마음이 앞선 느낌이다. 현실에만 치중하고 앞으로 다가올 장래의 모습은 찾아보기가 어렵다. 허황된 꿈을 꾸고 있는 것 같다. 미움과 질투와 슬픔과 사랑이 교차하는 착잡한 마음으로 결혼식을 맞이하면서 자신은 안정된 모습을 보이려고 애쓰고 있는 것 같지만, 그리고 세상에 다시없는 신부임을 자랑하려고 하는 것 같지만, 현실은 그렇지가 않아 보인다.' 라고 설명했다. 두개의 자극화를 사용하여 그린 첫 번째 그림 [그림 168]은 수관이 여러 개로 나뉘어진 나무를 검사지 중앙에서 약간 왼쪽으로 치우친 공간에 그려내고 왼쪽에 나무를 향해 고개를 쳐든 새와 나무 오른쪽에 모자를 쓰고 얼굴이 반쯤 가려진 여성을 그려냈다.

[ 그림 168 ]

'그리움' 이라는 제목을 붙인 후 '이 여성의 모습은 무언가 갖고자 하는 자세로 보인다. 오랜 세월동안 보지 못했던 것을 보고도 싶고 갖고도 싶고 다른 대상으로부터 유혹을 받고 싶은 모습으로 보이는 것 같기도 하다. 마음의 공허함을 털고 좀더 밝고 생기 있는 현실을 맛보고 싶어 하는 것 같다. 그러나 미래는 어떻게 될 것인지 약속된 것은 보이지 않으며 이러한 꿈의 현실이 얼마나 지속될지는 모른다. 오직 현실에만 충실한 모습이 안타까워 보일뿐이다.' 라고 한 이 내용은 다소 부정적인 주제로 이해할 수 있겠다.

[ 그림 169 ]

두 번째 그림[그림 169]를 그린 후 피검자는 '꿈과 현실의 차이' 라는 제목을 붙인 후 '바램이 없으면 절망뿐이다. 갖고 싶은 것, 하고 싶은 것, 성취하고 싶은 것, 만나고 싶은 것 등 이 모든 것들이 있기에 고된 하루가 생기차게 지나간다. 성취감을 못 느껴도 지금 당장 만족을 느끼지 못해도 다가오는 내일은 기다려진다. 꿈이 현실로 바뀌리라는 기대감이 있기 때문이다. 이 그림에서 꿈을 찾아가는 모습으로 바뀌었지만 얻은 것은 별로 없고 지친 모습이다. 세월 따라 모습은 변하고 얻어진 성과는 광주리에서 꿈의 빛바램을 읽을 수 있다. 꿈과 현실의 거리가 가깝지만은 않다는 것을 깊이 깨닫는 계기가 되었다.' 고 했다(양가적인 모호한 반응 주제). 두 그림과 자신과의 관련성에 대해서 피검자는 '자신은 항상 무언가를 새롭게 하려고 하지만 현실의 벽이 조금은 높다는 느낌이 든다. 욕심과 의욕이 없다면 진취성이 결여된 것이라고 보아야 할까? 그러나 진행 과정에 걸리는 것들은 자연의 흐름에 따라야 할지 의구심이 드는 대목이다. 왜냐하면 인위적인 것으로 가능성이 있는 것과 없는 것이 있기 때문이다. 자연의 섭리를 저버릴 수 없는 천리를 새삼 깨닫게 된다.' 라고 설명했다.

DAS 과정에서 볼 수 있었듯이 피검자는 자신의 감정과 갈등을 아내에게 투사하므로서 표현하고 있다. DAS의 결과는 자기표현이 어렵고 방어적인 피검자의 심리적 문제가 무엇인지 이해하고 최적의 치료를 위해 계획을 구체화하는데 초점을 맞출 수 있는 중요한 임상적 정보를 제공해 주고 있다. 피검자는 참자기의 회복을 치료 목적으로 개별치료와 가족치료로 연결되어 현재 과정에 있다.

제 10 장

# 집단체계 그림 검사 (GSDT : Group System Drawing Test)

집단이론에서는 집단을 하나의 체계로 본다. 서로 상호작용하며 전체를 이루는 모든 요인과 부분들의 총합으로서 정의되며 체계내에서는 의사소통이 각 부분들과 요인을 서로 연결시켜 준다. 체계이론에 근거한 집단체계 그림검사에서는 집단내에서 구성원간의 상호작용과 전체로서의 집단특성, 개인행동에 영향을 미치는 집단의 힘, 집단균형, 관계, 집단의 발달적 변화와 주기를 평가할 수 있다. 최초의 집단으로서 가족집단 또한 체계그림검사를 통해 가족관계의 분화, 삼각관계, 부모화, 결혼생활의 분열과 왜곡, 가성상호성, 이중구속 등 가족기능과 체계를 진단할 수 있다. 체계이론에 근거한 집단체계그림검사는 개인의 역동이나 행동보다는 관계에 초점을 두고 있기 때문에 구성원간의 상호작용을 이해할 수 있게 한다. 검사과정에서 제공되는 미술과제는 검사자와 구성원에게 치료적 탐색을 위한 도구로서 제공되는 것 외에도 구성원과의 관계개선과 상호작용 능력의 향상, 구성원간의 이해, 자존감 향상, 사회성 향상 등의 효과를 기대할 수 있어서 진단과 치료적 경험을 동시에 가능하게 한다는 점이 특성이다.

# Ⅰ. GSDT의 실시방법

GSDT의 실시방법은 비언어적 집단과제와 언어적 집단과제를 사용하게 된다.

1) 두 집단으로 나누도록 요구된다. 2절지 또는 4절지 종이 한 장을 집단이 선택하도록 한 후 각자 다른 색의 크레용(작업이 끝날 때까지 한 색만 사용)을 사용하여 그림을 그리도록 한다. 이때 언어와 비언어 모두 제한된다. 작품이 마무리되면 언어사용의 규제는 해제되며 서로 의논하여 제목을 붙이도록 한다.
2) 집단 구성원 전체가 한 장의 종이에 첫 단계와 같은 방법으로 집단작업을 한 후 언어를 사용하여 제목을 붙이도록 한다.
3) 언어를 사용하여 집단구성원 전체가 한 장의 종이에 집단작업을 한 후 제목을 붙인다.

# Ⅱ. GSDT 해석 지침

집단 과정에서 나타나는 모든 비언어적 표현들은 집단체계의 전반적인 관계 형태를 제공하므로 다음의 내용에 주목하여 관찰하고 기록하도록 한다. 집단 작업 후에는 구성원들이 지금-여기에 초점을 둔 경험을 나누도록 안내한다. 참여경험에 대해 토론하므로써 구성원들은 서로를 이해하고 자기관찰적 탐색이 가능해진다. 이 과정이 끝나기 전에 검사자가 집단과정에서 관찰한 것을 언급해주는 것은 집단(가족)과정의 유지를 위해 도움이 된다. 아래의 관찰내용을 평가함으로써 구성원 개개인을 평가할 수 있다(Landgarten, 1987).

1. 누가 그림을 먼저 시작했고, 그림을 시작하게 된 과정은 어떠했는

가?

2. 구성원들은 어떠한 순서로 그림 작업에 참여하게 되었는가?
3. 구성원들 중에 누구의 제안이 채택되었고 누구의 제안이 무시되었는가?
4. 각 구성원들의 참여수준은 어느 정도였는가?
5. 구성원들 가운데 누가 참여하지 않고 있는가?
6. 누군가 다른 구성원의 그림 위에 다시 첨가하거나 그림을 그리므로써 그 사람의 그림을 지워버린 사람이 있는가?
7. 어떠한 형태의 상징적 접촉이 일어나며 누가 그러한 접촉을 시도하는가?
8. 구성원들이 교대로 그림을 그리는가 혹은 협력하여 그리는가 또는 동시에 그리는가?
9. 구성원 각자가 그림을 그리는 위치는 중앙, 끝, 구석, 전체 중 어디인가?
10. 만약 작업에 변화가 있었다면 무엇이 그 변화를 촉진했는가?
11. 구성원 각자는 얼마나 많은 공간을 차지했는가?
12. 각자가 표현한 상징적인 내용은 무엇인가?
13. 누가 독자적으로 작업하는가?
14. 누가 최초로 행동했는가?
15. 누가 주도적으로 작업하고 또는 누가 수동적으로 반응하는가?
16. 눈짓과 미소와 찡그림 등의 정서적 반응이 있었는가?
17. 구성원의 작업 스타일은 협동적, 개인적 혹은 비협조적이었는가?

## Ⅲ. GSDT의 임상적 활용

[그림 170]과 [그림 171]은 정서적 어려움을 가진 4명의 집단구성원이 함께 그린 비언어적 집단화와 언어적 집단화이다.

구성원들은 비언어상태에서 그림을 그리도록 지시 받았으며 구성원 각자는 자신이 선호하는 한 가지 색만을 사용하도록 안내되었다. 구성원들은 한동안 용지를 들여다보며 무엇을 그려야할지 망설이는 듯 하다가 가장 먼저 파랑색구성원이 용지의 하위 공간의 중심에 크레파스를 옮겨 그림을 그릴 자세를 취했지만 갑자기 녹색구성원이 그곳에 네모를 그리고 이어서 왼쪽 하위 공간으로 확장된 시골풍경을 그리기 시작했다. 이에 당황한 파랑색구성원은 그림그리기를 시도한 행위를 멈추고 한동안 용지를 바라보고 있었고 이 과정에서 빨강색구성원이 파랑색구성원을 힐끗 쳐다보더니 빠른 속도로 오른쪽 상위공간에 산과 나무와 집을 그리고 세 명의 인물을 그려 넣었다. 한동안 서 있던 파랑색구성원이 오른쪽 하위공간에 사과를 따는 인물을 그려 넣었고, 동시에 하늘색구성원이 왼쪽 상위공간에 나무와 구름을 그리므로써 집단작업이 끝났다. 언어를 사용한 간략한 그림의 소개를 통해 제목을 정하라고 지시하자 녹색구성원이 '농촌풍경'이라고 하면 되겠다고 하자 모두들 좋다며 동의하였고 곧바로 녹색구성원이 제목을 기록했다. 각자가 표현한 그림에 대한 느낌을 나누는 과정에서 녹색구성원은 그림에 몰두하여 파랑색구성원이 그곳에 그림을 그리려고 한 것을 느끼지 못했다며 파랑색구성원에게 그릴 생각을 했으면 그냥 그리면 될 텐데 왜 멈추었느냐며 불쾌한 표정을 지었다(그림 171).

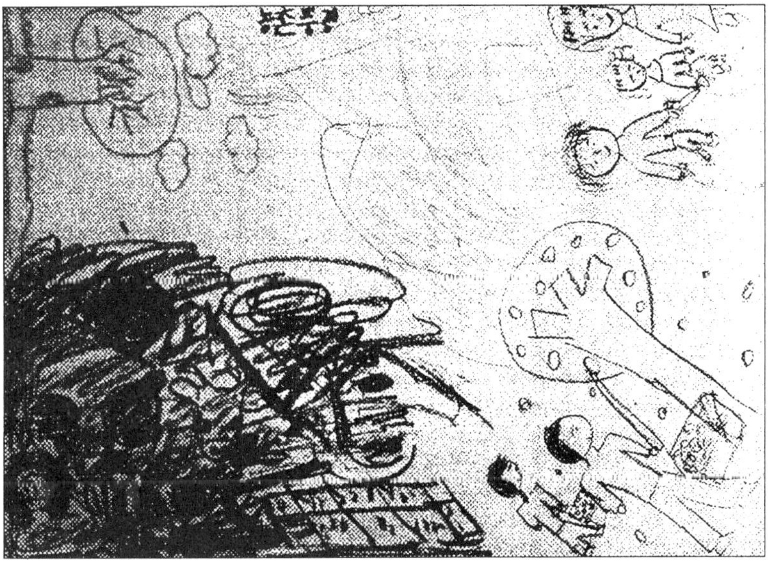


[ 그림 170 ]

▣ 비언어적 집단체계의 역동성

비언어적 집단과정에서의 구성원들은 각기 다른 색의 한가지색 크레파스를 사용했기 때문에 누가 용지의 어떤 공간을 차지하고 있는지 쉽게 파악할 수가 있다. 구성원 모두는 서로 자기 영역을 확보하고 그 위치를 벗어나지 않으므로써 이 집단의 상호관계가 수동 · 제한적임을 이해할 수 있다. 녹색구성원이 이 집단의 리더역할을 하고 있지만 구성원들과 전혀 상호작용하지 않았고 녹색구성원에 의해 파랑색구성원은 오른쪽 하위공간으로 밀려나는 것을 허용했다. 수동적인 자세를 취하고 있던 파랑색구성원은 공간영역이 밀려난 것에 대한 상징적 반응으로 사과 따는 사람과 떨어진 과일을 표현하는 것 같다. 하늘색과 빨강색구성원 역시 선택한 영역을 벗어나지 못하고 자신과 동일시하는 듯한 일상의 경험과 내적심리를 그려내고 있어서 집단의 전체적인 상호역할

교류는 부족한 것으로 평가할 수 있다. 따라서 비언어적 집단체계화의 결과로 집단구성원의 개인적 · 부분적 집단평가는 가능하지만 집단 내 구성원의 역할인식과 통찰을 위해서는 언어적 집단작업을 통해 과제수행의 일치성과 모순성에 대한 평가가 요구된다.

이번에는 집단구성원에게 언어를 사용하여 집단그림을 그리도록 지시하였는데 크레파스 색을 바꾸고 싶다는 요청 이외에는 집단과정 내내 언어를 사용하지 않았다(구성원의 요청대로 녹색은 빨강, 파랑은 청록, 빨강은 보라, 하늘색은 노랑으로 바꿀 수 있도록 허용되었다). 비언어집단에서와 마찬가지로 빨강색(녹색)구성원이 가장 먼저 용지 중앙에 큰 잠자리를 그리기 시작하여 용지의 하위 공간 전체로 확장하듯 꽃과 새, 사람, 태양을 그려 넣었다. 다른 구성원들도 비언어집단에서와 마찬가지로 같은 위치의 공간영역을 벗어나지 못하고 있으며 리더역할을 하고 있는 빨강색(녹색)구성원을 동일시한 활동으로 확장되어가기 시작했다. 구성원들은 동일시활동으로 같은 흐름의 작업이 진행되어가면서도 함께 상호관계를 맺지 못하는 것 같은 등진 인물상의 활동이 지속되자 가장 소극적인 자세를 보이던 보라색구성원이 노란색(하늘색)구성원이 그린 인물상에 색칠을 하고 청록색(파랑색)구성원의 공간에 사람을 그려 넣고 마지막으로 빨강색(녹색)구성원이 그린 첫 번째 잠자리를 잡는 사람을 그려 넣으므로써 상호작용을 하려고 노력하는 것을 파악할 수 있다. 보라색구성원의 노력이 시도되자 그림 마무리과정에서 갑자기 청록색구성원이 그림 전체를 돌아다니면서 빠른 속도로 비를 뿌리듯 그려내고 매우 작은 집과 빨강색구성원이 그린 왼쪽 하위공간 사이에 유사한 꽃을 그려 넣으므로써 그림 그리기가 멈추자 보라색구성원이 '가을날의 잠자리 잡기' 라며 구성원의 동의를 얻기도 전에 제목을 기록하기 시작하였다[그림 172].

[ 그림 171 ]

▣ 언어적 집단체계의 역동성

언어적 대화의 기회가 제공되었음에도 불구하고 구성원들이 언어를 사용하지 않았다는 점을 주시해볼 필요가 있다. 뿐만 아니라 공간의 사용위치와 방향특성에서도 특별한 변화가 없음을 파악할 수 있다. 보라색구성원과 청록색구성원이 다른 공간으로 확산되고 있으나 보라색구성원이 잠자리채라고 수정하여 설명한 용지 중심에 자리 잡은 빨강색구성원이 그린 잠자리를 치고 있는 인물보다 더 큰 삽과 청록색구성원이 그려 넣은 그림전체에 뿌려지고 있는 비를 통해 집단의 부적절한 상호관계와 구성원 개인의 심리적 부조화를 평가할 수 있겠다.

집단치료사는 구성원들에게 일상생활에서의 대인관계 양식과 가족관계에서 경험하는 행동과 집단작업과정에서 드러난 모습의 유사점을 찾도록 안내하였고 깨닫지 못했던 자기를 인식하는 기회가 되었다.

# 제3부

## 그림 검사 평가 보고서

제11장

# 그림 검사 평가 보고서

미술치료 임상에서 심리평가 보고서를 작성한다는 것은 쉬운 일이 아니다. 충분한 경험과 훈련이 필요하리라 본다. 보고서 작성에는 면접 자료와 행동관찰, 주변체계의 보고, 가족력, 개인력, 일상생활력, 의료적 기록 등 많은 자료의 통합이 요구된다. 보고서를 작성하기 전에 가능한 모든 정보가 수집되어야 하고 보고서에는 검사 결과와 해석과 제안을 제시하여 치료적 개입에 적절하고 즉시 사용될 수 있어야 한다.

보고서는 검사 후 시간이 지체되면 과정의 상황과 언어적 · 행동적 표현들이 잊혀질 수 있으므로 평가 직후 바로 기록되어야 한다.

## I. 그림검사 평가 보고서 작성

보고서 작성법은 학자들마다 주장하는 바가 서로 다를 수 있으며 한 가지 양식을 두고 옳고 그름을 평가할 수는 없다. 그러므로 임상에서 피검자의 상태와 검사자의 선호도에 따라서 보고서 양식은 달라질 수 있다. 여기에서는 필자의 연구소에서 사용되고 있는 양식을 제시하여 그림 검사 보고서 작성에 포함되는 세부사항을 소개하겠다.

## 그림 검사 평가 보고서

| 이 름 | | 생년월일 | | 검사일시 | |
|---|---|---|---|---|---|
| 시행검사 | | | | 의뢰기관 | |

1. 검사 목적

2. 검사 행동

3. 검사 결과

4. 요약 및 제언

5. 치료계획

검사자 :
보고서 작성일 :

### 1. 일반적인 개인 정보

피검자의 이름, 성별, 생년월일, 검사날짜를 기록하고 기관의뢰의 경우는 의뢰된 기관을 추가로 기록한다. 이미 다른 검사를 했다면 이전 검사의 결과도 기록한다.

## 2. 검사 목적

검사를 의뢰한 피검자 또는 가족이 제시하는 의뢰사유와 관련된 정보를 기록한다. 의뢰사유는 보고서의 방향을 결정하는 근거를 제공하므로 의뢰자의 검사목적을 분명히 아는 것이 필요하다.

## 3. 검사 행동

피검자가 검사실에 들어오는 순간부터 검사장면에서 보여주는 모든 행동이 포함된다. 행동은 장면에 따라 달라지므로 다양한 장면과 상황에서 취하는 행동을 주의깊게 관찰하고 평가해야 한다. 예를 들면 문제를 초래하는 어떠한 행동이 있는가? 어떠한 조건과 장소 그리고 언제 그 행동이 나타나는가? 행동의 강도는 어떠한가? 행동의 결과에 어떻게 대처하는가? 그 행동을 강화시키는 요소가 있는가? 등의 평가는 결과에 영향을 미치게 되므로 중요하다. 뿐만 아니라 검사결과에 영향을 줄 수 있는 신체적 특성과 감정 등이 포함된다. 검사행동에 대한 평가는 이외에도 여러 영역에 초점을 두게 된다. 검사자는 피검자의 외모, 검사과정의 적응수준과 능력, 노력, 집중력, 검사자에 대한 태도를 관찰하게 되며, 표현능력, 자발성, 언어표현력과 사용능력, 음성의 톤, 그림이나 대화과정에서 다음 단계로 옮겨가는 능력과 태도 등이 관찰된다.

이러한 행동평가에서 추론된 결과는 모든 피검자를 일반화시킬 수는 없다. 개인에 따라 다른 의미를 포함할 수도 있을 뿐 아니라 그 개인에 대해서도 전체로 일반화 할 수 없다는 점을 염두에 두어야 할 것이다. 검사행동에 대한 평가는 검사자의 많은 훈련과 경험이 요구되는 부분이다.

다음 평가지는 필자의 연구소에서 사용하고 있는 내용이다.

## 4. 검사 결과

### 행동과 태도 평가지 (Sattler)

| | | 1 | 2 | 3 | 4 | 3 | 2 | 1 | |
|---|---|---|---|---|---|---|---|---|---|
| 검사자와 검사 상황에 대한 태도 | 협동적 | | | | | | | | 비협동적 |
| | 수동적 | | | | | | | | 공격적 |
| | 느긋 | | | | | | | | 긴장 |
| | 쉽게 포기하지 않음 | | | | | | | | 쉽게 포기 |
| 자신에 대한 태도 | 확신적 | | | | | | | | 확신 없음 |
| | 수용적 | | | | | | | | 비판적 |
| 작업습관 | 빠름 | | | | | | | | 느림 |
| | 배려깊음 | | | | | | | | 충동적 |
| | 조용히 생각함 | | | | | | | | 떠들며 생각함 |
| | 정확함 | | | | | | | | 부주의함 |
| 행동 | 조용 | | | | | | | | 부산함 |
| 실수에 대한 반응 | 실수를 인식함 | | | | | | | | 실수를 인정못함 |
| | 실수 후 더욱 열중 | | | | | | | | 실수 후 쉽게포기 |
| | 실수 후 조용함 | | | | | | | | 실수 후 초조해 함 |
| | 실수 후 사과 | | | | | | | | 실수 후 과하지 않음 |
| 칭찬에 대한 반응 | 칭찬에 기뻐함 | | | | | | | | 칭찬에 어색해 함 |
| | 칭찬 후 더 열중 | | | | | | | | 칭찬 후 퇴보함 |
| 언어 표현 | 빈약함 | | | | | | | | 풍부함 |
| | 분명한 언어 | | | | | | | | 불분명한 언어 |
| | 직접적 반응 | | | | | | | | 애매한 반응 |
| | 자발적 표현 | | | | | | | | 꼭 필요한 경우만 말함 |
| 시 지각 운동 | 반응이 빠름 | | | | | | | | 반응이 늦음 |
| | 주의깊고 계획적 | | | | | | | | 시행착오 |
| | 능숙한 동작 | | | | | | | | 어색한 동작 |
| 운동 | 운동조정능력이 좋음 | | | | | | | | 조정능력 결함 |
| 전반적 검사 결과 | 신뢰로움 | | | | | | | | 신뢰롭지 못함 |
| | 타당성 있음 | | | | | | | | 타당하지 못함 |
| 기 타 | | | | | | | | | |

검사자료들을 종합하여 제시하게 된다. 내용은 피검자의 생활연령(CA), 정신연령(MA), 발달연령, 검사결과에 미친 요인, 사용한 검사 종류, IQ, 강점과 약점의 기술, 정신병리에 대한 암시, 검사결과간의 상호 관련성, 평가결과의 암시, 진단상의 효과 등을 포함한다.

결과에 대한 기록은 평가결과에 근거하여 객관성과 정확성에 중점을 두고 간결하고 명확하게 기록해야 한다. 투사적 그림검사는 객관적 검사와는 다르게 수치화 하는데 한계가 있으므로 검사자의 주관성이 개입될 수 있다. 그러므로 지나치게 판단적 해석을 하게 되면 피검자를 왜곡되게 일반화 시켜버릴 수 있으므로 유의해야 한다.

## 5. 제언 및 요약

제언 내용은 피검자의 강점과 약점 그리고 치료의 필요성을 언급할 수 있으며 치료와 재활을 위한 융통성 있는 접근을 제공하고자 하는 함축적 의미를 담고 있다. 구체적인 예를 들면 재검사 또는 추가 평가에 대한 필요성, 적성과 강점을 강조하고, 발달과 장애 유형에 대한 정보, 미래에 예측되는 어려움 등에 대한 정보를 제공하고 피검자의 심리적 성장과 발달을 자극하여 긍정적으로 향상시킬 수 있는 세부적인 내용으로 구성된다.

요약은 검사결과와 제언 내용을 종합한 것으로 요약 과정을 통해 검사결과를 재검토할 수 있게 한다. 요약 내용은 또 다시 새로운 내용을 포함해서는 안 되며 보다 간결하고 짧고 통합적인 문장으로 정리되어야 한다.

## 6. 치료 계획

객관적 심리평가의 검사보고서에는 치료계획이 특별히 들어가는 것은 아니나 보고서의 제언에 치료적 개입에 대한 언급이 권고사항으로 포함되기도 한다. 그러나 미술치료 임상에서 검사를 하는 경우는 객관적 검사와 동일하게 단순히 평가를 위한 검사이거나 치료가 필요한지에 대한 검증을 위한 과정으로서 거치기도 한다. 그러므로 검사평가는 치료개입을 결정하기 위한 목적과 변화과정의 평가로 사용되거나 치료과정 그 자체로도 사용된다. 이 과정을 통해서 치료계획은 융통성 있게 재 계획되고 포함되고 제외되기도 하는 과정을 거치게 된다.

## II. 그림검사 평가 보고서 작성 사례

아래의 보고서는 이해를 돕고자 필자의 사례를 제시하였다. 구체적인 그림검사 해석은 아래의 보고서 뒷면에 첨부되나 피검자의 보호를 위해서 이 책에는 첨부되지 않았고 결과 보고서만 제시되었다. 각 검사의 해석적 접근은 앞의 그림검사 실례와 다를 바 없고 그 내용을 행동관찰과 피검자의 history taking에서 제공된 개인의 전반적인 배경자료와 의뢰사유 등에 의해 통합적으로 평가되었다. 이 보고서에는 제언과 요약이 제외 되었고 기본적으로 검사결과 해석을 보고서에 첨부하지만 여기에서는 제외시켰다. 사례의 피검자는 개별 치료와 어머니의 구체적인 개입이 있었고 부부개입, 가족개입으로 연결된 성공 사례이다.

### 예술치료 임상 평가 보고서

| 이 름 | A | 나이/성 | 만 7세(초등1년/여) | 일 시 | 2003. 1. 15 |
|---|---|---|---|---|---|
| 시행검사 | HTP, KFD, WZT, SWT, SCT, BGT, WWPARS, PACI | | | | |

#### 1. 검사목적

이 ct의 주요 문제는 머리카락을 뽑고 주의가 지나치게 산만하다. 어머니에 의하면 6세경부터 머리를 뽑기 시작했고 충동적으로 화내고 매사에 간섭이 많고 악몽으로 자다가 깨어 우는 일이 자주 있다고 한다. 1년 전부터 정신과에서 부모교육과 약물치료와 집단치료를 병행하였으나 호전되지 않고 무엇보다 어머니의 불안 때문에 본원을 방문하게 되었으며 구체적인 치료계획을 위해 평가를 하게 되었다.

## 2. 검사행동

검사시 A는 두건을 쓰고 있었고 가늘고 잔 머리카락이 무리를 지어 자리잡고 있었다. 군데군데 난 머리카락 사이로 보이는 두피에는 빨갛게 상처도 나있었다. 얼굴은 핏기가 없고 마르고 작은 체구였으며 처음 보는 치료자를 보고 거부없이 힘없이 미소짓고 묻는 말에 곧잘 대답했다. 행동이 빠르고 자주 두리번거리며 생활연령에 비해 표현이 풍부하고 그림묘사가 뛰어났다.

## 3. 검사결과

A의 검사결과 의식과 지남력은 명료하게 유지하고 있었다. DAP에 의한 지적 능력은 IQ 124로 언어성, 동작성 지능은 우수한 수준에 속하고 있다. 정신기능을 구체적으로 보면 교육이나 문화적 경험을 통해 축적된 지식의 질적 양적 능력은 풍부한 편이며, 사회적 상황에서 눈치나 의미를 파악하는 능력은 매우 우수하고, 시지각-근육협응기능, 삼차원적 구성능력, 분석능력, 예기능력, 계획 및 종합능력이 잘 발달되어 있다.

행동적으로는 주의 및 주의집중력, 충동통제력과 인내력이 잘 발달되지 않아 인지기능 간의 분산이 심하다.

정서적으로는 행동상의 부주의함과 생활연령에 적합한 충동 통제력과 인내력이 잘 발달되지 않아서 감정을 적절하게 표현하거나 공감능력이 부족하여 또래로부터 받은 상처와 사회적 스트레스를 적절하게 해결하지 못하고 내적 욕구에 저항하는 방법으로 두피의 자극을 통해

쾌감을 경험하고 있는 것으로 나타나고 있다.

성격적으로는 상상력이 매우 풍부하고 자기도취의 은유를 미화하려는 징후가 강하게 보이고 명랑하며 자기주장이 강하고 호기심이 많고 달성하고자 하는 성취동기도 높은 반면, 성취활동에 비해 욕구수준이 더 높아 상황을 고려하지 못하고 충동에 의해 경솔한 행동이 두드러지게 된다. 이러한 역기능적인 행동표출은 또래관계와 사회기술부족과 유의한 상관이 있을 것으로 본다. 그에 따른 부적절한 반응과 양육관계에서도 스트레스에 영향을 미치고 있고 악몽에 대해서도 언급되고 있으나 그 자체에 대한 유의수준보다는 더욱 깊은 상관관계가 있을 것으로 생각된다.

또래에서는 적응적인 사회기술이 부족하고 간섭하고 자기중심적 행동과 환상적인 사고와 충동적인 기분변화를 보여서 일반화된 관계 유지에 어려움이 있을 것으로 여겨진다.

이상으로 검사반응을 평가해 보면, Attention-Deficit/ Hyperactivity Disorder와 Trichotillamania가 공존하고 있는 것으로 생각되며 구체적인 결과 해석은 별첨내용에 첨부되어 있다.

※ 각 검사의 구체적인 평가는 결과해석 별첨

## 4. 치료계획

A는 불확실한 자기대상을 은유적으로 미화하고 그 내적 긴장을 감추는데 더 많은 힘을 소요하고 있는 것 같다. 드러난 행동문제는 내적 긴장에 대한 대처로서 표현된 문제일 뿐 본질적인 문제는 대상관계에 있다고 평가된다. 따라서 치료의 초점은 문제행동 전체의 수정보다는 대상관계 회복에 초점을 둔 개별치료와 어머니 상담이 구체화되어야 한다고 본다.

# 참고문헌

김상식역(1998). 동적 집, 나무, 사람그림검사, 하나의학사.

김재은(2002). 그림에 의한 아동의 심리진단, 교육과학사.

문명혜 외(2002). 그림을 이용하는 사정기법: 심리검사, 양서원

박영숙(1998). 심리평가의 실제, 하나의학사.

신민섭 외(2002). 그림을 통한 아동의 진단과 이해, 학지사.

옥금자(2001). 청소년과 미술치료, keapa 광주 출판물

옥금자(2003). 미술심리치료사를 위한 투사그림검사의 실제, keapa 광주 출판물

이의길(1965). 서울 대학교 석사 학위 논문.

한국미술치료학회(2001). 외국인 초청 미술치료 워크샵 자료집.

Buck, J. (1966). The House-Tree-Person technique: Revise manual.
Los Angles: Western Psychological Service.

Burns, R. C., & Kaufman, S. H. (1970). Kinetic Family Drawings (K-F-D): An Introduction to Understanding Children Through Kinetic Drawing.
New York: brunner/Mazel.

Burns, R. C., & Kaufman, S. H. (1972). Actions styles, and Symbols in Kinetic Family Drawings(K-F-D): An Interpretative Manual. New York: Brunner/ Mazel.

Burns, R. C.(1982). Self-Growth in Families: Kinetic Family Drawing(K-F-D) : Research and Application. New York : Brunner/Mazel.

Burt, C. (1921). Mental and scholastic tests, London: P. S. King & Son.

Di Leo, J. H. (1970). Young Children and therir drawings. New York: Brunner/Mazel.

Di Leo, J. H. (1973). Children' s Drawings as Diagnostic aids. New York: Brunner/Mazel.

Goodenough, F. (1926). Measurement of intelligence by drawings. New York: Harcourt, Brace, & World.

Hammer, E. (1958). The clinical application of projective drawings. Springfield, IL.: Charles C. Thomas.

Hammer, E.F(1971). The Clinical Applicalion of Projective Drawings. Spring field, IL: Charles C. Thomas

Harris, D. B.(1963). Children's Drawing as Measures of Intellectual Maturity: A Revisionand extension of the Goodenough Draw-a-Man Test. N. Y. Harcourt, Brace & World Inc.

Jolles, I.(1964). A Cataloque for the Qualitative Interpretation of the House-Tree-Person(H.T.P). Los Angeles: Western Psychological Services.

Jung, C. G.(1964). Man and His Symbols. London : Albus.

Kleinke, C.L.(1994). Common Principles of Psychotherapy. Pacific,

CA: Brooks/Cole

Koch, C. (1952). The Tree Test. Berne: Hans Huber.

Koppitz, E. (1963). Psychological evaluation of human figure drawings. New York: Grune & Stratton

Koppitz, E. M. (1968). Psychological evaluation of children' s human figure drawings. New York: Grune & Stratton.

Kohut, H. (1971). The analysis of the self. New York: International University Press.

Kohut, H. (1977). The restoration of the self. New York: International University Press.

Koppits, E. (1984). Pshcological evaluation of huaman figure drawings by middle school pupils. New York: Grune & Stratton.

Lowenfeld, V.(1957). Creative and mental growth. N.Y.: Macmillan Publishing Co.

Lowenfeld, V.(1959). The nature of creative activity. N.Y.: Macmillan Publishing Co.

Lowenfield, V., & Brittain, W. L. (1964). Creative and mental growth. N. Y.: Macmillian co.

Machover, K. (1949). Personality projection in the drawing of the human figure. Springfield, IL: Charles C. Thomas. In C.S. Newmark(Ed.), Major psychological assessment. Boston : Allyn and Bacon.

Machover, K. (1951). Drawing of the human figure. In Anderson HH and Anderson GL, An introduction to projective techniques. Englewood Cliff, NJ, Prentice-Hall, Inc.

Machover, C. (1980). Personality projection in the drawing of the Human Figure: A method of personality investigation. Chales C. Thomas Pub.

Malchiodi, C. (1998). Breaking the silence: Art therapy with children from violent homes. New York: Brunner/Mazel.

Maslow, A. H.(1962). Toward a Psychology of Being. New York: Van Nostrand.

Maslow, A. H.(1964). Religions,Values,and Peak–Experiences. Columbus: Ohio State University.

Maslow, A. H.(1965) Criteria for judging needs to be instinctoid. In M. R. Jones(ed.), Human motivation: A Symposium. Lincoln: University of Nebraska Press.

Silver, R.A. (1988). Draw–A–Story; Screening for Depression and emotional needs. New York; Albine Press.

Neukrug, E.(2001). Skills and technigues for human service professionals: Counselling enviroment, helping skill, treatment issues. Pacfic grow, CA: Brooks/Cole.

## 저 자 약 력


### ▲ 옥 금 자

- 예술심리치료전문가, 정신보건전문 사회복지사
  대상관계 심리치료전문가
  명지대학원 예술치료학과 겸임교수
  숙명여대 Keapa 교육과정 책임교수
  Keapa 부회장 겸 광주지부장
  **논문** – 학대받는 아동을 위한 표현예술치료 사례연구 외 다수
  **저서** – 청수년임상미술치료방법론, 집단미술치료방법론 I
  **역서** – 학교표현예술치료(임상감독과 프로그램 개발안내서)
- 홈페이지 http://www.keapa.or.kr
  http://keapa-gu.com



**미술치료 평가방법의 이론과 실제**

| | |
|---|---|
| 초판발행일 | 2005년 8월 25일 |
| 수정판발행일 | 2007년 2월 15일 |
| 저 자 | 옥 금 자 |
| 펴 낸 이 | 오 무 근 |
| 펴 낸 곳 | 도서출판 하나의학사 |
| 출판등록 | 1988년 4월 1일 제 2-541호 |
| 주 소 | 서울시 종로구 홍파동 13-4 |
| 전 화 | 02) 730-2555, 2556 |
| 팩 스 | 02) 730-2557 |

정가 18,000원

저자와 합의로 인지 생략
ISBN 89-87357-89-9-92180
※ 잘못된 책은 구입처에서 교환해 드립니다.